中国7~18岁汉族学生身体形态、身体素质长期趋势及预测研究

吴 飞 著

北京体育大学出版社

策划编辑 梁　林
责任编辑 李志诚
责任校对 韩培付
版式设计 司　维　李沙沙

图书在版编目(CIP)数据

中国 7～18 岁汉族学生身体形态、身体素质长期趋势及预测研究/吴飞著. －－北京:北京体育大学出版社,2020.10
ISBN 978－7－5644－3352－9

Ⅰ.①中… Ⅱ.①吴… Ⅲ.①汉族－学生－身体形态－研究②汉族－学生－身体素质－研究 Ⅳ.①G804.4

中国版本图书馆 CIP 数据核字(2020)第 080777 号

中国 7～18 岁汉族学生身体形态、身体素质长期趋势及预测研究
ZHONGGUO 7～18 SUI HANZU XUESHENG SHENTI XINGTAI SHENTI SUZHI CHANGQI QUSHI JI YUCE YANJIU
吴　飞　著

出版发行:北京体育大学出版社
地　　址:北京市海淀区农大南路 1 号院 2 号楼 2 层办公 B－212
邮　　编:100084
网　　址:http://cbs.bsu.edu.cn
发 行 部:010－62989320
邮 购 部:北京体育大学出版社读者服务部 010－62989432
印　　刷:北京建宏印刷有限公司
开　　本:787mm×1092mm　1/16
成品尺寸:157mm×235mm
印　　张:14.25
字　　数:198 千字
版　　次:2020 年 10 月第 1 版
印　　次:2020 年 10 月第 1 次印刷
定　　价:76.00 元

前　言

目的与意义

在《“健康中国2030”规划纲要》明确提出“提高全民身体素质”的时代背景下，本研究以人口学和体育学交叉学科为视角，对中国7～18岁汉族学生身体形态和身体素质的发展趋势进行分析，有助于认清中小学生身体形态、身体素质的发展状况、变化规律，为学校体育卫生宏观决策及针对性开展学校体育卫生工作提供参考；探究各省、自治区、直辖市中小学汉族学生的身体素质区域特征，有助于运动员的科学化选材，确定训练重点项目，对改进各省、自治区、直辖市的学校体育工作有很重要的现实意义；预测中小学汉族学生身体形态和身体素质的发展趋势，为制定干预措施提供可靠依据。

数据与方法

本研究数据来源于1985—2014年7次中国学生体质与健康调研统计资料。选取7～18岁汉族学生身体形态指标（身高、体重）、身体素质指标［爆发力（立定跳远）、速度（50m跑）、耐力（男1 000m跑、女800m跑、50m×8往返跑）］为研究对象。样本量分别为1985年的471 115名、1991年的140 633名、1995年的249 492名、2000年的216 681名、2005年的291 604名、2010年的215 319名、2014年的214 359名。

用均值、标准误、方差分析、趋势检验、F检验、t检验、发展增量和增速对中国 7～18 岁汉族学生身体形态和身体素质指标长期趋势进行分析；用排秩次法对区域发展趋势分析；采用时间序列分析，对中国 7～18 岁汉族学生 2019 年和 2024 年指标进行预测。

研究结论

1985—2014 年中国汉族学生身体形态、身体素质的发展趋势可分为快速发展和反向发展两个阶段。发展趋势呈现出不同的城乡模式、性别模式、年龄模式和区域模式。身体形态和身体素质发展宏观层面上受人口转换、社会经济发展的影响，个体层面上受行为模式和生活方式的影响。

2019 年、2024 年预测男、女生全年龄组身高、体重继续增加；男生全学龄组立定跳远成绩继续下降，女生除 15 岁、16 岁组年龄外，其他年龄组立定跳远成绩也下降；男、女生全年龄组 50m 跑成绩整体继续上升；中长跑男、女生不同年龄组预测发展方向不同，低年龄组中长跑成绩将有所提高，16～18 岁男、女生中长跑成绩将进一步下降。

研究创新点

本研究对 1985—2014 年中国学生体质与健康监测数据进行了汇总，将多次、非追踪、异构横断面数据对接成数据集，使全国和区域间儿童、青少年身体形态、身体素质发展趋势研究成为可能。

传统的学生体质健康研究多以城乡男生、城乡女生为研究人群，缺乏对不同性别全国学生整体发展趋势的分析。本研究首次以此为专题研究，将中小学生身体形态、身体素质长期趋势划分为快速发展和反向发展两个阶段，并将城乡、性别分别作为单因素进行分析，为体质测试研究开拓了新的思路。本研究发现了身体形态、身体素质发展的不同城乡、性别和年龄模式，并阐释了这些不同变化模式背后的原因。宏观层面是人口、健康转化和社会经济发展的推动，个体层面是不同行为模式和生活方式所致。

以往研究较多分为东、中、西区域对比分析，这种区域划分多以经济、地理环境为依据，而学生身体形态、身体素质发展以省、自治区、直辖市为单位研究，在运动员选材时有较强的现实意义。在中国学生体质健康研究中，全国范围内不同省、自治区、直辖市汉族学生身体形态、身体素质动态分析一直没有专题研究。本研究对各省、自治区、直辖市汉族学生身体形态、身体素质进行分析时，采用了综合排秩次法，动态地分析各省、自治区、直辖市不同时期、不同年龄组、不同性别汉族学生的身体形态、身体素质的发展变化。将区域发展趋势与经济发展脉络相结合，揭示了不同省、自治区、直辖市汉族学生身体形态的动态变化趋势与经济发展之间的内在关系；排秩次法量化了不同区域汉族学生身体素质的能力表现，为运动员科学化选材提供了较为可靠的数据支持。

本研究首次采用时间序列分析中的ARIMA模型，对汉族学生未来的体质状况进行预测，是对本领域研究的一次积极尝试。预测所发现的汉族学生未来身体形态、身体素质的发展趋势，为教育和体育部门监控和干预汉族中小学生身体形态和身体素质发展方向提供坚实的数据支持。中国学生体质与健康测试作为一种制度还将继续进行下去。一方面，本研究方法对全国学生体质与健康测试的数据挖掘进行了积极探索；另一方面，数据在未来将不断充实，本研究所采用的方法可能将有更大的发展前景。

缩略语列表

缩写	英文	中文
PFI	Physical Fitness Index	体能指数
BMI	Body Mass Index	人体质量指数
MIA	Maximum of Increased Age	最大增长年龄
LTPA	Leisure Time Physical Activity	业余体育活动
LPAM	Lifestyle Physical Activity Model	生活方式
AAHPER	American Alliance for Health, Physical Education and Recreation	美国卫生体育与休闲联盟
AAHPERD	American Alliance for Health, Physical Education, Recreation, and Dance	美国卫生体育教育休闲与舞蹈联合会
PCPES	the President's Council on Physical Fitness and Sports	总统健身与体育委员会
SHAPE America	Society of Health and Physical Educators	美国体育与健康指导者社团
PCYF	the President's Council on Youth Fitness	总统青年健身委员会
YPAP	Youth Physical Activity Promotion	青少年身体活动推广模型
PAT	Policy Audit Tool	政策审计工具
MVPA	Moderate to Vigorous - intensity Physical Activity	中等强度体力活动
HEPA	Health Enhancing Physical Activity	体力活动健康促进

目　录

1 绪　论

1.1 研究背景

中国政府对学生体质健康十分重视，采取了一系列措施提高学生体质健康水平，力图有效解决学生体质健康方面的突出问题。2007 年 5 月 7 日，中共中央国务院下发了《中共中央国务院关于加强青少年体育增强青少年体质的意见》，在全国实施了以“阳光体育”为核心的一系列增强学生体质健康的措施。为了追踪调查我国学生体质变化情况，从 1985 年到 2014 年教育部联合其他部委，共组织了 7 次全国范围的学生体质健康调查，撰写了相关体质健康监测报告，并向公众发布测试结果，期望引起全社会对学生体质健康问题的重视。2016 年 6 月 23 日，李克强总理签批，国务院印发了《全民健身计划（2016—2020 年)》（以下简称《计划》)，将学生作为实施《计划》的重点人群，大力普及学生体育活动，提高学生身体素质。加强学校体育教育，将提高学生的体育素养和养成健康行为方式作为学校教育的重要内容，保证学生在校的体育场地和锻炼时间，把学生体质健康水平纳入工作考核体系，加强学校体育工作绩效评估和行政问责。学生体质健康问题再度成为下一个五年计划中的重点。

中国青少年体质健康问题解决不好，将对建设人力资源强国战略构成威胁。青少年时期的体质健康情况，在一定程度上影响着青少年成年后的健康状况。青少年时期的肥胖、呼吸系统和心血管系统机能较低，是导致和诱发中年后糖尿病、冠心病等多种现代性高发慢性病的原因之一。因此，如果青少年体质健康状况不能得到有效改善，从人的发展生涯看，将大大降低其中老年的生活质量；从社会经济发展的角度看，将大大增加今后国家医疗和养老经费的支出（吴键，2011）。

1985—2014年，7次全国范围的学生体质健康调查结果显示，30年来，总体上中国学生的形态发育水平不断提高，营养状况得到一定改善，常见病患病率持续下降。但是，在身体形态方面，城市超重和肥胖学生的比例明显增加；身体素质方面，诸如耐力、力量、速度等指标方面有明显的下降趋势，心肺功能持续降低（吴键，2011）。同样的情况也出现在欧美等发达国家。Eaton等（2008）在《美国发病率和死亡率每周监控报告》中也指出，美国儿童、青少年的肥胖率持续增高，体育活动显著性减少，有65.3%的高中学生在调查的前一周没有达到推荐的体育活动运动量。所以，儿童、青少年的身体形态和身体素质问题成为许多国家的研究重点和公众关注的社会问题。

1.2 研究问题和假设

教育部组织实施的7次全国学生体质与健康监测包括4部分：身体形态、身体机能、身体素质和健康状况。在学生体质与健康监测的30年间，身体机能与健康方面的测试指标均有着较大改变，但身体形态和身体素质指标的测试仪器、方法、技术规范改动较小，标准化程度较高，因而数据具有较好的一致性，有着较高的研究价值。

身体形态指人体内部与外部的形状特征，在一定程度上反映身体发育水平、身体机能水平和身体素质水平，是体质测试的一个重要指标。其中，身高、体重是形态发育过程中最具代表性的指标（安康，等，2011）。青少年身体形态研究在体育学、预防医学与卫生学、儿科学中均有着广泛的研究和较强的研究基础。本研究对1985—2014年中国7～18岁汉族学生的身体形态指标进行分析，探究其发展特点和规律。

身体素质方面，2016 年 10 月，国务院颁布了《“健康中国 2030”规划纲要》（以下简称《纲要》）。《纲要》明确提出要“提高全民身体素质”，对青少年等人群制订体质健康干预计划，实施青少年体育活动促进计划，培育青少年体育爱好，基本实现青少年熟练掌握 1 项以上体育运动技能，确保学生校内每天体育活动时间不少于 1 小时。到 2030 年，青少年学生每周参与体育活动达到中等强度 3 次以上，国家学生体质健康标准达标优秀率在 25% 以上。因此，对青少年身体素质进行深入具体的研究，是国家政策的需要。在人口学中，人口素质是重要的研究问题之一。尽管人口素质概念在国内外还没有统一的定论（肖周燕，2007），但身体素质是人口素质的最基本部分则是得到认可的。身体素质的优劣直接影响人口素质的其他方面，是人口素质的生物学基础。在体育学中，身体素质也是重要的研究课题之一。在竞技体育、大众体育和学校体育等领域，身体素质均是不可或缺的重要研究内容。而从人口学和体育学的交叉学科视角去研究身体素质，可能也会有新观点、新方法、新认识，对推动学科发展可能会有所裨益。

因此，本研究以身体形态和身体素质为切入点，研究人群选取中国 7 ~ 18 岁中小学汉族学生，研究包括以下几个问题。

研究问题 1：1985—2014 年，中国 7 ~ 18 岁汉族学生身体形态（身高、体重）和身体素质（爆发力、速度、耐力）时间序列指标的长期趋势如何？

研究问题 2：1985—2014 年，不同区域（省、自治区、直辖市）7 岁、12 岁、18 岁汉族学生身体形态、身体素质发展状况如何？区域特点如何？

研究问题 3：中国 7 ~ 18 岁汉族学生身体形态和身体素质未来有怎样的发展趋势？

本研究待检验的假设如下。

（1）1985—2014 年，中国 7 ~ 18 岁汉族学生身体形态、身体素质处于动态变化中，在时间、年龄、性别、城乡方面存在差异。

（2）1985—2014年，各省、自治区、直辖市7岁、12岁、18岁汉族学生身体形态、身体素质发展趋势不同。同年龄组课题发展存在区域差异；同一区域不同年龄汉族学生发展存在差异；不同区域汉族学生身体形态、身体素质发展存在差异。

1.3 研究目的和意义

1.3.1 研究目的

本研究以人口学和体育学交叉学科的视角，对1985—2014年中国7～18岁汉族学生的身体形态和身体素质发展长期趋势进行分析；并对各省、自治区、直辖市中小学汉族男、女学生的身体形态和身体素质进行区域比较，挖掘区域特征和变化趋势；预测2019年、2024年中小学汉族男、女学生身体形态、身体素质变化规律及发展趋势。

1.3.2 研究意义

在《纲要》明确提出“提高全民身体素质”的时代背景下，对全国7～18岁汉族学生部分身体形态和身体素质时间序列进行长期趋势分析，有助于认清中小学生身体形态、身体素质的发展状况、变化规律，为学校体育卫生宏观决策及针对性开展学校体育卫生工作提供参考；探究各省、自治区、直辖市中小学汉族学生的身体素质区域特征，有助于对运动员的科学化选材，确定训练重点项目，对改进各省、自治区、直辖市的学校体育工作有很重要的现实意义；预测汉族中小学生身体形态和身体素质的发展趋势，为决策部门制定干预措施提供可靠的依据。

中小学生体质与健康测试共进行了7次，也形成了较为完整的数据库，本研究以其中的身体形态、身体素质为切入点，探索用新方法、新思想研究体质测试相关数据，有助于推动我国体质与健康研究向纵深方向发展。

1.4 研究对象和内容

1.4.1 研究对象

本书选取中国 7～18 岁汉族学生 7 次体质与健康测试中的身体形态指标（身高、体重）、身体素质指标［50m 跑、立定跳远、1 000m（男）、800m（女）、50m×8 往返跑］测试成绩为研究对象。

1.4.2 研究内容

1985—2014 年中国 7～18 岁汉族学生身体形态和身体素质长期发展趋势与分析；1985—2014 年 7 岁、12 岁、18 岁各省、自治区、直辖市汉族学生身体形态、身体素质长期发展趋势对比和分析；预测 2019 年和 2024 年 7～18 岁汉族学生身体形态和身体素质发展趋势。

2　文献回顾

2.1　文献检索方法

本研究以《中国 7 ~ 18 岁汉族学生身体形态、身体素质长期趋势及预测研究》为题，对 7 次中国学生体质与健康测试报告中的身体形态、身体素质方面的数据进行研究，研究内容主要包括 1985—2014 年中国 7 ~ 18 岁汉族男女在校学生主要身体形态、身体素质的发展趋势；各省、自治区、直辖市 7 岁、12 岁、18 岁在校汉族学生身体形态、身体素质主要指标的发展趋势；对中国 7 ~ 18 岁汉族学生主要身体形态、身体素质指标进行预测。基于研究内容，文献检索与回顾内容包括：①国内外儿童、青少年体质健康测试发展和最新进展；②国内外儿童、青少年身体形态、身体素质发展趋势研究进展；③二手数据方法应用方面的文献。

文献检索策略如下。

中文文献检索：不设年限，对中国学术期刊网络出版总库（中国知网）、中文科技期刊数据库（维普全文电子期刊）、Google 学术搜索进行主题检索。检索关键词包括“体质”“体质健康”“体质测试”“体质健康测试”“健康”“身体形态”“身体素质”“时间序列”“预测”“ARIMA 模型”“趋势”“预测 + 身体素质”“预测 + 身体形态”“青少年 + 体质健康”“青少年 + 体质测试”“长期趋势”。

英文文献检索：不设年限，对 Google 学术搜索、Web of Science、

PubMed 进行主题检索。检索关键词包括“Children”“Fitness”“Fitness Test”“Children Health”“Physical Fitness”“Time Series”“ARIMA”“Trend”“Predict”“Predict + Physical Fitness”“Predict + Body Shape”“Youngster + Fitness”“Youngster + Fitness Test”“Trend”，并对关键文献的引用文献进行二次检索。

将检索后的中英文文献利用 Note Express 软件 3.2.0.6976 版本建立文献库，对文献进行初步筛选。利用 Excel 2016 对统计数据进行整理。最终选取中文文献 100 余篇、英文文献 50 余篇进行重点阅读综述。

2.2 国内外青少年体质与健康研究现状

2.2.1 国内青少年体质与健康研究现状

2.2.1.1 国内儿童、青少年体质健康测试标准演变过程

(1)《准备劳动与卫国的体育制度》的实施。

《准备劳动与卫国的体育制度》（以下简称《劳卫制》），是 20 世纪 50 年代中国借鉴苏联的模式，在学校、军队和机关等推广的一套体育锻炼制度。《劳卫制》由 3 个级别构成：少年级、一级、二级。

《劳卫制》少年级只有 1 个年龄组，即 13～15 岁的少年男女。这一级别的任务是全面发展少年体能，促进他们身体的正常发育，培养他们系统地参加体育运动的兴趣。测试项目：徒手体操、爬绳或爬竿、60m 跑、50m 跑、跳远或跳高、手榴弹掷远或垒球掷远、25m 游泳或 60m 障碍跑、技巧运动。

《劳卫制》一级的任务是保证进一步全面发展青年和成年人的体能，引导他们积极参加体育运动。共分为 4 个年龄组：男子分为 16～17 岁、18～30 岁、31～40 岁和 41 岁以上。女子分为 16～17 岁、18～25 岁、26～35 岁和 36 岁以上。测试项目：徒手体操、爬绳、爬竿或引体向上（男）、俯卧撑（女）、100m 跑、1 500m 跑（男）、800m 跑

（女）、跳高或跳远、手榴弹掷远或推铅球或举重（男）、竞技体操和技巧运动、射击运动或10km行军（男）、步行行军两次（女）或10km自行车（男）、5km行军（女）、游泳，也可选测球类运动。劳卫制二级的任务是进一步全面发展青年和成年人的体能，提高我国运动员的技术水平。共分3个年龄组：男子分为17～30岁、31～40岁和41～45岁，女子分为17～25岁、26～35岁和36～40岁。为了使年长者既能够参加劳卫制的测验，又不致影响他们的健康，条例中规定46岁以上的男子和41岁以上的女子要经医生的许可才能参加劳卫制二级年龄最大一组的标准测验。劳卫制二级项目大致与一级相同，但要求较高（曾桓辉，2005）。

《劳卫制》的实施是当时中国政治、经济和文化发展的历史产物，有着较强的军事色彩。1960年中国遭遇严重的自然灾害，中苏关系破裂，中国学校体育陷入新中国成立以来的低谷，《劳卫制》退出了中国的历史舞台。尽管在《劳卫制》实施的过程中，也存在受“大跃进”的影响，产生过为了早日“达标”，放“体育卫星”，而掀起的一股不讲体育运动规律、不切实际的浮夸作风，但《劳卫制》的基本理念、目的任务、锻炼指标以及评价方法对我国学校体育和大众健身活动的理论和实践都有着深远的影响。

（2）《青少年体育锻炼标准（草案）》时期（1963—1975年）。

1965年3月11日，国家体委公布了《青少年体育锻炼标准条例（草案）》。该锻炼标准在13～30岁的青少年中推行。根据身体全面发展、循序渐进的原则和性别、年龄的不同，分为少年级、一级和二级3个级别。1964年，国家体委召开全国体育工作会议，研究继续实施《劳卫制》。根据周恩来同志的意见，《劳卫制》是直接译文，不符合我国的习惯，因此决定将其名称改为《青少年体育锻炼标准（草案）》。其内容、标准同1958年颁布的《劳卫制》基本相同，只取消了条例中男子30岁以上、女子26岁以上的年龄组别。此时的中国，青少年学生迫切需要增强体质、提高运动水平。因此，体育锻炼的热情日益高涨，学校群众性体育活动又进入一个新的阶段。截至1965年，全国累计共有4 280万名学生达到《青少年体育锻炼标准（草案)》规定的各级标准（国家体委群体司，1982)。

《青少年体育锻炼标准（草案)》一级和二级各有 6 个项目，能够使参加锻炼者的身体素质，在速度、耐力、灵敏和力量等方面得到发展，并使参加锻炼者学到一些国防技能。少年级有 5 项，没有耐力项目。这些项目中，前五项（少年级前四项）的项目标准由中华人民共和国体育运动委员会统一制定，最后一项由各省、自治区、直辖市体育运动委员会因地制宜自行制定（中国体育年鉴编辑委员会编，1982)。1965—1975 年，受“文化大革命”的影响，《青少年体育锻炼标准（草案)》被迫停止施行（曾吉，等，2007)。

(3)《国家体育锻炼标准》时期（1975—2002 年)。

1982 年，我国开始实施《国家体育锻炼标准》，这项体育标准打破了学校体育由体育职能部门统揽的格局，开创了一个由学校各方面参与的管理模式，改变了只以运动能力衡量学生体育素养的评价标准，建立了多目标、多方位考查学生体育素养的评价体系。据统计，1979—1982 年我国达到《国家体育锻炼标准》及格以上的人数是 1978 年的 8 倍；1989 年比 1983 年增加 4 694 万人，6 年间年均增长近 800 万人；1994 年比 1987 年增长近 3 000 万人，4 年间年均增长 700 多万人。1993 年实施《国家体育锻炼标准》的学校达到 76 %（范立仁，1996)。

《国家体育锻炼标准》时期体育锻炼标准的特点是：国家重点对锻炼项目与评价方法进行了重大的修改，取消了地方性体育锻炼项目。精简测试项目，进一步统一和规范化测试标准，并用评分法代替了达标法。这是我国体育锻炼标准一次重大的变革。评分法能够比较客观地综合评价一个人的身体素质和运动能力的实际水平，同时单项基础分设定有效地促进了儿童、青少年身体的全面协调发展。

《国家体育锻炼标准》测试内容主要包括 50m 跑或 100m 跑或 25m 往返跑，800m（女）跑、1 000m（男）跑，跳远或跳高或立定跳远，掷实心球或推铅球，引体向上（男）/1min 仰卧起坐（女）5 项（王占春，1996)。

（4）《学生体质健康标准（试行方案）》（2002—2007 年）。

在原有《国家体育锻炼标准》的基础上，教育部和国家体育总局对学生体质健康进行了新的改革，并于 2002 年 7 月 25 日印发了《学生体质健康标准（试行方案）》（黄勇前，2006）。《学生体质健康标准（试行方案）》的出台与实施标志着我国学生体质健康测试评价工作进入了一个崭新的时代——学生体质健康评价改革时代，是学校教育树立“健康第一、以人为本”的指导思想、加强学校体育工作的具体措施。《学生体质健康标准（试行方案）》测试内容，突出了对发展和改善学生健康有直接影响且关系密切的身体成分、心肺循环系统功能、肌肉力量、耐力及柔韧性，促进学生体质健康的评价工作简洁化和实用化，体现了现代社会对健康人的要求，从而满足社会发展对体质健康评价的要求。《学生体质健康标准（试行方案）》的实施办法比《国家体育锻炼标准》内容更细化，课外体育活动在体质健康测定成绩中构成更明确，学生参加课外体育活动的重要性得到突出（李建强，2009）。《学生体质健康标准（试行方案）》的实施实现了测试指标由“运动技术指标”向“健康指标”的过渡。而且它是在认真总结《国家体育锻炼标准》执行过程中取得的成绩和存在问题的基础上，参考了国际上有关研究的成功经验和先进做法，建立了以健康素质为主要指标的新的评价体系。

《学生体质健康标准（试行方案）》主要测试内容包括身高、体重、肺活量、台阶实验、50m×8 往返跑、掷实心球、握力体重指数、1 000m 跑（男）、800m 跑（女）、立定跳远。不同年级有不同的测试指标。

（5）《国家学生体质健康标准》（2007 年至今）。

《学生体质健康标准（试行方案）》自 2002 年在全国试行以来，取得了很多宝贵经验。截至 2005 年底，全国实施《学生体质健康标准（试行方案）》的学校（以上报数据为准）达到了 15 073 所，合计受测学生人数达到 1 360 多万人。其中，京、沪、津、浙等地测试学生覆盖面已达 10% 以上。至此，《学生体质健康标准（试行方案）》不仅成为促进学生体质健康发展、激励学生积极进行身体锻炼的教育手段，也逐步发展成为全国所有学生群体体质健康监测和评价体系。

2006 年 9 月，教育部提出，要在《学生体质健康标准（试行方案）》的基础上，完善指标体系，扩大《学生体质健康标准（试行方案）》的辐射范围，将其发展成为对全国学生体质健康进行可持续、综合性评价的国家标准。为此，教育部、国家体育总局、共青团中央汇集专家，联合开展《学生体质健康标准（试行方案）》修订工作。确定在《学生体质健康标准（试行方案）》的基础上，增加部分锻炼效果好、实效性强、简便易行的测试项目，并将修订后的《学生体质健康标准（试行方案）》定名为《国家学生体质健康标准》。

《国家学生体质健康标准》的指标体系共包括 4 部分：身体形态指标、身体机能指标、身体素质指标、运动能力指标。以身体素质和运动能力项目为主，其目的在于通过测试和评价促进学生积极参与体育活动，提高体质健康水平。小学一、二年级和三、四年级的评价指标体系包括身体形态指标，柔韧、力量、速度、耐力，以及综合身体素质和运动能力的指标；小学五、六年级及初中、高中和大学各年级的评价指标体系包括身体形态、身体机能指标，耐力、柔韧、力量、爆发力、速度，以及综合身体素质和运动能力指标。以上这些指标中，身体形态和身体机能指标都各设置一项，必须测评。而身体素质和运动能力指标提供较多，可供各地选用（甄志平，等，2008）。

《国家学生体质健康标准》测试指标包括身体形态、身体机能、身体素质和运动能力 4 个方面。在实际测试时，各年级的测试项目应有 4 ~6 项。初中、高中、大学各年级均为必测项目 3 项、选测项目 3 项，合计需要测试 6 个项目：身高、体重、肺活量为必测项目；从 1 000m 跑（男）、800m 跑（女）、台阶试验中选一项测试；从坐位体前屈、掷实心球、仰卧起坐（女）、引体向上（男）、握力体重指数中选测一项；从 50m 跑、立定跳远、跳绳、篮球运球、足球运球、排球垫球中选测一项（赵英波，2008）。

2.2.1.2 国内体质健康的研究内容和方法

(1) 体质健康测试指标的变化与研究。

中国体质测试的发展经历了不同的发展时期，每个时期的发展都与彼时国家政治、经济、文化发展相适应。相关学者对每一次体质测试的改进前后都进行了详尽的调查和研究（蔡忠建，等，2009；曾桓辉，2005；曾吉，蔡仲林，黄勇前，2007；黄勇前，2006；廖文科，2009；祁国鹰，等，2007；王凤仙，2013；杨孝永，等，2013；游蕴琦，2013）。祁国鹰（2007）撰文详细说明了《学生体质健康测试标准》的制定依据、方法、过程、目的。验证性试验是在10个省、直辖市完成的，采用了分层三阶段整群抽样方案，获得有效样本31 943人（约30万个测试数据）；每个年级分性别人数不少于1 487人，除高二、高三、初三由于考试影响，测试学生人数在700人以上外，其他年龄组测试学生人数均在1 000人以上。依据验证性试验数据对试验标准进行修订，直至最后对标准的局部进行政策、指令性的微调来完成建标工作。甄志平对《国家学生体质健康标准》指标体系结构与嬗变进行了相关研究和分析，认为修订后的《国家学生体质健康标准》具有选择性强、导向性明确、指标体系完备和实施效力强的特点。

廖文科（2009）采用三阶段分层整群随机抽样调查方法，抽取1985—2005年中国7～18岁汉族学生的体质测试数据为研究对象，分析1985—2005年中国7～18岁汉族学生的身体形态、生理机能、运动素质和健康状况的动态变化规律，以及与日本学生身体形态的差异。计量资料采用均数、中位数、最小值、最大值、标准差、P25、P75进行统计描述；对计数资料采用率、构成比进行统计描述；在推断性统计分析中，计量资料两组比较采用独立样本t检验，多组比较采用完全随机设计的方差分析；用Z检验对中国与日本同龄学生体质的差异性进行对比分析。

(2) 对青少年体质测试结果的评价研究。

对不同区域青少年体质测试结果进行评价也是国内体质健康研究

的主要内容之一（李静芳，2012；马勇志，2009；杨广艳，2007；杨漾，等，2012；叶鸣，等，2009；尹小俭，等，2012；于涛，2011）。张子龙等（2013）从2010年全国学生体质健康调研资料中抽取全国内地30个省、自治区（除西藏外）、直辖市215 319名7～18岁汉族中小学生，使用《国家学生体质健康标准》对汉族学生体质健康水平进行评价，并分析体育锻炼情况、营养状态、静态生活方式、学校体育课时及社会经济水平对汉族学生体质健康水平的影响。结果发现，我国7～18岁中小学生体质健康综合评分及格率为71.3%，其中男生及格率（74.2%）高于女生及格率（68.4%），乡村学生及格率（72.6%）高于城市学生及格率（70.0%），男、女生及格率均随年龄增长呈下降趋势；社会经济水平高、中地区的学生及格率（71.4%、71.7%）高于社会经济水平差地区的学生及格率（70.9%），学校体育课时充足的学生及格率（76.0%）高于体育课时不足的学生及格率（65.9%），超重肥胖学生及格率（57.6%）低于非超重肥胖学生及格率（73.6%），每天写作业≤2h的学生及格率（68.1%）高于每天写作业＞2h的学生及格率（62.3%），每天看电视、用计算机和玩游戏时间＞2h的学生及格率（62.7%）低于≤2h的学生及格率（66.7%），每天参加体育锻炼≥1h的学生及格率（74.7%）高于锻炼＜1h的学生及格率（64.0%）。

尹小俭（2012）以1985—2008年间6次全国学生体质调查资料，分析了我国大学生20多年来的体质变化趋势，包括肺活量和其他身体素质指标，以及超重和肥胖等与大学生体质健康的相互关系。研究认为，男、女大学生身高逐年增高，但仍然表现为城市高于农村男、女大学生身高，城市与农村男、女大学生身高之间的差距随着时间的推移逐渐缩小，城市和农村男、女大学生，体重均逐年增加；城市男大学生的BMI大于农村男大学生的BMI，而女大学生的BMI，则基本上表现为农村大于城市；肺活量、50m跑及耐力跑男、女大学生均随着时间的推移呈下降趋势，总体上农村男、女大学生耐力跑成绩好于城市男、女大学生耐力跑成绩。

（3）青少年体质健康的影响因素。

周志雄等（2014）在BMC期刊上发表关于在北京学龄前儿童中实施多方面干预措施而促进健康成长的实验研究。方法是利用实验前测、后测，与对照组进行对比研究。干预的时间为12个月。参与实验的儿童有357名（平均年龄为4.5岁）。实验地点为北京三个级别的幼儿园。干预措施包括幼儿园干预（体力活动的政策变化、教师培训、体育课程和食品服务培训）、家庭干预（家长教育、互联网网站的支持和家庭活动）、社区干预（操场改造和社区健康促进活动）。测试项目包括身体成分（体脂肪百分比、脂肪量和肌肉量）、20m爬行、定时跳跃、掷网球、坐位体前屈、平衡木走、20m自由泳、30m短跑。过程性评价包括对监控儿童的身体活动（时间和强度）和食品制作记录和干预协议实现的保真度。结果发现，多方面干预能显著降低测试者身体脂肪百分比（-1.2%，$P<0.0001$）、脂肪量（-0.55kg，$P<0.0001$）和体重（0.36kg，$P<0.02$），增加肌肉质量（0.48kg，$P<0.0001$），相比控制组，实验组的孩子运动能力也有显著性提高。

刘丽娟（2015）采用文献资料法、调查法、实验法及数理统计法，调查研究上海市小学生体育课中运动负荷安排的现状，在此基础上进行体育课不同运动负荷对小学生体质健康影响的实验研究。研究认为，常规、优质体育课运动负荷均偏低，且缺乏对运动负荷的监控；不同运动负荷强度的体育课对小学生的体质健康影响程度不同。小强度和大强度的体育课对小学生的体质健康促进效果不理想，中强度的体育课对小学生的体质健康促进效果较佳；11～13岁小学生体育课适宜运动负荷强度的心率范围是129～151b/min。

毛永明（2011）使用Review manager 4.2软件对我国30年来体育运动对中学生体质健康影响状况的文献进行Meta分析。按照统一的标准对文献进行筛选。最终确定选取身高、体重、胸围、肺活量、哈佛台阶指数、50m跑、800m（女）跑、1 000m（男）跑、立定跳远、坐位体前屈等指标进行实验前后组间及组内对比研究。从身体形态、身体技能、身体素质3个方面分别说明体育干预对青少年体质健康的具体影响。

（4）中外体质测试比较研究。

中国关于体质测试方面的研究始于 20 世纪 90 年代，而此时欧美国家经过几十年的学生体质测试后，开始反思体质测试的意义何在。国外一些有名的学者（Rowland W，1995；Corbin，1995）撰文建议取消青少年体质测试，他们认为体质测试并不能促进青少年的体质健康；青少年体质测试指标在理论上缺乏支持；青少年时期的体质健康对成年后的健康影响也缺乏实证研究。那么，继续进行下去的必要性在哪里？而此时，中国学者（蔡丹聃，等，2013；陈莉，等，2013；高刚，等，2013；李芳，等，2014；马晶瑶，2015；倪灵子，等，2015；孙忠伟，等，2013；岳建军，等，2013）刚刚开始此方面的研究。因此，向外国同行学习，借鉴其研究方法、内容也是中国体质测试研究中一个不容忽视的方面。

范洪彬等（2016）采用文献资料法对世界上 7 个国家和地区体质健康测评中的仰卧起坐测试，从动作形式、受试对象和计量方法 3 个方面进行研究。7 个国家和地区体质健康测评体系中仰卧起坐动作形式的 5 种上肢摆放位置带来不同的动作完成难度；双手手指交叉抱头的上肢动作易引起颈部损伤，其他动作无不利影响；下肢采用膝关节弯曲且双脚不固定的动作，对促进腹部肌群发力和限制股直肌发力较为有利；30°～45°的躯干运动幅度对评价腰腹力量素质相对有利；仰卧起坐受试在 6～70 岁范围中无性别限制；以一个节奏数作为计量方法相对优越。

王静（2011）采用 FITNESSGRAM 系统在得克萨斯州进行全州 3～12 年级学生体质健康测试，测试结果采用效标参照（库珀研究中心的 Healthy Fitness Zone）进行评价。同时，向全州学校发放电子版调查问卷，了解得克萨斯州学校体育环境相关因素的现状。采用 OLS（最小二乘法）和 HLM（分层线性分析）两种统计分析方法探讨与学校体育相关的各种因素对学生体质健康的影响。

蔡丹聃（2013）通过文献资料法与比较法，将我国现行《国家学生体质健康标准》的力量素质评价指标同欧、美、非多个国家青少年体质测定标准的力量素质评价指标进行比较。研究认为，相对于下肢力量，上肢与腰腹部肌肉力量更被重视；力量素质测定趋于便捷易行，评价指标较为精简；力量素质评价指标设置差异性较大。

（5）儿童、青少年体质健康促进方面及其他方面的研究。

陈培友等（2014）对体质健康管理方面进行研究，从理论上构建了江苏省青少年体质健康促进管理组织结构和工作路径。周从改（2011）运用文献资料等研究方法，在体育强国目标背景下，阐述青少年体质健康与体育强国的关系，分析青少年体质健康促进的理论框架，提出了决策、激励、管理、保障、评价与监督 5 个方面的促进机制。岳保柱（2011）、石晓峰等以山西某高校 6 531 名学生体质健康数据为例，以学生体质地域差异为视角，用 SOM 方法定性识别了学生体质健康的地域特征，用可视化 PCA 方法分析学生体质健康的影响因子及解释因子的地域特征。

2.2.1.3　国内体质健康相关研究综述小结

（1）测试指标的转变与测试成绩的评价。

从新中国成立初期的《准备劳动与卫国的体育制度》《青少年体育锻炼标准（草案）》《国家体育锻炼标准》到《学生体质健康标准（试行方案）》，加入了直接与青少年健康有关的体质测试指标：身体成分、心肺循环系统功能、肌肉力量、耐力和柔韧性，实现了测试指标由“运动技术指标”向“健康指标”的过渡。体质测试改称为体质健康测试。在评价体质测试方面，国内描述性研究较多。

（2）研究角度。

国内体质测试的研究角度比较多。国内学者在体质测试指标的发展进程、测试指标的具体修订方面均有著述，也尝试分析不同年龄、职业群体体质测试结果，以及青少年体质健康的影响因素、促进因素、实施办法及政策制定、监督机制。由于我国体质健康测试起步较晚，国内学者也比较倾向于中外体质测试指标差异、测试结果的对比分析等方面的研究。

（3）研究方法。

祁国鹰采用了分层三阶段整群抽样的方法，获得有效样本 31 943 个，为建标工作提供可靠依据。之后，对试验标准再进行大规模的验证性试验，依据试验数据对试验标准进行修订，最后对标准的局部进行政策、指令性方面的微调来完成建标工作。廖文科采用三阶段分层整群随机抽样调查方法，分析来自全国学生体质与健康调研数据库中 1985—2005 年中国 7～18 岁汉族学生身体形态、生理机能、运动素质和健康状况的动态变化规律以及与日本学生身体形态的差异。计量资料采用均数、中位数、最小值、最大值、标准差、P25、P75 进行统计描述；计数资料采用率、构成比进行统计描述；在推断性统计分析中，计量资料两组比较采用独立样本 t 检验，多组比较采用完全随机设计的方差分析，用 Z 检验对中国与日本同龄学生体质差异性进行对比分析。Zhou Zhixiong 利用实验前测、后测与对照组进行对比，进行多方面干预幼儿园儿童体质健康的实证性研究。毛永明使用 Review manager 4.2 软件对我国 30 年来体育运动对中学生体质健康影响方面的文献进行 Meta 分析。按照统一的标准对文献进行筛选，从身体形态、身体技能和身体素质 3 个方面分别说明体育干预对于青少年体质健康的具体影响结果。王振等（2013）针对《国家学生体质健康标准》执行中数据存储量大、管理困难、反馈交流不畅等问题，开发 B/S + C/S 混合模式下，大学生体质健康测试综合管理系统。

2.2.2 国外青少年体质与健康研究现状

李芳等（2014）通过对 Web of Science 平台的 SCI、SSCI、A & HCI 数据库中 2003—2013 年科学引文索引数据库中所收录的“学生体质健康”为主题的文献索引资料进行科学计量分析后发现，关于学生体质健康测试研究最集中的国家是美国和加拿大，见表 2－1。美国在这 10 年间的发文量占发文总量的 47.11%，接近全部发文量的一半。因此，本研究将对美国体质健康研究进行较为详细的文献回顾。

表 2－1　国际学生体质健康研究国家（地区）分布排名（发文量 >30）

国家和地区	文献数量/篇	所占百分比/%
美国	651	47. 11
加拿大	98	7. 09
英国	96	6. 95
澳大利亚	88	6. 37
土耳其	53	3. 84
西班牙	38	2. 75
中国台湾	36	2. 61
中国大陆	35	2. 53
巴西	33	2. 39
德国	33	2. 39

资料来源：李芳，司虎克．国际学生体质健康领域的研究热点与前沿［J］．首都体育学院学报，2014，26（1）：40－45.

美国是体质健康方面研究成果最多的国家，因此综述以美国研究为主。其他国家和地区的相关研究，则根据研究领域补充在相应的研究内容中。

2. 2. 2. 1　美国儿童、青少年体质测试发展历史

1953 年，Hirschlanda 等将 4 264 名美国 6～16 岁公立学校学生和 2 870 名欧洲同年龄组学生的躯干和腿部肌肉力量及柔韧性进行对比后发现，美国有 57. 9% 的学生未通过测试，而欧洲学生的未通过率仅为 8. 7%。尽管文章抽样调查方法及测试指标在今天看来有一些争议，但该研究成为此后美国体质健康测试研究的基石。研究报告第一次对美国儿童、青少年体质健康问题敲响了警钟。

1956 年，时任美国总统成立总统青年健身委员会（the President's Council on Youth Fitness），主要目的是引起美国公众对于青少年健康问题的重视。1957 年，在美国西点军校再次召开了关于美国青少年健康问题的会议，会议决定启动第一次全国范围内儿童体质测试。第一次全美体质测试的儿童年龄为 5～12 岁，共计 8 500 名男孩和女孩。此后，继任的美国总统们对青少年体质健康测试均起到了不同程度的推动作用。其中包括：1965 年第二次全美体质健康测试，测试对象为 10～17 岁；1975 年第三次全美体质健康测试；对 10～17 岁儿童、青少年设立总统体质健康奖章 PPFA（the Presidential Physical Fitness Award），奖励在测试中表现优异的儿童、青少年（1965），之后将奖章授予对象扩充至全美参与体质测试成绩优异者（1972）；1991 年总统健康奖章更是将授予对象扩充至体质测试结果良好的家庭。2010 年时任美国总统奥巴马将总统青年健身委员会更名为总统健康、运动和营养委员会（2016）。

从 1956 年美国进行第一次全国范围儿童、青少年体质测试至 2017 年，已有 60 年。通过文献分析，本研究将美国体质健康测试划分为以下几个阶段：快速发展期、反思期、多元化发展期。

（1）快速发展期（20 世纪 50 年代初—80 年代初）。

美国健康、体育、休闲、舞蹈联盟（AAHPER）的前身是美国健康、体育与休闲联盟（AAHPERD）。该组织成立于 1885 年，负责定义卓越体育的概念，提供、宣传和支持各个层面（从幼儿园到研究生）体育教育者的专业课程。

从表 2－2 中可以看出，3 次全美范围内体质测试项目变化较小。在 1976 年的测试中，加入有氧运动能力的测试 12min、9min，1.5mi 或 1mi 的选项测试。

表2-2　3次全美体质测试项目汇总表

3次测试项目
1958年
直腿仰卧起坐
立定跳远
引体向上（男生）
改进的引体向上（女生）
50yd（45.72m）冲刺
往返跑
600yd（548.64m）跑和走
掷垒球
水上测试（3种选择）
1965年
上肢力量测试
引体向上（男生）
手臂曲挂（女生）
直推仰卧起坐
往返跑
立定跳远
50yd（45.72m）冲刺
掷垒球
600yd（548.64m）跑和走
1976年
上肢力量测试
引体向上（男生）
手臂曲挂（女生）
仰卧起坐（1min，屈腿）
往返跑

续表

3 次测试项目
1976 年
立定跳远 50yd（45.72m）冲刺 600yd（548.64m）跑和走
选测（来自得克萨斯州体能运动能力测试项目）10～12 岁，9min 跑或 1mi（1.6km）跑，13 岁以上 12min 跑或者 1.5mi（2.41km）跑

资料来源：JR. MORROW, J. R., et al., 1958—2008: 50 Years of Youth Fitness Tests in the United States［J］. Research Quarterly for Exercise and Sport, 2009, 80（1）: 1－11.

在这一阶段发展过程中，主要有以下几个关键问题。

①发展初期，AAHPERD 实施的 3 次全美体质测试，采用统一的评价标准。测试指标偏向运动能力测试，有服务军事的意图。

②体质测试标准存在州立标准。20 世纪 50 年代至 70 年代，很多州也有类似全国体质测试内容的州内测试（例如：加利福尼亚州、伊利诺伊州、俄勒冈州、纽约州、印第安纳州等），他们采用的是本州的评价标准，而不是全国评价标准（Clarke，1975）。

③测试理念出现重大转变。测试指标由原来的运动能力测试转向健康相关的体质测试方式。1980 年 AAHPERD 首次测试了身体成分指标、坐位体前屈，并且精简运动能力测试项目，取消了引体向上、纵跳和往返跑。

④体质测试评价标准由常模参照评定（Norm－referenced）转变为标准参照评定（Criterion－referenced）（Plowman，2014）。常模参照评定是指，评价时以被测者的体质测试所在团体的平均成绩为参照标准（常模），根据其在团体中的相对位置（或名次）来报告其体质测试的评价结果。常模参照评定是衡量个体在团体中的相对位置和名次，也称“相对评价”或“相对评分”。标准参照评定，是基于体质测试特

定的标准，来评价被测者在体质测试时所获得的成绩。标准参照评定对参与者体质测试的成绩是绝对标准，即被测者是否达到了体质测试所规定的标准以及达到的程度，而不是比较测试者个人之间的差异。

⑤美国健康、体育、休闲与舞蹈联盟与总统健身与体育委员会（PCPES）试图建立统一标准的全美儿童、青少年体质测试标准，但未成功。AAHPERD 与 PCPES 召开几次听证会试图统一全国体质测试项目、测试标准，但由于双方对儿童、青少年体质测试的目的、原则与体质测试的未来发展没有达成一致，所以 AAHPERD 和 PCPES 仍然进行各自的体质健康测试（Jr. Morrow，Zhu，Franks，Meredith，Spain，2009）。

⑥美国库克研究所创立 FITNESSGRAM 体质测试项目。库珀研究所（Cooper Institute）成立于 1970 年，其创始人库珀先生是美国“有氧运动之父”（2016）。1982 年库珀研究所设立了 FITNESSGRAM 体质测试项目，最初只是俄克拉何马州采用这种体质测试方式。此后，几乎遍及全美。目前，FITNESSGRAM 体质测试指标是与健康有关的体质测试内容。运用 FITNESSGRAM 进行测试的学校通过电脑软件将所在学校或者区域的数据发送给库珀研究所，研究所有单独的评价系统，对上传数据分析汇总反馈给各个用户。

（2）反思期（20 世纪 90 年代中期—21 世纪初期）。

1995 年，Rowland 发表了一篇文章《如果“马”已经死了，不如我们从马上下来》（Rowland W，1995）。这里的“马”比喻青少年体质测试。该文首次质疑了儿童、青少年体质测试的意义。Rowland 和其他一些学者（Keating，2003）认为，既然体质测试并没有从根本上改善儿童、青少年的身体健康状况，那么，是不是该取消体质测试？该论点在当时成为这一领域学者热议的问题。这种争议在欧洲也曾经出现过。Rowland 提出比体质测试更重要的是让孩子们建立积极运动的生活方式（Lifestyle Physical Activity Model，LPAM）。同年，Corbin 撰文《回应：马已经死了》，在支持 Rowland 的 LPAM 论点的基础上提出 HELP（H：health；E：everone；L：lifetime；P：personal）的新策略。

Corbin 等认为，既然青少年体质测试“这匹马”已经很难驾驭了，不如彻底休息一下。Corbin 认为体质测试带有强迫、竞争和不愉快的特点，并且给那些不擅长体育运动的青少年带来了负面影响，这种不好的体质测试体验反而使他们远离了体育锻炼。Corbin 提出理想的体质测试模式有个人体质测试（Self - test）和专业体质测试（Institutional - test）。青少年的个人体质测试是在家长的帮助下实施的，数据是保密的，主要目的是制定适合个人特点的运动方式；专业体质测试目的是分析青少年群体体质健康的总体状况，有针对性地改善群体健身方式，而不是用来比较和评定。

在欧洲也有同样的反思文章。2007 年，英国拉夫堡大学的 Cale 在《十年前马已经死了，现在是时候从马上下来了》一文中运用文献分析和其团体的研究成果从测试方法的局限性、体质测试与健康的关系、体质测试对年轻人的影响（侧重分析对测试成绩低的参与者的影响）等方面来论述：是时候取消年轻人的体质测试了（Cale，等，2007）。Cale 建议公众接受“马”已经死的现实，不希望体质测试主宰校园体育活动的开展。

在澳大利亚也有类似的观点。体质测试的结果受到很多外部因素的影响，测试数据的可靠性令人怀疑。而学生在校外参与体育活动较少是超重和肥胖的主要原因。体质测试也不可能让学生建立起终身运动的习惯（Naughton，等，2006）。

20 世纪 50 年代美国进行了全美第一次青少年体质测试，40 年后欧美学者开始反思青少年体质测试的目的、意义和实际效果。这种质疑、争论也是进一步推动体质测试不断向前发展的动力之一。

（3）多元化发展期（21 世纪初至今）。

1995 年 Rowland 撰文质疑青少年体质测试的意义，建议废除青少年体质测试，但在 2007 年 Rowland 再次回到青少年体质健康测试的轨道中来。尽管体质测试数据的可靠性、测试标准的设定，以及体质测试与健康相关性等方面仍然让人质疑，但是，Morrow（2005）认为坚持体质健康测试能使公众了解青少年的基本体质状况变化，如果不进行测量，人们将更不会重视。Rowland（2007）也赞成这一观点：如果措施得当，学校进行基础体质测试是有意义的；我们在责备“马”之前要先看看“驯马师”的表现。

英国与美国在此方面的观点有相似之处。Cale 和其同事也曾经建议在英国取消青少年体质测试。但是，十多年后他们再次回到这一议题，也得出了同样的结论：青少年体质测试有继续进行的必要性。有趣的是，尽管 Rowland、Morrow 和 Cale 都曾经对青少年体质测试有异议，甚至建议取消体测，但是他们都是所在州或国家中制定体质健康测试的主要顾问和专家。

2008 年，Yuanlong Liu 在《青少年体质测试：如果马没有死，我们怎么办?》一文中认为，体质测试虽然一直存在争议，但最终没有消失，必然有其“幸存”的理由。作者从测试方式改善、教学改进、心理调节以及体育推广的角度展望了美国体质健康测试的未来发展。

在这一阶段，美国青少年体质健康测试主要有以下几个要点。

第一，3 种体质健康测试方式同时存在。由于缺乏统一认识，目前全美少年、儿童体质测试主要有 3 种不同的测试形式——SHAPE America 主持实施的 Physical Best 和新的与健康有关的体质测试；PCPES 主持实施的 President’s Challenge；以及库珀研究所创立的 FITNESSGRAM。这 3 种体质测试，以及各州采用的体质测试方式均有一些相似之处，本研究仅列出运动表现型和体质健康型测试的异同。

第二，加州、得克萨斯州州政府非常重视青少年体质健康测试。这两个州是美国开展青少年体质健康测试和研究较为完备的区域。加州是美国各州中最早开始确立在 5、7、9 年级学生中强制实施青少年体质健康测试的州政府（Pate，等，2013）；2007 年得克萨斯州通过议会“530”法案，该法案要求德州的 3～12 年级的儿童、青少年参与体质健康测试。德州的体质测试方式采用库珀研究所创立的 FITNESSGRAM（Morrow，等，2010）。法案规定，儿童、青少年体质健康检测数据必须上报至州，并由库珀研究所、爱荷华州立大学、伊利诺伊州立大学以及北得克萨斯州大学共同进行研究。

第三，AAHPERD 正式更名。2015 年 12 月 5 日 AAHPERD 宣布更名为 SHAPE America（Society of Health and Physical Educators）。SHAPE America 成立于 1885 年，是美国最大的健康与体育专业组织。SHAPE America 与美国 50 个州进行合作，并支持诸如：《总统青年健身计划》《让我们在活力校园中前进吧!》以及《为健康心脏跳绳或打篮球计划》（2016）。

2.2.2.2 国外儿童、青少年体质测试的研究内容和方法

美国儿童、青少年体质测试方面的研究在世界居首，关注儿童、青少年体质健康问题的学者较多，持续研究相对深入。下面是美国儿童、青少年体质测试方面的主要研究内容和方法。

（1）探析儿童、青少年体质健康测试指标变化。

1950—1970 年，美国儿童、青少年体质测试的变化很小，投掷垒球项目和可选测的游泳项目被取消了。600yd（1yd = 0. 914 4m）跑被更长距离的 1. 6km、2. 4km，或 9min、12min 跑所代替。Disch（1975）等用因子分析法进行研究，认为 5min 或 5min 以上跑步，以及 50yd 和 100yd 冲刺是有效的测试手段。

20 世纪 70 年代，得克萨斯州政府开始在运动表现型体质测试中加入与健康有关的测试内容。与传统的体质测试（运动表现型）主要测试速度、灵敏和力量不同，体质健康测试主要加入手臂力量、腹部力量和心肺功能测试。

20 世纪 80 年代，美国健康、体育、休闲、舞蹈联盟借鉴了得克萨斯州体质测试的变化，也加入了与健康相关的测试指标：心肺功能、体成分测试、肌肉健康状况测试。与健康有关的体质测试相对传统测试，具有更大的可训练性（J，1983）。在这一时期，AAHPERD 发布了电脑测试相关软件，软件同时包括了两种测试类型：运动表现型和体质健康型。库珀研究所出台的 FITNESSGRAM 也兼顾这两种类型的体质测试。

儿童、青少年体质测试在美国许多州快速发展起来，尽管各州的

测试项目、评价标准不同，但在本质上有很多相似之处。总体上，可以归纳为两种类型：运动表现型测试（Athletic or Performance Fitness）和体质健康类测试（Health – related Fitness）。（表 2 – 3）

表 2 –3　运动能力相关测试和与健康相关测试的对比汇总表

	与运动能力相关的测试	与健康相关的测试
主要	心肺的耐受力	心肺功能测试
内容	速度	身体成分
	力量	肌肉力量和耐力
	灵敏	灵活性
	肌肉力量和耐力	
测试系列	AAHPERD 青年健康测试	AAHPERD 健康相关的测试
	Chrysler AAU Test	AAHPERD 最佳测试
	总统挑战——体质测试	青年健康今天
		FITNESS
		总统挑战——健康体质测试
测试项目	中长距离跑（600ya～1.5mi）548.64～2 400m 或者 9min or 12min 跑	中长距离跑：1～1.5mi（1.6～2.4km；20min 跑）
	往返跑	20min 往返跑；渐进性有氧心肺耐受力跑（PACER）
	引体向上	皮质厚度测试；身体成分测试
	坐位体前屈	引体向上；俯卧撑；仰卧起坐
	坐位体前屈	

资料来源：JR. MORROW，J. R.，et al. 1958—2008：50 Years of Youth Fitness Tests in the United States［J］. Research Quarterly for Exercise and Sport，2009，80（1）：1 – 11.

（2）评价体质测试的标准。

早期，美国儿童、青少年体质测试采用的是常模评价体系（Norm－referenced）。比如：在体质测试中成绩好于85%的儿童、青少年可获得美国总统健身奖章。经过不断探索，有学者发现常模评价体系的一些弊端。比如：常模评价单项成绩是可行的，但是如果每一单项之间的相关性不强，那么，要求儿童、青少年通过所有的测试项目，并成绩能好于85%，是非常困难的（Zhu，等，2010）。Corbin 和 Pangrazi（1992）对全美青少年体质测试原始数据（1986）分别用常模评价和标准评价两种评价方式进行对比发现：达到标准评价模式的儿童、青少年要比常模评价体系（第50百分位数）多。但是大多数美国青少年不能达到标准评价体系的1项或2项标准。Corbin 认为美国儿童、青少年体质不如从前。

与常模评价体系不同，标准评价体系是设立一个标准或者一个最低限。达到这一标准即被认为是健康的测试结果。2004年FITNESS-GRAM采用标准评价模式，设立“健康区域”（Healthy Fitness Zone），测试结果在这个区域内，即为健康状态。

除了简单描述性分析外，美国学者希望发现体质健康测试指标的变化方向、速度。Morrow 等（2010）分析2007—2008年得克萨斯州的儿童、青少年体质健康数据后发现，得克萨斯州的6项体质健康测试指标通过率随着年龄的增加而迅速递减；在9年级以前女生一直优于男生，此后男生表现超过女生。

（3）测试数据的可靠性。

Mahar（2008）认为，如果要保证儿童、青少年体质测试数据的可靠性和有效性，需要3个阶段（图2－1）。第一个阶段是定义阶段（Definitional Stage）。此阶段构建各种定义，使教师和学生都清楚测试指标的主要目的是什么。比如：有氧运动测试指标代表着测试者的心肺功能，以及人体运动时血管的输氧能力，以及肌肉用氧连续运动的能力。第二阶段是验证阶段（Confirmatory Stage）。这一阶段学生进行测试，组织测试者收集数据，用回归分析法分析测试分值与标准尺度构建之间的关系。第三个阶段是理论测试阶段（Theory－testing Stage）。在这一阶段用适当的统计分析方法来研究之前所获得的数据。

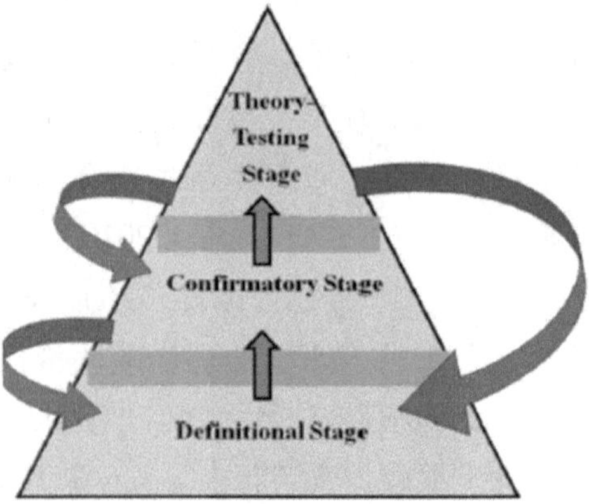

图2－1　体质测试数据三阶段示意图

资料来源：MATTHE W T. MAHAR & DAVI D A. ROWE. Practical guidelines for valid and reliable youth fitness testing［J］. Measurement in Physical Education and Exercise Science，2008，3（12）：126－145.

Fernandez－Santos 等（2016）研究 6～12 岁儿童握力、掷篮球和俯卧撑在体质健康测试中的有效性和可靠性。所有的上肢力量测试均进行两次，第二次距离第一次测试有 7 天。但重复 1 次的最大力量卧推，2 次测试相差 2 天。结果显示，除了俯卧撑的测试（Intertrial Difference＝0.77±2.38，$P<0.001$，the Percentage Error＝9%），所有测试现实高度可重复性（ICC＞0.9）。握力测试与重复 1 次的最大力量卧推有高度的相关性（$r=0.79$，$P<0.01$；$R-2=0.621$）。该研究认为，握力和掷篮球用于检测儿童、青少年上肢力量有很强的可靠性和有效性。

Vanhelst 等（2016）研究了法国体质健康测试的可靠性。Vanhelst 等对 174 名 8～16 岁法国儿童、青少年（88 名儿童和 86 名青少年）进行体质健康测试。测试指标：有氧健身、肌肉力量、速度和灵活性采用 20m 折返跑测试，1/2mi 跑测试，篮球投掷、立定跳远、肩部拉伸，以及20m、30m、50m的冲刺试验测试。试验进行2次，在每周的同一天分别测试。可靠性采用与组内相关系数（Intra - class Correlation Coefficients，ICC）和Bland - Altman分析。除了1/2mi测试内部相关程度一般（ICC =0.66）外，所有测试有较高的可靠性。冲刺、篮球投掷、肩部伸展和立定跳远ICC分别是0.97、0.93、0.91和0.93。在第一和第二次试验之间获得的差异非常显著。

（4）儿童、青少年体质健康影响因素分析。

研究儿童、青少年体质健康影响因素也是体质测试研究的重要组成部分。Morrow等（2010）研究体质健康与教育相关的变量之间的关系，包括学习成绩、出勤率和负面的学校事故之间的关系，以及学校和教师的特点、教师水平与体质健康测试结果之间的关系。

Jin等（2015）研究了社会经济地位对儿童、青少年肥胖流行程度和体质健康状况的影响，数据为2010—2012年加利福尼亚州参加体质健康测试的1 617 400名5、7、9年级的学生。他们采用Multiple Linear和Log - binomial回归的统计方法，研究低保家庭收入是否（根据全国学校午餐计划所示）与学生体质健康状况或肥胖患病率有关。检验了种族差异，并调整了年龄和性别。运动能力测量从0分（最不健康）至6分（最健康的），计算平均得分为4.45分（标准差1.47）。肥胖患病率为20.3%，有56%的儿童来自较低收入家庭（95%可信区间，-0.62 ~0.53）。低收入家庭（相对于高收入家庭）出身的儿童体质健康测试的分数较低，且肥胖的患病率较高（相对危险系数 = 1.81；95% CI，1.72 ~1.89）。这种负相关也出现在印第安人、亚裔、太平洋岛民、菲律宾裔、西班牙/拉丁美洲裔、非洲裔和白人，以及两个或两个以上种族的混血儿童中。结论是：低收入家庭儿童倾向于不太健康的体质状况，并且肥胖风险比高收入家庭子女高。

Roberts等（2010）研究在校学生有氧健身和肥胖与标准测试表现之间的关系。采用不同种族的5、7、9年级1 989名加利福尼亚州学生有氧测试（1mi跑/走）成绩、BMI测试数据，收集相关的学习成绩数据。研究发现：BMI超过疾病控制中心基本尺度的学生在数学、阅读和语言测试方面低于BMI测量和体质测试合格的学生，甚至在控制家长教育水平这一变量时，也不影响得出一样的结果；在少数族裔中，体质测试结果水平较低；在不同种族之间，有氧测试可以预测这种标准化的测试表现。儿童、青少年时期的体成分与有氧运动能力与成年后的健康风险和死亡率是否强相关，仍然缺乏强有力的数据证明（Duncan，等，2012）。

（5）研究体育活动的测量和政策方面。

不少美国学者认为体质健康测试的数据并不能改变美国儿童、青少年体质不断下降的现状。一些学者转向研究体育活动的测量研究。Rowe等（2007）运用青少年身体活动推广模型（YPAP），对5～8年级学生连续6天计步器数据进行分析，分析身体活动与身体成分之间的相关性。研究指出，体质百分比与客观测量的身体活动相关性较低。

Duncan等（2012）运用数据分析研究体重与身体锻炼及运动表现能力之间的关系。Duncan（2012）用58名10～11岁儿童的实验数据进行分析发现，运动表现能力（FMS）与体重指数（BMI）负相关（$P=0.0001$），与身体锻炼是正相关（$P=0.029$）。正常体重儿童运动表现能力要明显好于超重儿童。正常体重儿童运动表现能力的得分为（15.5 ± 2.2）分，而超重或肥胖儿童的得分为（10.6 ± 2.1）分。因此，专家和从业者需要考虑在儿童、青少年运动时开发哪些运动技能，并且提供体重管理策略，以便减少以后生活中不合适的运动方式所带来的损伤风险。

Cohen等（2009）研究改善公园设施的安全性与提高锻炼者对公园设施的使用率之间的关系。Cohen运用5个要改造的公园与5个相匹配的公园进行对比研究，客观地收集公园改造前和改造后的使用情况方面的相关数据。通过实验组与控制组的比较，研究得出结论：改善公园设施的安全性不能自动地增加锻炼者对设施的使用率，影响公园设施的使用率是多因素的。

Martin等（2014）通过建立多领域模型研究分析在校学生体力活动（PA）与学校环境之间的关系。计算澳大利亚珀斯27个城市中408

名6年级儿童在校期间中度至剧烈身体活动（CMVPA）所花的时间，收集学生器材使用、学校体育环境等方面的数据，最后建立的多层级模型能够49%地解释CMVPA、体育教师、体育协调员、体育方面的专家、健身课纳入体育课中，以及班主任在提高CMVPA方面均比1名副校长要高。研究表明，校园体育社会文化、政策环境能更好地支持和保障学生的身体活动。

在全球范围内，缺乏身体锻炼均是导致非传染性疾病的高危因子。Bull等（2014）研究如何运用政策审计工具（Policy Audit Tool，PAT）——一种标准化的工具来对促进锻炼身体的政策进行评估。PAT是根据以前的工作开发而成的，并在7个国家进行测试。经过几轮实验测试修改后，最终PAT包括27个项目，包括：①政府结构；②多部门之间关于关键政策的认知和发展；③在地方和国家层面上政策的执行情况；④PAT执行过程的总体概况。Bull及其研究小组认为：PAT是标准化的评估国家体育锻炼政策的工具。在不同的国家之间运用PAT能具有较强的适应性。开展促进健康体力活动（Health Enhancing Physical Activity，HEPA）政策审计可以刺激当前的政策认识和制定，促进整个行业的发展，并能对政策层面的行为提供合作的催化剂。

2.2.2.3 国外儿童、青少年体质健康相关研究综述小结

1953年Hirschlanda等发表文章指出，美国儿童、青少年体质状况低于欧洲同年龄组青少年。由于文章的发表恰在冷战时期，因此儿童、青少年体质状况问题立即引起美国政府的高度重视。美国先后进行了3次全国儿童、青少年体质测试。尽管早期体质测试主要目的是检测体育课的效果，而不是针对学生健康问题（Morrow，2005）。但是对青少年体质状况进行测试，体现了美国政府对体质健康问题的重视。

（1）测试指标和评价的转变。

美国儿童、青少年体质测试指标经历从传统体质测试——运动表现型体质测试（Motor Ability Test）到与健康有关的体质测试（Health Related Physical Fitness）的转变。新加入的与健康相关的测试指标包括

心肺功能、体成分测试、肌肉健康状况测试。与健康有关的体质测试相对传统测试，具有更大的可训练性。

体质测试评价标准由常模参照评定（Norm－referenced）转变为标准参照评定（Criterion－referenced）。根据不同的评价体系，对参加体质测试获得好成绩的儿童、青少年进行奖励，也是美国体质健康测试的一部分，因不是本书研究重点，故省略。

（2）研究角度。

对体质概念理解的不断变化，带来的是测试指标的不断更新和改进。研究的角度从指标的确立、评价青少年测试结果转变到对体质测试的全面反思：包括测试指标的可靠性、有效性；体质测试的意义。研究者对影响青少年体质测试的因素也进行了探索：对体质测试成绩与学生学校成绩、学校体育环境、学校家庭和个人的重视程度、学校及政府政策、学生父母教育程度、社会经济地位、种族、性别、生长发育程度、遗传因素都进行了研究。

近年来，国外儿童、青少年体质测试问题开始从测量体质健康状况转向如何测量儿童、青少年的体力活动，如何定量测量政策的实施情况，如何获得更有效的测试指标等方面。

（3）研究方法。

美国儿童、青少年体质测试的数据分析由研究所和一些大学共同完成，研究者有较便利的获取数据途径，其中得克萨斯州的数据更是开放给研究者使用。

体质测试方面的研究主要方法有：Vanhelst 等采用 Interclass Correlation Coefficients（ICCs）和 Bland－Altman 来分析数据收集的可靠性；Jin 等采用 Multiple Linear 和 Log－binomial 回归的统计方法研究社会经济地位对儿童、青少年肥胖流行程度和体质健康状况的影响；Duncan 等用相关分析研究体重与身体锻炼以及运动表现能力之间的关系；Bull 等研究如何运用政策审计工具（Policy Audit Tool，PAT）——一种标准化的工具来对促进锻炼身体的政策进行评估。

（4）存在问题。

由于儿童、青少年体质测试不是在实验室完成的，因此体质测试数据的有效性、可靠性一直备受诟病。但也有学者认为，即使数据不够好，总比没有相关数据要好一些。尽管在很多研究方法、研究内容方面仍存在争议，但是这也是全球儿童、青少年体质测试不断进步的动力之一（Plowman，2014）。目前，美国学者认为体质测试存在的主要问题如下。

① 测试指标不断变化，给监测带来一定的困难。

从 20 世纪 50 年代美国开始实施儿童、青少年体质测试以来，由于测试内容、测试步骤均有所变化，对测试结果做纵向比较困难。比如：仰卧起坐经历过以下变化：从直腿到屈腿 90 度，再到屈腿 140 度；脚从被压着做仰卧起坐到不能压着；手经历过放在头部后，放在胸前，再到放在体侧；俯卧撑 90 度从有时间限制，到无时间限制，再到无节奏限制；等等。因此，根据时间先后来监测儿童、青少年体质测试结果变化是很困难的。而且，这种变化仍然有可能继续（Morrow，2005）。

② 学者对柔韧性和健康的关系有质疑。

如果柔韧性得到充分发展，人体关节的活动范围将明显加大，关节灵活性也将增强。这样做动作更加协调、准确、优美，同时在体育活动和日常生活中可以减少由于动作幅度加大、扭转过猛而产生的关节、肌肉等软组织损伤。但是，没有证据显示柔韧性与健康有密切关系（Plowman，2014）。但有研究认为（Laurson K R，2014）在中老年女性中，柔韧性差与高血糖有独立关系。

③ 体重和体成分孰轻孰重存在争议。

一些研究者认为，体质测试需要标准化身体尺寸（Markovic G，2004）。在目前的测试中，轻体重的儿童、青少年测试者比重体重的测试者获利多一些。有一些技术可以区分出这种体重上的差异。通常，在运动生理学中采用的是比例标准和生长幂函数（Allometric Power Functions）来表示。但是 Allometric Power Functions 使用时非常复杂，不够实用，并且目前还不清楚Allometric Power Functions在年龄和性别之间是如何变化的（Plowman，2014）。其实，体质含量指标和身体尺寸两个指标，哪个因素更重要，目前还没有非常明确的研究。在一些研究中发现（Woods J A，1992），控制体重因素后，大体重的测试者成绩仍然不占优势，但是控制体脂成分后，重体重的测试者不受影响，此方面研究有待进一步加强。

美国在20世纪50年代开始实施第一次全美儿童、青少年体质测试。我国从20世纪80年代开始第一次全国青少年体质测试。美国学者从20世纪80年代中期至90年代开始反思儿童、青少年体质测试的意义。目前，中国也有相关学者在思考这一问题，思考青少年体质测试如果只是发布成绩，而没有更纵深的研究，没有真正起到提高青少年体质作用，那么我们测试的意义在哪里。

尽管美国学者认为其研究还有很多方面有待改善，但是他们进行了大量尝试，非常值得我们借鉴和学习。也希望通过西方国家体质测试方面的文献研究能给中国体质测试带来更多启示。

2.3 身体形态、身体素质发展趋势和预测研究现状

2.3.1 身体形态和身体素质概念

2.3.1.1 身体形态概念

在体育学中，身体形态是指人体外部与内部的形状特征。反映外部形态特征的指标有高度（身高、坐高等）、长度（上肢长、下肢长等）、围度（胸围、腰围、臀围、上臂围、大腿围等）、宽度（肩宽、髋宽）和充实度（体重、皮质厚度）等（田麦久，2000）。由于身体形态在一定程度上受遗传因素的影响，其中高度、长度和宽度指标受遗传影响较大；体重等充实度指标受遗传影响则较小（运动员选材时，应重视高度、长度和宽度等形态指标，而与肌肉有关的体重等充实度

指标，则应更多地依靠后天的训练加以改善和提高）（张晓莹，等，2011）。

儿童卫生学中，有学者认为身体形态是反映人体体质状况的重要内容，是生长发育水平的真实体现，生长发育水平也是营养状况的一种体现。它既可以反映长期的营养变化，也可以反映近期的营养状况变化（季成叶，2004）。

有较多指标反映儿童、青少年身体形态指标。不同领域对指标的研究侧重点不同。体育学重视身高、坐高、四肢长度、肩宽、胯宽的测量，目的是进行运动员科学选材；儿童卫生学侧重身高、体重、胸围等指标，主要研究儿童、青少年的生长发育水平、营养状况等。

2.3.1.2 身体素质概念

在人口学中，身体素质作为人口素质的重要组成部分，主要指人的身体质量，它是在先天性遗传和后天获得的基础之上，表现出来的形态结构、生理功能、身体活动技能、适应能力和心理因素，综合的、不断发展的、相对稳定的特征（李鹏，等，1997）。

在体育学中，身体素质是指人体活动的一种能力，指人体在运动、劳动与生活中所表现出来的力量、速度、耐力、灵敏及柔韧性等机能能力（冯晓玲，2012）。国内有学者将“Physical Fitness”译作“身体素质”。美国运动医学学会定义（Medicine，2006）“Physical fitness 是一个多维概念，指人们拥有或获得的、与完成体力活动能力相关的一组要素，包括技术相关部分、健康相关部分和生理部分”。根据这一定义，有学者把 Physical Fitness 译为“体适能”（关英凝，等，2012），这一译法更有利于学术交流，适应学术形势的发展。

2.3.2 国内外儿童、青少年身体形态、身体素质发展趋势及预测研究

2.3.2.1 国内儿童、青少年身体形态、身体素质发展趋势及预测研究

（1）身体形态、身体素质发展趋势研究。

国内相关学者运用《中国学生体质与健康调研报告》数据，对儿童、青少年身体形态、身体素质发展趋势方面的研究较多。

在全国层面上，吴键用方差分析对1985—2010年全国7～22岁汉族学生的身体机能和身体素质的发展趋势进行了研究。总体上，肺活量呈下降趋势，2010年出现拐点，但2010年肺活量水平仍低于1985年、1991年、1995年和2000年水平；25年中，7～22岁学生速度（50m跑），总体水平有所下降；爆发力（立定跳远），2010年成绩高于2005年和1985年，但低于1991年、1995年和2000年；力量素质（引体向上、仰卧起坐），除1985年乡村男生稍差于城市男生外，其他年度乡村学生力量素质好于城市学生；柔韧素质（坐位体前屈），2000—2005年，柔韧性有明显提高，2010年与2005年成绩持平。

有些学者对不同省、自治区、直辖市的儿童、青少年的身体形态、机能和素质动态变化进行了分析。王莹（中国学生体质与健康研究组，2012）对山东体质与健康数据进行分析，发现1985—2010年山东省7～18岁学生身体形态指标呈不同幅度增长，表现出明显的增长趋势，但生长速度趋于减缓，儿童、青少年超重和肥胖不断蔓延的形势非常严峻。1985—2010年间，山东省7～18岁学生肺活量呈下降趋势。1985—2010年间，山东省7～18岁学生各项运动素质指标表现出不同的变化特点：下肢爆发力素质有一定程度的提高，但速度素质、肌力素质和耐力素质均有不同程度的下降。王广涛（2014）对河南7～22岁汉族学生6次体质健康测试的数据进行分析，20年间城乡男、女学生的肺活量、体重指数均呈下滑趋势，虽然2000年有小幅度增长，但

仍低于1985年水平，尤其是2005年又出现大幅下滑现象，且乡村学生肺活量、体重指数优于城市学生。13～22岁城乡男、女学生耐力跑成绩在1995—2005年间下滑幅度惊人，城、乡相比较而言，乡村男、女学生耐力素质均优于城市男、女学生。20年间7～22岁学生的柔韧素质也呈逐年下滑趋势。

在少数民族体质研究方面，王海俊等对1985—2010年蒙古族、回族、维吾尔族、壮族等15个少数民族7～18岁学生进行分析，除蒙古族外，其他少数民族肺活量上升。50m跑、立定跳远、引体向上，各少数民族成绩出现下滑。17岁学生引体向上和仰卧起坐成绩逐步提高，除布依族和土族外，其他少数民族耐力呈下降趋势。

由于全国体质与健康测试的数据收集、整理过程中使用的人群分类为城市男生、城市女生、乡村男生、乡村女生，因此较多文献相应地以城市男、女生与乡村男、女生分类，分指标、分年龄对身体素质测试结果进行动态分析。

（2）身体形态、身体素质发展预测研究。

许良（2009）采用1985年、1995年、2000年、2005年全国7～18岁学生各年龄段4项体能素质的数据，依据灰色理论GM（1，1）模型方法的研究条件和研究需要，在国家先后4次测试公布的全国学生各项体能素质的原始数据中插入1990年，运用内差法进行等时距数据处理，建立数学模型，对2010年和2015年身体素质测试指标进行预测，并采用残差检验法对预测模型的精度进行逐点检验。本研究对文中预测的2010年和2015年数据与实际测试数据相比较，发现差异不大（表2－4）。

表2-4　中国学生体质健康发展预测主要文献统计表

作者	研究地点	研究时间	研究对象	研究设计	统计方法	样本量	主要发现
吴键	中国	2010年	1985—2010 年 7~22 岁全国汉族学生身体机能和身体素质	全国横断面	方差分析	149 439 7	肺活量：连续下降20年后，2010 年出现拐点；速度（50m 跑）总体水平有所下降；爆发力（立定跳远），2010年成绩高于2005年和1985年，但低于1991年、1995年和2000年；力量素质（引体向上、仰卧起坐），除1985年外，乡村男生成绩好于城市男生；柔韧素质（坐位体前屈），2000—2005年有明显提高，2010年与2005年成绩持平
王海俊、马军	内蒙古、宁夏等10个省、自治区、直辖市	2010年	1985—2010 年蒙古族、回族、维吾尔族、壮族等15个少数民族7~18岁学生	区域横断面	方差分析	每个民族样本量2 400人	除蒙古族外，其他少数民族肺活量上升。50m跑、立定跳远、引体向上，各少数民族成绩出现下滑。17岁学生引体向上和仰卧起坐成绩逐步提高；除布依族和土族外，其他少数民族耐力呈下降趋势

续表

作者	研究地点	研究时间	研究对象	研究设计	统计方法	样本量	主要发现
王广涛	河南	2009 年	1985 年、1990 年、1995 年、2000 年、2005 年 7 ~ 22 岁学生体质与健康调研数据	区域横断面	采用数理统计法、逻辑分析法、问卷调查法、文献资料		从整体趋势上讲，20 年间城乡男、女学生的肺活量/体重指数均呈下滑趋势，虽然 2000 年有小幅度增长，但仍低于 1985 年水平，尤其是 2005 年又出现大幅度下滑现象，且乡村学生肺活量和体重指数优于城市学生。13 ~ 22 岁城乡男、女学生耐力跑成绩在 1995—2005 年下滑幅度惊人；乡村男、女学生耐力素质均优于城市男、女学生

2.3.2.2 国外儿童、青少年身体形态、身体素质发展趋势及预测研究

Venckunas 等（2017）对立陶宛 1992—2002 年和 2002—2012 年 11 ~ 18 岁在校生（$n = 16\ 199$）身体素质发展趋势进行研究发现：1992—2002 年学生的平衡能力、灵敏性、上肢肌肉力量、心肺功能有所下降，但女生腹部肌肉、男生柔韧性和男女生平衡能力有所提高；2002—2012 年下降趋势并没有放缓，腹部肌肉力量开始出现下降，但平衡能力继续增强。通过分析协变量发现，BMI 不是这种变化的主要原因。儿童、青少年身体素质的总体下降趋势将影响未来成年人的身体健康，并成为社会严重的经济负担。

Tambalis 等（2010）对希腊 1997—2008 年希腊国家统计局（HNSS）中 8 ~ 9 岁学生身体形态和身体素质调查数据进行趋势分析，

对比城乡差异。城市和乡村学生肥胖率均上升（11年间，城市女生从7.2%上升至11.3%，城市男生从8.1%上升至12.4%；乡村女生从7%上升至13%，乡村男生从8.2%上升至14.1%；P 值均 <0.001）。乡村学生的年肥胖率增加40%～50%。尽管如此，乡村学生身体素质表现仍优于城市学生，尤其是有氧运动测试。

Huotan（2010）对1976年（总717名，其中384名男生、333名女生）和2001年（总558名，男生253名、女生305名）芬兰13～18岁青少年测试项目男生2 000m跑、女生1 500m跑，体重指数（BMI），课余活动时间（LTPA）的横断面数据进行分析。相比1976年，2001年跑步时间增加（男生，56s，$d=0.46$，medium effect size，$P<0.001$）；女生，29s，$d=0.32$，small，$P<0.01$）。BMI和LTPA能够较多地解释2001年和1976年有氧测试成绩的不同。2001年BMI比1976年变差；尽管有组织的LTPA很重要，但是2001年身体素质测试成绩整体下降，有可能是有氧运动水平下降的原因。

Albon等（2010）对1991—2003年新西兰10～14岁学生与健康相关的身体素质身高、体重、体重指数、柔韧性、立定跳远、4×9m跑（灵敏测试）、仰卧起坐、550m跑成绩进行追踪测试。每年测试2次。男生体重增加4.5kg（95% CL 2.7～6.2，或者每年增加0.8%），女生增加3.9 kg（95% CL 2.0～5.9，或者每年增加0.7%）；BMI均值男、女生每年分别增加0.12 kg/m^2（0.6%）和0.11 kg/m^2（0.5%）；550m跑成绩男、女生每年分别下降1.5%和1.7%。本研究认为，测试结果的下降并不意味着新西兰10～14岁整体人群身体素质的下降，而是存在超重和技能表现较差的部分学生。全球从20世纪80年代开始，体重指数不断增加；与健康有关的身体素质不断下降，尤其是与有氧运动有关的体质测试项目。但是这种变化并不表明是相关年龄人群的整体变化。

2.4 二手数据预测方法的文献研究

用原始数据对研究变量进行预测是常规模式，但在研究资料受限制或者不可能获得原始数据的情况下，如何进行较为科学的预测，文献中总结的方法如表2－5所示。

表2－5 二手数据预测方法文献统计表

作者发表时间	研究地点	研究时间	数据来源/指标	研究目的	研究设计	统计方法
郭璐，等，2015年	中国南京	2006—2013年	南京市各区级疾病预防控制机构和医疗机构通过中国疾病预防控制信息系统报告的梅毒疫情资料	预测梅毒发病率	1. 梅毒月发病率变化趋势；2. 序列平稳化和零均值化；3. 模型识别；4. 模型参数估计和模型诊断；5. 模型预测	时间序列：ARIMA模型
贾鹏，等，2013年	中国	2013年	人均GDP，人均可支配收入；邮轮运力；城镇人口数，城镇人口出境旅游偏好	预测邮轮旅游需求	1. 根据确定影响邮轮需求的影响因素选取变量；2. 建立模型；3. 初始数据处理及参数设定；4. 模型训练及测试；5. 预测我国邮轮需求	BP神经网络模型
Mohammad Y. Anwar etc，2016年	阿富汗	2016年	阿富汗卫生部2005年1月至2015年9月疟疾发病率	疟疾发病率	采用Box－Jenkins方法选择ARIMA模型。1. 制作疟疾发病率趋势图，并计算自相关和偏相关；2. 通过对比AIC对比模型的适用性；3. 用Ljung－Box test（白噪声检验）确定模型	时间序列：ARIMA模型

预测学是一门研究预测理论、方法、评价及应用的新兴科学。综观预测的思维方式，其基本理论主要有惯性原理、类推原理和相关原理。预测的核心问题是预测的技术方法，即预测的数学模型。

预测方法较多，每一种都有其优缺点和适用性。回归分析预测、结构方程模型需要大量的样本数据进行因素间关系的拟合；BP神经网络模型可以运用二手数据分析，但也需要在各种影响因素中选取变量。灰色预测需要在原始数据的基础上进行运算。基本思路是将已知的数据序列按照某种规则构成动态或非动态的白色模块，再按照某种变化、解法来求解未来的灰色模型（GM）。其核心体系是灰色模型，即对原始数据做累加生成（或其他方法生成）得到近似的指数规律再进行建模的模型方法。

按一定时间顺序对现象进行观测并记录下来的数值，成为时间序列（袁诚，等，2014）。时间序列分析也是一种回归。回归分析的目的是建立因变量和自变量之间的关系模型，并且可以用自变量来对因变量进行预测。时间序列分析的一个目的是用变量过去的观测值来预测同一变量的未来值，即时间序列的因变量为变量未来的可能值，而用来预测的自变量中就包含该变量的一系列历史观测值。1985—2014 年，我国共进行了 7 次学生体质与健康测试，时间间隔为 5 年或者 4 年，检测的指标结果形成了时间序列。根据数据的特点和文献阅读，本研究选择了时间序列分析方法。

3 研究方法

3.1 定义与指标

3.1.1 定 义

3.1.1.1 身体形态概念

身体形态是指人体外部与内部的形状特征。身体形态是人体生命活动的物质基础，一定的形态反映了一定的机能。身高、体重是儿童、青少年形态发育过程中最具代表性的指标（马军，等，2010）。本研究选择学生体质测试中的身高、体重作为研究身体形态的指标。本研究中的身高、体重指标测试方法见附录 A。

3.1.1.2 身体素质概念

身体素质是在先天性遗传和后天获得的基础之上，人体在运动、劳动与生活中所表现出来的力量、速度、耐力、灵敏及柔韧性等机能能力。身体素质是人体活动的一种能力。本研究中身体素质主要包括爆发力、速度、耐力。研究采用全国学生体质与健康测试中的爆发力指标（立定跳远）、速度素质（50m 跑）、耐力素质（7 ~ 12 岁为 50m ×8 往返跑；13 ~18 岁，男生为 1 000m 跑，女生为 800m 跑）。

（1）爆发力概念。

爆发力是人体在克服外界阻力时的输出功率（田麦久，等，2012）。爆发力是快速力量的一种，是人体肌肉以最快的速度克服阻力的能力。其公式为 $P = F \times V$，因此爆发力是人体力量和速度相结合的一种身体素质能力。

（2）速度。

速度是人体快速运动的能力。快速运动的完成依靠着机体运动加速度和最大速度的能力（田麦久，等，2012）。速度包括反应速度、动作速度和移动速度。本研究中的速度主要是指移动速度。移动速度是指人体在特定方向上位移的速度。

（3）耐力。

耐力是指机体在一定时间内保持特定强度负荷和动作质量的能力。耐力分为肌肉耐力和心血管耐力。肌肉耐力又称为力量耐力；心血管耐力分为有氧耐力和无氧耐力。有氧耐力是指机体在氧气比较充足的情况下，坚持较长时间工作的能力。无氧耐力主要是指机体以无氧代谢为主要供能形式，坚持较长时间工作的能力。

3.1.2 指　标

3.1.2.1 立定跳远

本研究中爆发力指标为立定跳远，是全国历次学生体质测试选用指标，主要反映学生腿部肌肉爆发力。

3.1.2.2 50m 跑

本研究中速度指标为50m 跑，反映的是学生的移动速度。

3.1.2.3 中长跑

全国学生体质测试选定7～12岁50m×8往返跑，13～18岁男生1 000m 跑、女生800m 跑作为耐力素质指标，主要测试学生的心血管耐力。中长跑是无氧耐力和有氧耐力相结合的运动项目。

本研究中的身体素质各项指标均由检测队指定专人（体育教师）进行检测，主要测试方法、注意事项见附录 A。

3.2 数据说明

3.2.1 数据来源

本研究数据采用 7 次中国学生体质与健康调研统计资料（中国学生体质与健康研究组，1987；中国学生体质与健康研究组，1993；中国学生体质与健康研究组，1996；中国学生体质与健康研究组，2002；中国学生体质与健康研究组，2007；中国学生体质与健康研究组，2012；中国学生体质与健康研究组，2015）中相关测试指标的均值、标准差和样本量，进行运算。数据符合正态分布（表 3－1）。

表 3－1　1985—2014 年中国学生体质与健康监测指标一览表

时间	身体形态	生理机能	身体素质	健康状况
1985 年	身高、体重、胸围、坐高、肩宽、骨盆宽	脉搏、血压、肺活量	50m 跑、引体向上（男）、斜身引体向上（男）、仰卧起坐（女）、立定跳远、1 000m 跑（男）、800m 跑（女）、50m×8 往返跑、立位体前屈	视力、龋齿、沙眼、心脏、肺、肝、脾、神经衰弱、脊柱侧弯
1991 年	身高、体重、胸围、坐高、肩宽、骨盆宽	脉搏、收缩压、舒张压（变音、消音）、肺活量	50m 跑、引体向上（男）、斜身引体向上（男）、仰卧起坐（女）、立定跳远、1 000m 跑（男）、800m 跑（女）、50m×8 往返跑、立位体前屈	视力、龋齿、儿（内）科检查、血红蛋白、粪蛔虫卵、月经初潮（女）、首次遗精（男）

续表

时间	身体形态	生理机能	身体素质	健康状况
1995年	身高、体重、胸围、坐高、肩宽、骨盆宽、皮褶厚度（上臂、肩胛）	脉搏、血压、肺活量	50m跑、引体向上（男）、斜身引体向上（男）、仰卧起坐（女）、立定跳远、1 000m跑（男）、800m跑（女）、50m×8往返跑、立位体前屈	视力、龋齿、儿（内）科检查、血红蛋白、粪蛔虫卵、月经初潮（女）、首次遗精（男）
2000年	身高、体重胸围、坐高、肩宽、骨盆宽、皮褶厚度	脉搏、血压、肺活量	50m跑、引体向上（男）、斜身引体向上（男）、仰卧起坐（女）、立定跳远、1 000m跑（男）、800m跑（女）、50m×8往返跑、立位体前屈、握力、背肌力	视力、龋齿、儿（内）科检查、血红蛋白、粪蛔虫卵、月经初潮（女）、首次遗精（男）
2005年	身高、体重、胸围、坐高、皮褶厚度、腰围、臀围	脉搏、血压、肺活量、台阶实验	50m跑、引体向上（男）、斜身引体向上（男）、1min仰卧起坐（女）、立定跳远、1 000m跑（男）、800m跑（女）、50m×8往返跑、坐位体前屈、握力	视力、龋齿、儿（内）科检查、血红蛋白、粪蛔虫卵
2010年	身高、体重、胸围、坐高、皮褶厚度（3项）腰围（选测）、臀围（选测）	脉搏、血压、肺活量	50m跑、引体向上（男）、斜身引体向上（男）、1min仰卧起坐（女）、立定跳远、1 000m跑（男）、800m跑（女）、50m×8往返跑、坐位体前屈、握力	视力、龋齿、儿（内）科检查、血红蛋白、粪蛔虫卵、营养不良、肥胖、月经初潮（女）、首次遗精（男）

续表

时间	身体形态	生理机能	身体素质	健康状况
2014 年	身高、体重、胸围、坐高、皮褶厚度（3 项）、腰围（选测）、臀围（选测）	脉搏、血压、肺活量	50m 跑、引体向上（男）、斜身引体向上（男）、1min 仰卧起坐（女）、立定跳远、1 000m 跑（男）、800m 跑（女）、50m×8 往返跑、坐位体前屈、握力	视力、龋齿、儿（内）科检查、血红蛋白、粪蛔虫卵、月经初潮（女）、首次遗精（男）

3.2.2 中国学生体质与健康监测调研说明

7 次调研，原则上沿用一致的汉族及少数民族高校和中小学调研点学校，有调整时必须在原调研点学校附近选择同类学校，并报全国学生体质与健康调研办公室备案。

3.2.2.1 调查对象

调查在省、自治区、直辖市的普通大、中、小学进行，调查对象为 7～22 岁汉族学生。7～22 岁汉族学生根据上（省会片）、中（其他片）、下（差片）3 个社会经济片进行测试。

在历次调查中，调研点学校原则上均沿用上次调查学校，因学校合并原因需要调整时，必须在原调研点学校附近选择同类学校。如果原为农业户口所在地的调研点学校，现已经整体转为城镇居民户口，调研点学校学生的类别与性质不变，即仍按照农村调研点学校统计。

3.2.2.2 抽样方法

抽样沿用分层随机整群抽样调查方法，即首先确定调研点学校，再以年级分层、以教学班为单位随机整群抽样构成调研样本。随机整群抽样时，所抽取的班级数以能满足最低调研样本数为限。

3.2.2.3　样本构成、分组

调研样本分为检测样本和问卷调查样本（略）（问卷调查不在本研究范围）。

（1）样本构成。

检测样本由体检样本和体测样本组成。

体检样本：由随机整群抽取的教学班全体学生构成。

体测样本：由体检样本中筛选的正常学生构成（正常学生是指能从事各项体育锻炼活动，发育健全、身体健康的学生。凡心、肝、脾、肾等主要脏器有病者，身体残缺、畸形者，急性病患者或1个月内患过高热、腹泻等急性病且体力尚未恢复者，以及正处于月经期间的女生均不得参加素质项目测试）。

（2）样本分组。

由于各地小学生入学年龄不一，6岁年龄组学生样本量不做具体规定。12岁年龄组学生样本量不足时，可从附近小学或中学的学生中抽取。

汉族学生：7～22岁汉族学生按城、乡和男、女分为4类，每岁一组，共64个年龄组。

汉族学生的国家级体测统计样本，由各省、自治区、直辖市体测统计样本中7～22岁每年龄组随机抽取150人汇总构成；国家级体检统计样本直接汇总自各省、自治区、直辖市的体检统计样本（表3－2、表3－3）。

表3－2　1985—2014年中国汉族学生体质与健康调研简况　　　人

对象	1985年	1991年	1995年	2000年	2005年	2010年	2014年
城市男生	123 476	35 369	63 261	54 457	73 822	53 830	53 602
城市女生	122 212	35 147	63 323	54 446	73 749	53 744	53 642
乡村男生	114 000	35 217	62 536	53 862	72 391	53 857	53 614
乡村女生	111 427	34 900	60 372	53 916	71 642	53 888	53 501
全国统计	471 115	140 633	249 492	216 681	291 604	215 319	214 359

表3－3 1985—2014年中国7～18岁汉族学生样本量 人

时间	总人数	汉族人数	少数民族人数	省市	调查学校	少数民族	调查指标
1985年	980 000	471 115	—	29	2 188	27	26
1991年	240 000	—	—	30	400	17	26
1995年	308 788	253 007	55 781	30	1 800	20	20
2000年	348 768	266 267	82 501	31	1 497	20	22
2005年	383 216	303 363	79 853	31	1 320	24	24
2010年	348 495	262 878	85 617	31	995	26	24
2014年	347 294	261 914	85 380	31	1 137	26	24

注：数据来源《中国学生体质与健康研究报告（1985—2014）》。

3.2.3 组织实施

3.2.3.1 组织领导

由教育部牵头，国家体育总局、卫生部（现卫健委）、国家民委、科技部、财政部共同组成“全国学生体质与健康调研协调小组”及其办事机构——“协调小组办公室”，负责领导、协调全国学生体质与健康调研工作。聘请有关专家组成“全国学生体质与健康调研组”，负责全国学生体质与健康调研的具体业务，并对各省、自治区、直辖市调研工作进行业务指导。各省、自治区、直辖市参照以上办法建立相应的组织机构，并负责组建检测队，开展本地区调研工作。调研点学校由主管校长及有关部门人员组成“学生体质与健康调研工作组”，配合检测队完成本校的调研任务。

3.2.3.2 组织实施

调研工作应与学生体质与健康标准测试、体育考试、学生体检等工作有机地结合起来，做到工作安排有序、检测数据共享。本次调研素质项目测试结果应作为本学期学生体质与健康标准测试成绩及学生体育考试成绩，各调研点学校及县（区）教育主管部门要制定相应的实施办法，并落到实处。

3.2.3.3 检测队组建

检测队依托现有的学校体育卫生专业机构，在历次全国学生体质与健康调研检测队伍的基础上组建，检测人员为体育卫生专业技术人员，其中新充实的人员接受岗前培训，熟练掌握检测方法，考核合格后上岗。

3.3 统计分析

3.3.1 全国 1985—2014 年 7～18 岁汉族学生指标统计分析

本研究对 7 次全国体质监测数据进行整理、计算（Excel 2016），将散状的横断面数据对接成数据集，并对全国 1985—2014 年 7～18 岁汉族学生身体形态和身体素质指标进行描述性和推断性分析；对身体形态和身体素质进行趋势检验（SPSS 20）；用时间序列分析法对 7～18 岁汉族学生 2019 年和 2024 年相关指标进行预测（R3.4.1）。

3.3.1.1 全国 7～18 岁汉族学生测试指标统计方法与计算说明

（1）根据城、乡指标计算全国指标方法。已知城市、乡村相关指标均值、标准差、样本量，计算全国 7～18 岁汉族学生 1985 年、2000 年和 2014 年身高、体重和身体素质指标均值。

（2）计算各省、自治区、直辖市 7～18 岁汉族学生身体形态和身体素质指标的均值、标准差（合并城乡数据）。

（3）对全国学生身体形态、身体素质指标进行方差分析和趋势检验。

（4）1985 年、1995 年、2005 年、2014 年全国 7 ~ 18 岁汉族学生两两不同年度 t 检验。方差齐性时采用 t 检验，方差不齐性时采用 Satterthwaite t' 检验。

（5）1985—2014 年全国 7 ~ 18 岁汉族学生身体形态、身体素质时间序列动态分析指标计算（袁诚，李心愉，2014）。

①发展水平增长量。

增长量是时间序列中两个不同时期发展水平之差。计算公式为：

增长量 = 报告期发展水平 - 基期发展水平

A. 逐期增长量是时间序列中各项分别以前一期为基期计算的增长量，即 $a_1 - a_0$，$a_2 - a_1$，…，$a_n - a_{n-1}$。

B. 累积增长量是报告期水平与某一固定时期水平之差。设 a_0 为固定期水平，累积增长量为：$a_1 - a_0$，$a_2 - a_0$，…，$a_n - a_0$。

②发展增长速度。

增长速度是说明现象增长程度的相对指标，是增长量与基准期发展水平之比。根据所采用基准期不同，增长速度分为环比增长速度和定基增长速度：

环比增长速度 = 逐期增长量/前期水平

定基增长速度 = 累积增长量/固定期水平

3.3.2 区域学生相关指标分析方法

3.3.2.1 排秩次法

将 4 次（1985 年、1995 年、2005 年、2014 年）各省、自治区、直辖市相关调研指标均值按大小排序，并赋分值。例如：1985 年 7 岁男生组身高中，北京市学生身高均值最大，则得分为 1，辽宁省学生身高次之，得分为 2，依此类推，将 12 岁、18 岁各省、自治区、直辖市学生的身高进行排名，并将 4 次调研的身高得分相加，除以 4 得到 7 岁、12 岁、18 岁各省、自治区、直辖市学生身高平均分值，根据所得分值进行排序。同理，身体素质综合秩次比较时，将同年龄组的 3 项身体素质测试的秩次（1985年、1995年、2005年、2014年的平均秩次）相加，再求出平均秩次，进行综合身体素质秩次排序。

3.3.3 时间序列分析法（ARIMA模型）进行预测

时间序列分析用于对某一时间间隔顺序排列的序列进行分析。时间序列法是将预测对象按照时间顺序排列，从所构成的这一组时间序列过去的变化规律，推断今后变化的可能性及变化趋势、变化规律。时间序列分析的目的一般有两方面：一是认识产生观测序列的随机机制，即建立数据生成模型；二是基于序列的历史数据，也许还要考虑其他相关序列或因素，对序列未来的可能取值给出预测或预报（Cryer，等，2011）。

ARIMA模型是时间序列分析中使用范围较广的模型，全称自回归移动平均模型，是由Box和Jenkins于1970年在*Time Series Analysis Forecasting and Control*一书中提出来的，所以又称Box－Jenkins模型。该模型包含3个参数，ARIMA（p，d，q），是一个差分自回归移动平均模型，其中AR表示自回归，p是自回归的阶数；MA表示移动平均，q是移动平均项数，d是时间序列变为平稳时所需要做的差分次数。ARIMA的基本思想是将非平稳的时间序列转为平稳的时间序列，然后对平稳时间序列建立ARMA模型。ARIMA模型根据原序列是否平稳以及回归中所含部分的不同，可以细分为移动平均过程（MA）、自回归过程（AR）、自回归移动平均过程（ARMA），以及ARIMA过程。通式写作为：

$$\phi(B)(1-B)^d X(t)=\theta(B)e(t)$$

3.3.3.1 基本思路

步骤一：模型识别。找出适当的p、d和q值。通过观察相关图和偏相关图可以进行初步判断。

步骤二：参数估计。估计模型周期所含自回归和移动平均项的参数。R程序中有自动建模的功能，可以作为参考依据之一。

步骤三：模型诊断（检验）。对计算后的残差进行白噪声检验；对模型参数进行显著性检验。通过检验，接受拟合；反之，则再次建模。

步骤四：预测。运用建立的模型进行预测。

3.3.3.2 基本程序

第一步，根据时间序列的散点图、自相关函数和偏自相关函数图，以 ADF（单位根）检验其方差、趋势及其季节性变化规律，对序列的平稳性进行识别。一般来讲，时间序列都不是平稳序列。

第二步，对非平稳序列进行平稳化处理。如果数据序列是非平稳的，并存在一定的增长或下降趋势，则需要对数据进行差分处理；如果数据存在异方差，则需对数据进行技术处理，直到处理后的数据自相关函数值和偏相关函数值无显著地异于零。

第三步，根据时间序列模型的识别规则，建立相应的模型。若平稳序列的偏相关函数是截尾的，而自相关函数是拖尾的，可断定序列适合 AR 模型；若平稳序列的偏相关函数是拖尾的，而自相关函数是截尾的，则可断定序列适合 MA 模型；若平稳序列的偏相关函数和自相关函数均是拖尾的，则序列适合 ARIMA 模型。

第四步，进行模型参数估计，检验是否具有统计学意义。

第五步，进行假设检验，诊断残差序列是否为白噪声。

第六步，利用已通过检验的模型进行预测分析。

3.4 质量控制

3.4.1 全国学生体质与健康检测质量控制

调研实施严格的质量控制措施，渗透在整个调研过程的各个环节。

3.4.1.1 加强质量控制的组织领导

为了加强调查管理，保证调查质量，从教育部到省（自治区、直辖市）和抽样城市，教育行政主管部门一起成立领导小组。在国家级层次上，教育部专门抽调具备学校卫生专业知识，具有流行病学研究背景的专家主持成立技术执行组；同时，成立专家顾问委员会和项目办公室，全面负责领导、协调、落实项目有关工作，从组织上保证调查方案及其技术细节的顺利实施。

3.4.1.2 组成专门的质量控制队伍

由儿童、青少年卫生研究所牵头，组成国家、省（自治区、直辖市）、（调查）地/市3级质量控制组。国家级技术组由2人全面负责调查的质量控制，即包括选择调查点、确定调查人数与样本的社会人口学分布等，还包括对各省的现场指导，对汇总数据的逻辑检验和国家级抽样检验等；在项目实施的各关键时期，提出阶段性报告，就所发现的问题提出改进建议。各省（自治区、直辖市）调查工作队由1人专门负责质量控制，负责确定抽样点、抽样人数，对参与调查人员进行培训，考核合格后上岗；在国家级质控人员帮助下，按统一规定进行省级抽样检验。同时，在问卷收集、数据汇总清理、上报数据库和统计分析等环节，按统一规定完成质控任务。地/市级质量控制人员的核心任务是配合省级质控人员，对现场进行全程质量控制。

3.4.1.3 统一调研内容、指标和方法

为保证调研质量，技术执行组和顾问专家委员会对实施方案和调研指标与问卷要进行论证，保证项目顺利运行，确保实现预期目标。

3.4.1.4 调查员的选择和培训

在国家级水平上，对参与省的技术人员［每省（自治区、直辖市）2~3人］进行培训，使用统一的培训教材，分课堂、现场两种方式进行。考核合格后回到当地，分别组织对省（自治区、直辖市）、（调研）地/市调研人员的2级培训。培训前逐一审查受训人员的资质，必须具备学历合格、有责任心等基本条件，在学校/社区卫生等方面富有

实践经验。

3.4.1.5 建立质量控制内外监督机制

项目技术执行组建立内部质量控制监督小组，专门负责监督检查国家、各省（自治区、直辖市）的质量控制工作。项目领导小组邀请中国疾病预防控制中心各分中心、北京大学等单位的有关专家组成外部质量控制监督小组，对整个项目的实施过程进行外部监督并做出评价。

3.4.2 输入数据的控制

3.4.2.1 样本量

由于数据输入时，运用了 ABBYY Fine Reader 12 Professional 软件识别体质与健康检测报告中的大量数据，纸张中的黑点会被识别为小数点，为此：

输入函数 IF = IF（A2 − INT（A2）>0，1，0）。

A2 判断对象数据 = IF（判断条件、结果为真、返回值、结果为假、返回值）检查样本量数据是否存在小数。

3.4.2.2 均值和标准差

采用："条件格式"——"突出显示单元格规则"。

身高均值：大于 170，小于 110；标准差：大于 10，小于 4。

体重均值：大于 60，小于 19；标准差：大于 10，小于 1。

50m 跑均值：大于 12，小于 7；标准差：大于 2，小于 0.5。

立定跳远均值：大于 220，小于 105；标准差：大于 25，小于 10。

中长跑均值：大于 250，小于 110；标准差：大于 30，小于 8。

3.5 研究技术路线及主要研究内容统计分析方法

研究技术路线图见图3－1，主要研究内容统计分析方法总结见图3－2。

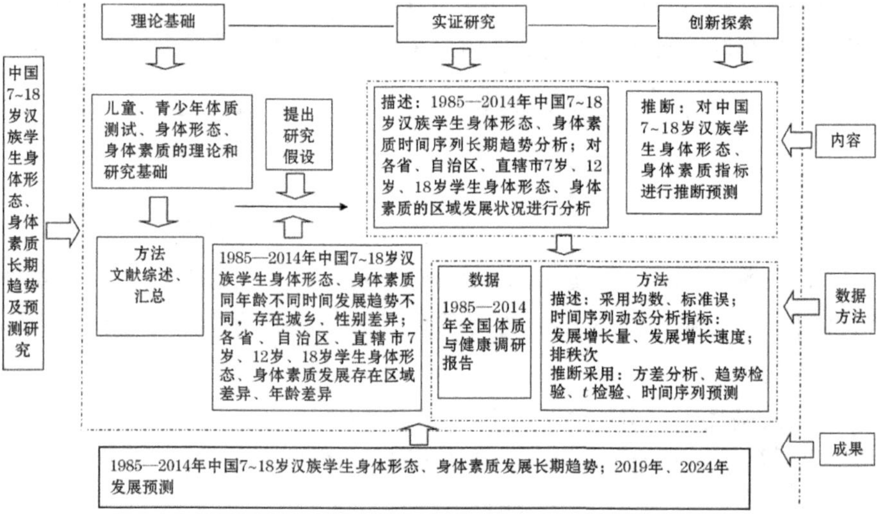

图3－1　研究技术路线图

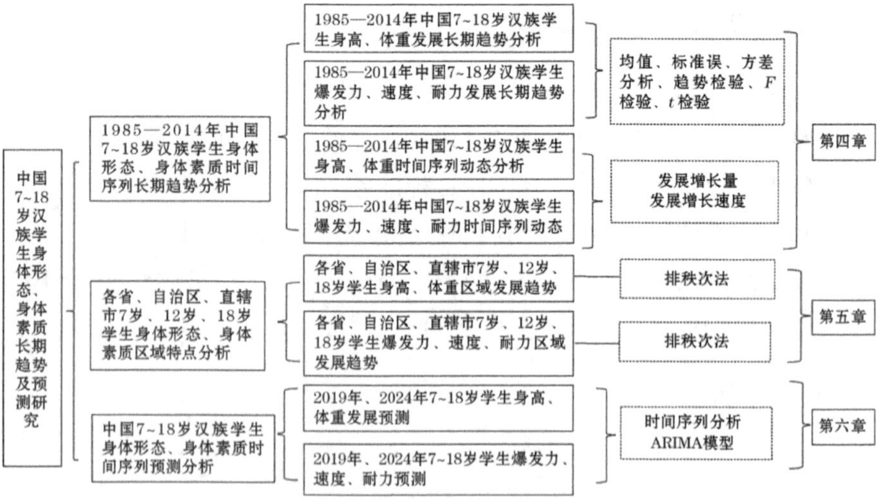

图3－2　主要研究内容统计分析方法总结

4　7～18岁汉族学生身体形态、身体素质长期趋势分析

4.1 身体形态、身体素质趋势分析

4.1.1 身体形态、身体素质整体趋势分析

1985—2014年，中国7～18岁汉族学生身高、体重呈持续增长趋势，但全学龄组整体均值变化差异不显著。男生体重发展呈线性增长趋势（趋势检验显著，$P=0.03$）。

男、女生身体素质方面，立定跳远、50m跑全学龄组均值变化有起伏，1985—1995年有提高，1995—2005年持续下降，2005—2014年继续下降，但下降趋势放缓。全学龄组均值差异统计学不显著，趋势检验不显著。男生中长跑项目，7～12岁组50m×8往返跑，13～18岁男生1 000m跑，女生800m跑，总体呈下降趋势，均值差异有统计学意义（$P=0.05$，$P=0.01$），且呈线性下降趋势（趋势检验显著，$P<0.001$）。女生中长跑项目与男生发展稍有不同。1985—2014年，7～12岁女生中长跑成绩均值不断下降（方差分析，$P=0.07$），线性下降趋势有统计学意义（$P=0.03$）；13～18岁女生800m跑成绩不断下降（1995—2000年下降尤为突出），均值差异显著（$P<0.001$）（表4－1、图4－1至图4－6）。

表 4－1　1985—2014 年中国 7～18 岁汉族学生身体形态、身体素质单因素方差分析及趋势检验表

指标	男生				女生			
	方差分析		趋势检验		方差分析		趋势检验	
	F 值	*P* 值	*F* 值	*P* 值	*F* 值	*P* 值	*F* 值	*P* 值
身高	0.28	0.95	1.63	0.20	0.26	0.95	1.54	0.22
体重	0.81	0.57	4.81	0.03	0.48	0.82	2.83	0.10
立定跳远	0.13	0.99	0.02	0.88	0.34	0.91	0.12	0.73
50m 跑	0.05	1.00	0.00	0.99	0.43	0.86	1.05	0.31
50m×8 往返跑	2.36	0.05	12.64	<0.001	2.18	0.07	10.33	0.03
中长跑	4.79	0.01	26.36	<0.001	99.18	<0.001	525.86	<0.001

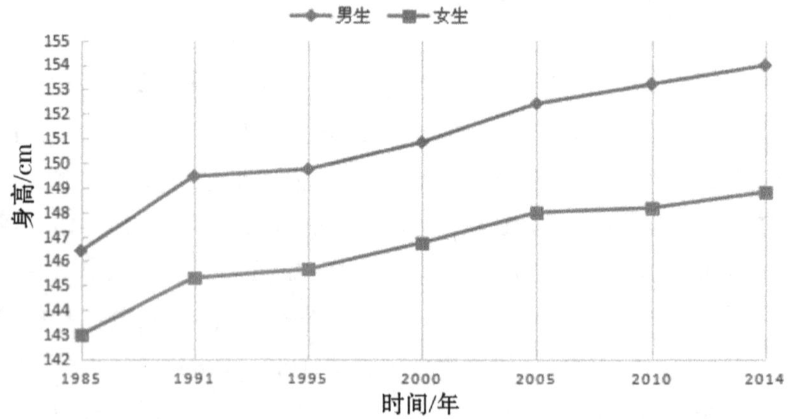

图 4－1　1985—2014 年中国 7～18 岁全学龄组汉族学生身高均值发展趋势图

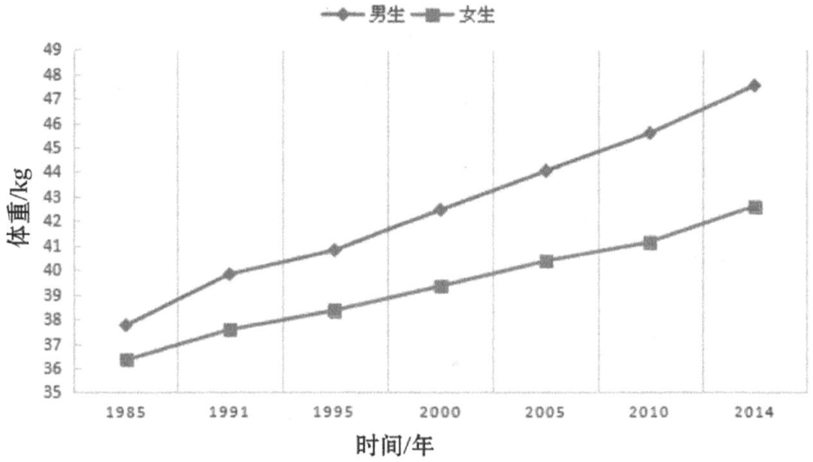

图 4 -2　1985—2014 年中国 7 ~18 岁全学龄组汉族学生体重均值发展趋势图

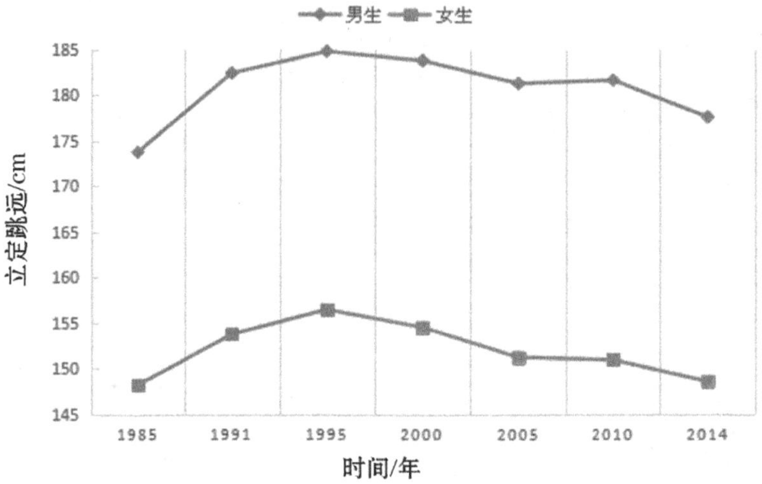

图 4 -3　1985—2014 年中国 7 ~18 岁全学龄组汉族学生立定跳远均值发展趋势图

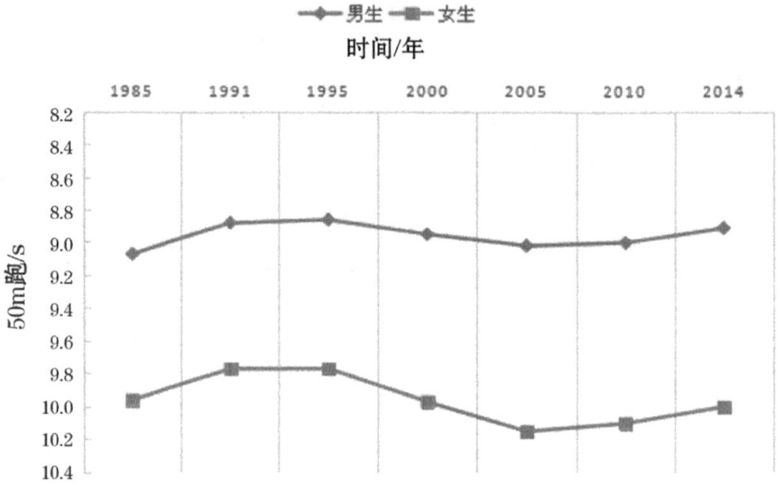

图 4－4　1985—2014 年中国 7～18 岁全学龄组汉族学生 50m 跑发展趋势图

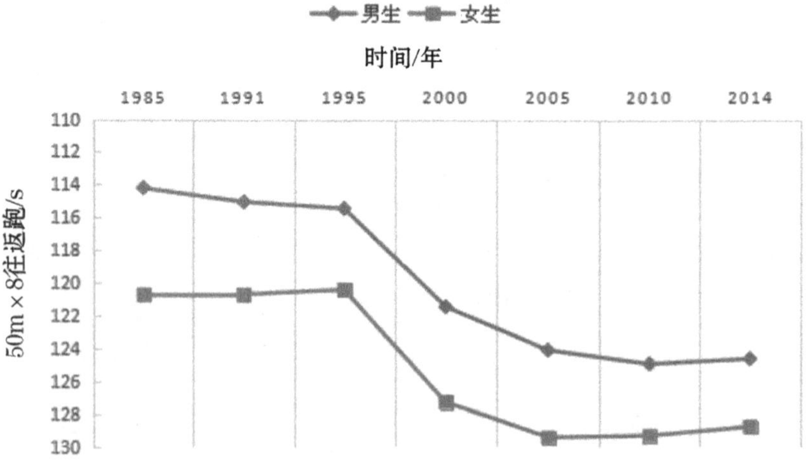

图 4－5　1985—2014 年中国 7～12 岁汉族学生 50m×8 往返跑发展趋势图

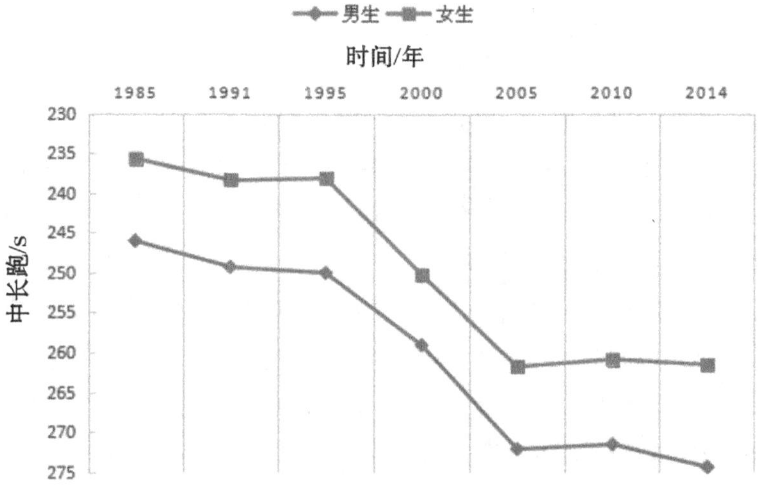

图4－6 1985—2014年中国13～18岁汉族学生中长跑发展趋势图

4.1.2 身体形态趋势分析

4.1.2.1 身高（表4－2至表4－5）

1985—2014年，中国7～18岁汉族男生同年龄组身高均值随着时间的推移有不断增长的趋势（差异有统计学意义）。运用时间序列动态分析指标累积增长量分析，中国7～18岁汉族男生身高均值分别增加了3.99cm、8.01cm、8.31cm、8.63cm、9.81cm、11.62cm、10.38cm、9.22cm、7.50cm、5.59cm、4.51cm、3.79cm，12岁增长量最大（11.62cm），全学龄增长了7.61cm。全学龄组7次测试身高环比增量分别为2.64cm、0.65cm、0.96cm、1.13cm、1.26cm、1.23cm。从逐期增长量指标分析，1985—1991年身高增量较大，7～9岁分别为2.32cm、2.44cm、2.41cm；12～14岁身高增量最大，分别为4.17cm、4.32cm、2.62cm。

1984年，Tanner把日本儿童少年在20世纪60—80年代中期，身高增长速度超过 2.5cm/10 年的现象，称为“人类生物史上的奇迹”（中国学生体质与健康研究组，2007）。1985—1995 年，除 7 岁、17 岁、18 岁外，汉族男生身高增量均大于 2.5cm/10 年，12 岁增量达到 5.30cm，13 岁为 5.24cm，全学龄组身高增量均值为 3.29cm；1995—2005 年，男生除 16 岁、17 岁、18 岁外，其余年龄组身高增量也均大于 2.5cm/10 年，全学龄组身高增量均值为 2.09cm；2005—2014 年，9～14 岁男生身高增量也均大于 2.5cm/10 年，全学龄组身高增量均值为 2.49cm。1985—2014 年中国 7～18 岁汉族学生的身高增量均值变化分析，1995—2005 年身高增量均值有下降趋势，但 2005—2014 年身高增量均值有所上升，并未呈现身高增长放缓的趋势。1985—2014 年，中国 7～18 岁汉族男生身高增长了 7.61cm。从汉族男生身高均值环比增长速度分析，1985—2014 年 12 岁增长均速最高，达 1.32%；其次是 11 岁，为 1.15%。1985—2014 年全学龄组不同时期身高环比增量分别为 2.64cm、0.65cm、0.96cm、0.13cm、1.26cm、1.23cm。

同样，1985—2014 年，中国 7～18 岁汉族女生同年龄组身高均值随时间的推移增长量明显。运用时间序列动态分析指标累积增长量，7 次测试同年龄组中：11 岁汉族女生身高累积增长量最大，为 9.6cm；10 岁汉族女生身高累积增长 8.84cm；7 岁汉族女生身高累积增长 6.66cm，身高均值为 125.12cm；18 岁汉族女生身高累积增长 3.32cm，身高均值为 159.40cm。从身高逐期增长量指标分析，女生 1985—1991 年身高增量较大，9 岁、10 岁、11 岁、12 岁身高增量最大，分别为 2.57cm、2.80cm、3.29cm、4.62cm。从不同时期汉族女生全学龄身高增量均值分析，7 次测试的平均增量分别为 2.03cm、0.51cm、0.69cm、0.96cm、0.94cm、1.06cm，说明 1991—1995 年中国汉族女生身高增长趋势有所下降，但 1995—2014 年中国汉族女生身高增长一直稳步提高。

1985—1995 年、1995—2005 年、2005—2014 年，中国汉族女生 3 个时期的身高均值增长量分别为 2.57cm、1.45cm、2.00cm（差异均有统计学意义，$P<0.001$）。1985—1995 年，7～13 岁汉族女生身高出现

"生长奇迹"；1995—2005 年，汉族女生身高没有出现明显增长；2005—2014 年，9~12 岁汉族女生身高出现快速增长，增长值分别为 2.5cm、2.83cm、3.26cm、2.91cm。

1985—2014 年，中国 7~18 岁汉族女生身高均值分别增加了 6.66cm、7.36cm、8.00cm、8.84cm、9.60cm、8.66cm、5.57cm、4.65cm、3.95cm、3.32cm、2.87cm、3.32cm，11 岁身高增量最大（9.60cm）。全学龄组汉族女生身高平均增加 6.07cm。全学龄组汉族女生 7 次测试身高环比增量分别为 2.03cm、0.51cm、0.69cm、0.76cm、0.94cm、1.06cm。从汉族女生身高均值环比增长速度分析，1985—2014 年 11 岁增长均速最高，为 1.12%；其次是 10 岁、9 岁，分别为 1.07%、1.01%。身高均值环比增长均速除 1995 年下降外，其他时期的测试指标均随着时间而增加。

表 4-2 1985 年、1995 年、2005 年、2014 年全国 7~18 岁汉族学生身高均值（$\bar{x}$）和标准误（s）统计表

cm

年龄/y	男生				女生			
	1985 年	1995 年	2005 年	2014 年	1985 年	1995 年	2005 年	2014 年
7	119.51 ± 0.04	122.30 ± 0.06	124.15 ± 0.06	126.62 ± 0.06	118.47 ± 0.04	121.25 ± 0.06	122.65 ± 0.06	125.13 ± 0.06
8	123.96 ± 0.04	126.85 ± 0.07	129.52 ± 0.07	131.97 ± 0.06	123.12 ± 0.05	126.19 ± 0.07	128.28 ± 0.06	130.48 ± 0.06
9	128.87 ± 0.05	131.95 ± 0.07	134.44 ± 0.07	137.18 ± 0.07	128.31 ± 0.05	131.56 ± 0.07	133.80 ± 0.07	136.30 ± 0.07
10	133.46 ± 0.05	136.85 ± 0.07	139.33 ± 0.07	142.09 ± 0.07	133.80 ± 0.05	137.53 ± 0.08	139.81 ± 0.08	142.64 ± 0.08
11	138.27 ± 0.05	142.31 ± 0.08	144.74 ± 0.08	148.08 ± 0.08	139.74 ± 0.06	143.90 ± 0.08	146.08 ± 0.08	149.34 ± 0.08

续表

年龄/y	男生				女生			
	1985年	1995年	2005年	2014年	1985年	1995年	2005年	2014年
12	142.92±0.06	148.22±0.09	150.56±0.09	154.54±0.09	145.08±0.06	149.61±0.08	150.83±0.08	153.74±0.07
13	151.02±0.07	156.26±0.09	157.92±0.09	161.40±0.09	151.47±0.05	154.11±0.07	154.91±0.06	157.04±0.06
14	157.26±0.06	161.94±0.09	163.74±0.08	166.48±0.08	154.00±0.04	155.91±0.06	156.97±0.06	158.65±0.06
15	162.29±0.06	165.66±0.07	167.73±0.07	169.79±0.07	155.43±0.04	156.98±0.06	157.95±0.06	159.38±0.06
16	165.76±0.05	167.95±0.07	169.75±0.07	171.35±0.07	156.44±0.04	157.61±0.06	158.57±0.06	159.76±0.06
17	167.54±0.05	168.94±0.07	170.78±0.06	172.05±0.07	156.96±0.04	157.85±0.06	158.96±0.06	159.83±0.06
18	168.21±0.05	169.31±0.06	171.00±0.06	172.00±0.07	157.10±0.04	157.88±0.06	158.94±0.06	159.40±0.06

表4－3　1985年、1995年、2005年、2014年中国7～18岁汉族男生身高均值 *F*、*t* 检验统计表

年龄/	1985年VS 1995年				1995年VS 2005年				2005年VS 2014年				1985年VS 2014年			
y	*F*值	*P*值	*t'/t*	*P*	*F*值	*P*值	*t'/t*	*P*	*F*值	*P*值	*t'/t*	*P*	*F*值	*P*值	*t'/t*	*P*
7	1.13	<0.001	36.87	<0.001	1.09	<0.001	20.94	<0.001	1.12	<0.001	28.31	<0.001	1.10	<0.001	95.58	<0.001
8	1.16	<0.001	36.10	<0.001	1.07	<0.001	28.59	<0.001	1.13	<0.001	26.75	<0.001	1.10	<0.001	102.73	<0.001
9	1.12	<0.001	37.00	<0.001	1.03	>*0.05*	*26.06*	<0.001	1.02	>*0.05*	*28.81*	<0.001	1.12	<0.001	100.57	<0.001
10	1.25	<0.001	38.43	<0.001	1.03	>*0.05*	*24.47*	<0.001	1.01	>*0.05*	*27.51*	<0.001	1.23	<0.001	99.25	<0.001
11	1.28	<0.001	42.05	<0.001	1.02	>*0.05*	*21.67*	<0.001	1.06	<0.001	29.42	<0.001	1.38	<0.001	100.33	<0.001
12	1.28	<0.001	49.09	<0.001	1.03	>*0.05*	*19.84*	<0.001	1.03	>*0.05*	*33.96*	<0.001	1.36	<0.001	106.27	<0.001

续表

年龄/	1985 年 VS 1995 年				1995 年 VS 2005 年				2005 年 VS 2014 年				1985 年 VS 2014 年			
y	F值	P值	t'/t	P	F值	P值	t'/t	P	F值	P值	t'/t	P	F值	P值	t'/t	P
13	1.07	<0.001	45.58	<0.001	1.05	*<0.05*	12.58	<0.001	1.10	<0.001	26.89	<0.001	1.02	*>0.05*	*92.88*	<0.001
14	1.07	<0.001	43.06	<0.001	1.03	*>0.05*	*14.83*	<0.001	1.17	<0.001	23.50	<0.001	1.23	<0.001	89.18	<0.001
15	1.18	<0.001	36.21	<0.001	1.06	<0.01	20.24	<0.001	1.09	<0.001	20.41	<0.001	1.21	<0.001	81.90	<0.001
16	1.02	*>0.05*	*26.34*	<0.001	1.05	<0.05	19.02	<0.001	1.06	<0.01	17.09	<0.001	1.01	*>0.05*	*68.06*	<0.001
17	1.02	*>0.05*	*17.62*	<0.001	1.10	<0.001	20.07	<0.001	1.03	*>0.05*	*13.70*	<0.001	1.09	<0.001	55.81	<0.001
18	1.04	*<0.05*	*13.93*	<0.001	1.10	<0.001	18.80	<0.001	1.01	<0.001	10.85	<0.001	1.13	<0.001	46.49	<0.001

表4－4 1985 年、1995 年、2005 年、2014 年中国7～18 岁汉族女生身高均值 *F*、*t* 检验统计表

年龄/	1985 年 VS 1995 年				1995 年 VS 2005 年				2005 年 VS 2014 年				1985 年 VS 2014 年			
y	F值	P值	t'/t	P	F值	P值	t'/t	P	F值	P值	t'/t	P	F值	P值	t'/t	P
7	1.13	<0.001	37.22	<0.001	1.10	<0.001	15.98	<0.001	1.16	<0.001	28.86	<0.001	1.07	<0.001	91.56	<0.001
8	1.07	<0.001	38.62	<0.001	1.06	<0.01	22.80	<0.001	1.08	<0.001	24.23	<0.001	1.05	<0.05	93.79	<0.001
9	1.15	<0.001	37.27	<0.001	1.03	*>0.05*	*22.18*	<0.001	1.09	<0.001	*28.81*	<0.001	1.08	*>0.05*	*94.29*	<0.001
10	1.13	<0.001	38.79	<0.001	1.01	*>0.05*	*20.70*	<0.001	1.07	<0.01	27.51	<0.001	1.07	<0.001	94.49	<0.001
11	1.09	<0.001	40.83	<0.001	0.98	*>0.05*	*18.89*	<0.001	1.07	<0.01	29.05	<0.001	1.00	*>0.05*	*97.69*	<0.001
12	1.08	<0.001	47.01	<0.001	1.04	*>0.05*	*11.28*	<0.001	1.13	<0.001	33.96	<0.001	1.17	<0.001	93.07	<0.001
13	1.06	<0.01	32.13	<0.001	1.06	<0.01	8.65	<0.001	1.08	<0.001	23.30	<0.001	1.07	<0.001	92.88	<0.001
14	1.01	*>0.05*	*25.18*	<0.001	1.07	<0.01	*14.83*	<0.001	1.03	*>0.05*	*19.44*	<0.001	1.23	*>0.05*	*61.50*	<0.001
15	1.07	<0.001	21.31	<0.001	1.05	<0.05	11.67	<0.001	1.01	*>0.05*	*17.10*	<0.001	1.21	*>0.05*	*53.86*	<0.001
16	1.06	<0.01	*26.34*	<0.001	1.05	<0.05	11.61	<0.001	1.05	<0.05	14.16	<0.001	1.16	<0.001	*68.06*	<0.001
17	1.09	<0.001	*17.62*	<0.001	1.07	<0.01	13.40	<0.001	1.02	*>0.05*	*10.36*	<0.001	1.19	<0.001	39.28	<0.001
18	1.08	<0.001	10.85	<0.001	1.04	*>0.05*	*13.08*	<0.001	1.08	<0.001	5.50	<0.001	1.21	<0.001	30.65	<0.001

表4－5　1985—2014年中国汉族学生身高均值时间序列增长量和增长速度对比统计表

年龄/y	项目		男生							女生						
			1985年	1991年	1995年	2000年	2005年	2010年	2014年	1985年	1991年	1995年	2000年	2005年	2010年	2014年
7	增长量/	逐期	—	2.32	0.47	0.33	1.52	1.37	1.1	—	2	0.78	0.37	1.03	1.48	1
	cm	累积	—	2.32	2.79	3.12	1.52	2.89	3.99	—	2	2.78	3.15	4.18	5.66	6.66
	增长速度/	环比	—	1.94	0.38	0.27	1.24	1.1	0.88	—	1.69	0.65	0.31	0.85	1.21	0.81
	%	累积	—	1.94	2.33	2.61	1.27	2.42	3.34	—	1.69	2.34	2.66	3.53	4.78	5.62
8	增长量/	逐期	—	2.44	0.45	1.27	1.4	1.22	1.23	—	2.44	0.63	0.74	1.35	1.12	1.08
	cm	累积	—	2.44	2.89	4.16	5.56	6.78	8.01	—	2.44	3.07	3.81	5.16	6.28	7.36
	增长速度/	环比	—	1.97	0.36	1	1.09	0.94	0.94	—	1.98	0.5	0.59	1.06	0.87	0.83
	%	累积	—	1.97	2.33	3.36	4.49	5.47	6.46	—	1.98	2.49	3.09	4.19	5.1	5.98
9	增长量/	逐期	—	2.41	0.67	0.99	1.5	1.37	1.37	—	2.57	0.68	0.98	1.26	1.22	1.28
	cm	累积	—	2.41	3.08	4.07	5.57	6.94	8.31	—	2.57	3.26	4.23	5.5	6.72	8
	增长速度/	环比	—	1.87	0.51	0.75	1.13	1.02	1.01	—	2.01	0.52	0.74	0.95	0.91	0.95
	%	累积	—	1.87	2.39	3.16	4.33	5.39	6.45	—	2.01	2.54	3.3	4.28	5.23	6.23
10	增长量/	逐期	—	2.79	0.6	1.13	1.35	1.55	1.21	—	2.8	0.93	1.09	1.19	1.44	1.39
	cm	累积	—	2.79	3.39	4.52	5.87	7.42	8.63	—	2.8	3.73	4.82	6.01	7.45	8.84
	增长速度/	环比	—	2.09	0.44	0.83	0.98	1.11	0.86	—	2.09	0.68	0.79	0.86	1.03	0.98
	%	累积	—	2.09	2.54	3.39	4.4	5.56	6.47	—	2.09	2.79	3.6	4.49	5.57	6.61
11	增长量/	逐期	—	2.85	1.19	0.75	1.68	1.51	1.83	—	3.29	0.87	0.95	1.23	1.16	2.1
	cm	累积	—	2.85	4.04	4.79	6.47	7.98	9.81	—	3.29	4.16	5.11	6.34	7.5	9.6
	增长速度/	环比	—	2.06	0.84	0.53	1.17	1.04	1.25	—	2.36	0.61	0.66	0.85	0.79	1.43
	%	累积	—	2.06	2.92	3.46	4.68	5.77	7.09	—	2.36	2.98	3.66	4.54	5.37	6.87
12	增长量/	逐期	—	4.17	1.13	0.91	1.43	1.83	2.15	—	4.62	-0.09	0.61	0.61	1.33	1.58
	cm	累积	—	4.17	5.3	6.21	7.64	9.47	11.62	—	4.62	4.53	5.14	5.75	7.08	8.66
	增长速度/	环比	—	2.92	0.77	0.61	0.96	1.22	1.41	—	3.18	-0.06	0.41	0.41	0.88	1.04
	%	累积	—	2.92	3.71	4.35	5.35	6.63	8.13	—	3.18	3.12	3.54	3.96	4.88	5.97
13	增长量/	逐期	—	4.32	0.92	0.79	0.87	1.96	1.52	—	1.97	0.67	0.22	0.58	1.08	1.05
	cm	累积	—	4.32	5.24	6.03	6.9	8.86	10.38	—	1.97	2.64	2.86	3.44	4.52	5.57
	增长速度/	环比	—	2.86	0.59	0.51	0.55	1.24	0.95	—	1.3	0.44	0.14	0.38	0.7	0.67
	%	累积	—	2.86	3.47	3.99	4.57	5.87	6.87	—	1.3	1.74	1.89	2.27	2.98	3.68
14	增长量/	逐期	—	3.71	0.98	0.76	1.04	1.53	1.21	—	1.57	0.35	0.68	0.38	0.82	0.86
	cm	累积	—	3.71	4.68	5.44	6.48	8.01	9.22	—	1.57	1.91	2.59	2.97	3.79	4.65
	增长速度/	环比	—	2.36	0.61	0.47	0.64	0.93	0.73	—	1.02	0.22	0.44	0.24	0.52	0.55
	%	累积	—	2.36	2.98	3.46	4.12	5.1	5.87	—	1.02	1.24	1.68	1.93	2.46	3.02

续表

年龄/y	项目		男生							女生						
			1985年	1991年	1995年	2000年	2005年	2010年	2014年	1985年	1991年	1995年	2000年	2005年	2010年	2014年
15	增长量/	逐期	—	2.62	0.75	1.15	0.92	1.02	1.04	—	1.2	0.35	0.66	0.31	0.59	0.84
	cm	累积	—	2.62	3.37	4.52	5.44	6.46	7.5	—	1.2	1.55	2.21	2.52	3.11	3.95
	增长速度/	环比	—	1.61	0.46	0.69	0.55	0.61	0.62	—	0.77	0.22	0.42	0.2	0.37	0.53
	%	累积	—	1.61	2.08	2.79	3.35	3.98	4.62	—	0.77	1	1.42	1.62	2	2.54
16	增长量/	逐期	—	1.8	0.39	1.29	0.51	0.78	0.82	—	0.68	0.49	0.73	0.23	0.46	0.73
	cm	累积	—	1.8	2.19	3.48	3.99	4.77	5.59	—	0.68	1.17	1.9	2.13	2.59	3.32
	增长速度/	环比	—	1.08	0.23	0.77	0.3	0.46	0.48	—	0.43	0.31	0.46	0.15	0.29	0.46
	%	累积	—	1.08	1.32	2.1	2.41	2.88	3.37	—	0.43	0.75	1.21	1.36	1.66	2.12
17	增长量/	逐期	—	1.22	0.18	1.26	0.58	0.61	0.66	—	0.69	0.2	0.69	0.42	0.33	0.54
	cm	累积	—	1.22	1.4	2.66	3.24	3.85	4.51	—	0.69	0.89	1.58	2	2.33	2.87
	增长速度/	环比	—	0.73	0.1	0.75	0.34	0.36	0.39	—	0.44	0.12	0.44	0.26	0.21	0.34
	%	累积	—	0.73	0.83	1.59	1.93	2.3	2.69	—	0.44	0.56	1	1.27	1.48	1.83
18	增长量/	逐期	—	1.04	0.06	0.94	0.75	0.42	0.58	—	0.55	0.23	0.54	0.52	0.25	0.21
	cm	累积	—	1.04	1.1	2.04	2.79	3.21	3.79	—	0.55	1.17	1.9	2.13	2.59	3.32
	增长速度/	环比	—	0.62	0.04	0.56	0.44	0.25	0.34	—	0.35	0.15	0.34	0.33	0.16	0.13
	%	累积	—	0.62	0.65	1.21	1.66	1.91	2.25	—	0.35	0.74	1.21	1.36	1.65	2.11

4.1.2.2 体重（表4-6至表4-9）

1985—2014年，中国7~18岁汉族男生各年龄组体重均值随时间变化，呈现持续上升趋势。汉族男生体重全学龄组累积平均增长9.64kg（1985—1995年、1995—2005年、2005—2014年每个时期同年龄体重均值差异有显著意义，$P<0.001$）。

运用时间序列动态分析指标环比增长量，1985—2014年中国7~18岁汉族男生体重均值分别增加3.2kg、7.14kg、8.58kg、9.76kg、11.89kg、13.61kg、13.16kg、12.36kg、10.91kg、9.12kg、8.51kg、7.45kg，平均增加9.64kg。

汉族男生全学龄组体重环比增长均值在1995年下降0.98kg后，2000—2014年环比增长均值分别为1.64kg、1.43kg、1.67kg、2.07kg。2010—2014年体重增长均值达到最高值2.07kg，此时期男生体重均值增长量最大。第2个体重增长高峰期在1985—1991年，环比增长均值为1.96kg。

1985—1995年、1995—2005年、2005—2014年全学龄组体重环比增长均值分别为3.04kg、3.07kg、3.74kg，表明前两个时期汉族男生全学龄组体重环比增长均值相差不大，2005—2014年男生全学龄组体重增长量最大。

同样，1985—2014年中国7～18岁汉族女生各年龄组体重均值随时间变化，呈现持续上升趋势。1985—2014年，汉族女生体重全学龄组累积平均增长6.43kg（1985—1995年、1995—2005年、2005—2014年每个时期同年龄组体重均值差异有显著意义，$P<0.001$），7～18岁汉族女生体重分别增加4.58kg、5.6kg、6.92kg、8.38kg、9.96kg、9.94kg、7.53kg、6.68kg、5.26kg、4.37kg、3.56kg、4.37kg。运用时间序列动态分析指标环比增长量，1985—2014年，汉族女生11岁体重环比增长均值最高，为2.48kg，累积增量达到9.96kg；其次为10岁、12岁，累积增量均值分别为8.38kg、9.94kg；7岁女生体重增量均值为4.58kg；18岁女生体重增量均值为4.37kg。

汉族女生全学龄组体重环比增长均值变化与汉族男生相似，2000—2014年体重环比增长均值分别为0.90kg、0.87kg、0.98kg、1.55kg。2010—2014年，汉族女生体重增长均值达到最高值，为1.55kg，表明这一时期女生体重均值增长最大。第2个体重增长高峰期在1985—1991年，环比体重增量均值为1.16kg。

1985—1995年、1995—2005年、2005—2014年3个时期全学龄组体重环比增长均值分别为2.05kg、1.76kg、2.53kg，表明2005—2014年汉族女生体重增长量较大，1995—2005年汉族女生体重增长均值相对较低。

表4－6　1985年、1995年、2005年、2014年全国7～18岁汉族学生体重均值（$\bar{x}$）和标准误（s）统计表　kg

年龄/y	男生				女生			
	1985年	1995年	2005年	2014年	1985年	1995年	2005年	2014年
7	20.91±0.02	22.44±0.04	24.52±0.05	26.58±0.06	20.12±0.01	21.55±0.04	23.00±0.05	24.70±0.06
8	22.74±0.02	24.61±0.05	27.50±0.06	29.88±0.07	22.02±0.02	23.70±0.05	25.72±0.06	27.62±0.07
9	25.02±0.03	27.30±0.06	30.44±0.07	33.60±0.09	24.35±0.02	26.33±0.06	28.71±0.07	31.27±0.08
10	27.40±0.03	30.19±0.07	33.87±0.08	37.16±0.10	27.12±0.02	29.75±0.08	32.48±0.09	35.50±0.10
11	30.05±0.03	33.72±0.08	37.51±0.09	41.93±0.11	30.67±0.02	34.03±0.08	36.90±0.09	40.63±0.10
12	33.02±0.04	37.61±0.09	41.68±0.11	46.63±0.12	34.56±0.02	38.46±0.08	40.62±0.08	44.50±0.09
13	38.83±0.05	43.76±0.10	46.74±0.12	51.99±0.13	40.47±0.02	43.18±0.07	44.66±0.08	48.00±0.09
14	43.86±0.06	48.50±0.10	51.56±0.12	56.22±0.13	43.75±0.02	45.81±0.07	47.44±0.08	50.43±0.09
15	48.55±0.05	52.21±0.09	55.26±0.11	59.46±0.13	46.30±0.02	47.95±0.07	49.35±0.07	51.56±0.09
16	52.39±0.05	55.19±0.09	57.95±0.11	61.51±0.13	48.29±0.02	49.52±0.07	50.55±0.07	52.66±0.09
17	54.78±0.05	56.84±0.08	59.55±0.10	63.29±0.13	49.43±0.02	50.16±0.07	51.22±0.07	52.99±0.09
18	56.09±0.04	57.70±0.08	60.29±0.10	63.54±0.12	50.05±0.02	50.50±0.04	51.46±0.05	52.57±0.09

表4-7 1985年、1995年、2005年、2014年全国7~18岁汉族男生体重均值 F、t 检验统计表

年龄/	1985年VS 1995年				1995年VS 2005年				2005年VS 2014年				1985年VS 2014年			
y	F值	P值	t'/t	P	F值	P值	t'/t	P	F值	P值	t'/t	P	F值	P值	t'/t	P
7	1.94	<0.001	507.41	<0.001	1.92	<0.001	32.04	<0.001	1.28	<0.001	25.75	<0.001	4.79	<0.001	413.07	<0.001
8	2.29	<0.001	35.69	<0.001	1.97	<0.001	36.63	<0.001	1.18	<0.001	24.96	<0.001	5.33	<0.001	95.29	<0.001
9	2.31	<0.001	36.82	<0.001	1.77	<0.001	22.18	<0.001	1.36	<0.001	28.81	<0.001	5.57	<0.001	95.42	<0.001
10	2.49	<0.001	38.83	<0.001	1.76	<0.001	20.70	<0.001	1.24	<0.001	27.51	<0.001	5.45	<0.001	97.49	<0.001
11	2.52	<0.001	43.97	<0.001	1.68	<0.001	18.89	<0.001	1.37	<0.001	30.08	<0.001	5.80	<0.001	97.69	<0.001
12	2.28	<0.001	47.29	<0.001	1.68	<0.001	11.28	<0.001	1.23	<0.001	33.96	<0.001	4.71	<0.001	103.55	<0.001
13	1.80	<0.001	44.72	<0.001	1.55	<0.001	19.77	<0.001	1.25	<0.001	29.78	<0.001	3.49	<0.001	92.88	<0.001
14	1.63	<0.001	25.18	<0.001	1.52	<0.001	14.83	<0.001	1.20	<0.001	19.44	<0.001	2.96	<0.001	61.50	<0.001
15	1.49	<0.001	34.79	<0.001	1.67	<0.001	21.39	<0.001	1.20	<0.001	25.03	<0.001	2.98	<0.001	79.37	<0.001
16	1.64	<0.001	26.34	<0.001	1.79	<0.001	20.02	<0.001	1.23	<0.001	21.53	<0.001	3.61	<0.001	68.06	<0.001
17	1.66	<0.001	17.62	<0.001	1.75	<0.001	20.67	<0.001	1.42	<0.001	10.36	<0.001	4.13	<0.001	62.92	<0.001
18	1.61	<0.001	17.62	<0.001	1.84	<0.001	13.08	<0.001	1.33	<0.001	20.33	<0.001	3.93	<0.001	56.12	<0.001

表4-8 1985年、1995年、2005年、2014年全国7~18岁汉族女生体重均值 F、t 检验统计表

年龄/	1985年VS 1995年				1995年VS 2005年				2005年VS 2014年				1985年VS 2014年			
y	F值	P值	t'/t	P	F值	P值	t'/t	P	F值	P值	t'/t	P	F值	P值	t'/t	P
7	1.83	<0.001	34.68	<0.001	1.58	<0.001	25.47	<0.001	1.26	<0.001	25.34	<0.001	3.65	<0.001	84.21	<0.001
8	1.80	<0.001	35.40	<0.001	1.69	<0.001	30.28	<0.001	1.26	<0.001	23.82	<0.001	3.84	<0.001	86.80	<0.001
9	1.93	<0.001	34.44	<0.001	1.60	<0.001	22.18	<0.001	1.35	<0.001	28.81	<0.001	4.16	<0.001	88.15	<0.001
10	1.96	<0.001	37.40	<0.001	1.56	<0.001	20.70	<0.001	1.20	<0.001	27.51	<0.001	3.66	<0.001	92.55	<0.001
11	1.87	<0.001	39.47	<0.001	1.42	<0.001	18.89	<0.001	1.20	<0.001	28.80	<0.001	3.19	<0.001	97.69	<0.001
12	1.55	<0.001	42.69	<0.001	1.34	<0.001	11.28	<0.001	1.21	<0.001	33.96	<0.001	2.51	<0.001	90.72	<0.001
13	1.44	<0.001	30.15	<0.001	1.33	<0.001	12.96	<0.001	1.17	<0.001	26.35	<0.001	2.24	<0.001	92.88	<0.001
14	1.36	<0.001	25.18	<0.001	1.41	<0.001	14.83	<0.001	1.19	<0.001	19.44	<0.001	2.29	<0.001	61.50	<0.001
15	1.46	<0.001	19.89	<0.001	1.37	<0.001	13.17	<0.001	1.12	<0.001	18.79	<0.001	2.24	<0.001	54.21	<0.001
16	1.36	<0.001	26.34	<0.001	1.28	<0.001	10.32	<0.001	1.29	<0.001	18.67	<0.001	2.24	<0.001	68.06	<0.001
17	1.27	<0.001	17.62	<0.001	1.38	<0.001	10.66	<0.001	1.28	<0.001	10.36	<0.001	2.25	<0.001	36.86	<0.001
18	1.25	<0.001	5.71	<0.001	1.36	<0.001	13.08	<0.001	1.26	<0.001	9.92	<0.001	2.12	<0.001	26.09	<0.001

表4－9 1985—2014年全国汉族学生体重均值时间序列增长量和增长速度对比统计表

年龄/y	项目		男生							女生						
			1985年	1991年	1995年	2000年	2005年	2010年	2014年	1985年	1991年	1995年	2000年	2005年	2010年	2014年
7	增长量/	逐期	—	1.12	0.41	0.94	1.14	1.01	1.05	—	0.92	0.51	0.68	0.77	0.85	0.85
	kg	累积	—	1.12	1.53	2.47	1.14	2.15	3.2	—	0.92	1.43	2.11	2.88	3.73	4.58
	增长速度/	环比	—	5.37	1.87	4.19	4.88	4.12	4.11	—	4.57	2.45	3.16	3.46	3.7	3.56
	%	累积	—	5.37	7.34	11.84	5.45	10.28	15.31	—	4.57	7.13	10.51	14.34	18.56	22.79
8	增长量/	逐期	—	1.3	0.57	1.4	1.49	0.96	1.42	—	1.21	0.48	0.89	1.13	0.79	1.11
	kg	累积	—	1.3	1.87	3.27	4.76	5.72	7.14	—	1.21	1.68	2.57	3.7	4.49	5.6
	增长速度/	环比	—	5.71	2.38	5.69	5.73	3.49	4.99	—	5.48	2.06	3.76	4.6	3.07	4.19
	%	累积	—	5.71	8.22	14.38	20.93	25.15	31.4	—	5.48	7.65	11.7	16.83	20.42	25.46
9	增长量/	逐期	—	1.52	0.76	1.37	1.77	1.35	1.81	—	1.34	0.64	1.28	1.1	1.03	1.53
	kg	累积	—	1.52	2.28	3.65	5.42	6.77	8.58	—	1.34	1.98	3.26	4.36	5.39	6.92
	增长速度/	环比	—	6.06	2.88	5.02	6.17	4.43	5.69	—	5.5	2.49	4.86	3.98	3.59	5.14
	%	累积	—	6.06	9.11	14.59	21.66	27.06	34.29	—	5.5	8.13	13.39	17.91	22.14	28.42
10	增长量/	逐期	—	1.91	0.88	1.88	1.8	1.59	1.7	—	1.86	0.77	1.4	1.33	1.3	1.72
	kg	累积	—	1.91	2.79	4.67	6.47	8.06	9.76	—	1.86	2.63	4.03	5.36	6.66	8.38
	增长速度/	环比	—	6.97	3	6.23	5.61	4.69	4.79	—	6.86	2.66	4.71	4.27	4	5.09
	%	累积	—	6.97	10.18	17.04	23.61	29.42	35.62	—	6.86	9.7	14.86	19.76	24.56	30.9
11	增长量/	逐期	—	2.29	1.39	1.66	2.13	2.12	2.3	—	2.26	1.1	1.31	1.56	1.25	2.48
	kg	累积	—	2.29	3.68	5.34	7.47	9.59	11.89	—	2.26	3.36	4.67	6.23	7.48	9.96
	增长速度/	环比	—	7.62	4.29	4.92	6.02	5.65	5.8	—	7.37	3.34	3.85	4.41	3.39	6.5
	%	累积	—	7.62	12.23	17.76	24.85	31.9	39.56	—	7.37	10.96	15.23	20.31	24.39	32.47
12	增长量/	逐期	—	3.2	1.39	1.92	2.15	2.3	2.65	—	2.69	1.21	1.07	1.09	1.71	2.17
	kg	累积	—	3.2	4.59	6.51	8.66	10.96	13.61	—	2.69	3.9	4.97	6.06	7.77	9.94
	增长速度/	环比	—	9.68	3.85	5.11	5.44	5.52	6.03	—	7.77	3.26	2.78	2.76	4.21	5.13
	%	累积	—	9.68	13.9	19.72	26.23	33.19	41.22	—	7.77	11.29	14.38	17.54	22.48	28.76
13	增长量/	逐期	—	3.55	1.38	1.36	1.62	2.63	2.62	—	1.51	1.2	0.27	1.21	1.55	1.79
	kg	累积	—	3.55	4.93	6.29	7.91	10.54	13.16	—	1.51	2.71	2.98	4.19	5.74	7.53
	增长速度/	环比	—	9.14	3.26	3.11	3.59	5.63	5.31	—	3.74	2.85	0.63	2.78	3.47	3.87
	%	累积	—	9.14	12.7	16.2	20.37	27.14	33.89	—	3.74	6.7	7.36	10.35	14.18	18.61
14	增长量/	逐期	—	2.94	1.7	1.33	1.73	2.28	2.38	—	1.1	0.97	0.64	0.99	1.19	1.8
	kg	累积	—	2.94	4.64	5.97	7.7	9.98	12.36	—	1.1	2.06	2.7	3.69	4.88	6.68
	增长速度/	环比	—	6.71	3.62	2.74	3.47	4.42	4.42	—	2.5	2.16	1.4	2.13	2.51	3.7
	%	累积	—	6.71	10.58	13.61	17.56	22.75	28.18	—	2.5	4.72	6.18	8.45	11.17	15.28

续表

年龄/y	项目		男生							女生						
			1985 年	1991 年	1995 年	2000 年	2005 年	2010 年	2014 年	1985 年	1991 年	1995 年	2000 年	2005 年	2010 年	2014 年
15	增长量/	逐期	—	2.12	1.53	1.85	1.2	1.96	2.24	—	0.73	0.91	0.73	0.67	0.77	1.44
	kg	累积	—	2.12	3.66	5.51	6.71	8.67	10.91	—	0.73	1.65	2.38	3.05	3.82	5.26
	增长速度/	环比	—	4.37	3.02	3.54	2.22	3.55	3.91	—	1.59	1.93	1.52	1.38	1.56	2.87
	%	累积	—	4.37	7.53	11.34	13.81	17.85	22.46	—	1.59	3.55	5.13	6.58	8.24	11.35
16	增长量/	逐期	—	1.58	1.22	1.8	0.96	1.25	2.31	—	0.43	0.8	0.8	0.23	0.56	1.55
	kg	累积	—	1.58	2.8	4.6	5.56	6.81	9.12	—	0.43	1.23	2.03	2.26	2.82	4.37
	增长速度/	环比	—	3.01	2.27	3.26	1.68	2.16	3.9	—	0.9	1.63	1.62	0.46	1.11	3.03
	%	累积	—	3.01	5.34	8.78	10.61	13	17.41	—	0.9	2.55	4.2	4.68	5.84	9.05
17	增长量/	逐期	—	1.02	1.04	2.06	0.65	1.42	2.32	—	0.02	0.71	0.77	0.29	0.48	1.29
	kg	累积	—	1.02	2.06	4.12	4.77	6.19	8.51	—	0.02	0.73	1.5	1.79	2.27	3.56
	增长速度/	环比	—	1.87	1.86	3.62	1.1	2.38	3.81	—	0.04	1.44	1.54	0.57	0.94	2.5
	%	累积	—	1.87	3.76	7.52	8.71	11.3	15.54	—	0.04	1.48	3.03	3.62	4.59	7.2
18	增长量/	逐期	—	0.96	0.64	2.13	0.46	1.17	2.08	—	-0.14	0.59	0.93	0.03	0.22	0.89
	kg	累积	—	0.96	1.61	3.74	4.2	5.37	7.45	—	-0.14	1.23	2.03	2.26	2.82	4.37
	增长速度/	环比	—	1.72	1.13	3.69	0.77	1.94	3.38	—	-0.29	1.19	1.84	0.06	0.43	1.72
	%	累积	—	1.72	2.87	6.67	7.49	9.57	13.28	—	-0.29	3.53	5.83	6.49	8.1	12.55

4.1.3　身体素质趋势分析（表 4－10 至表 4－13）

4.1.3.1　爆发力（立定跳远）

1985—2014 年，中国 7～18 岁汉族男生立定跳远成绩总体呈现先提高、后下降的趋势。2014 年 7 岁、9 岁、10 岁、11 岁汉族男生立定跳远成绩为 1985—2014 年间最低成绩。1985—1995 年，汉族男生全学龄组立定跳远成绩均值提高 10.95cm；1995—2005 年，汉族男生全学龄组立定跳远成绩均值下降 4.2cm；2005—2014 年，汉族男生全学龄组立定跳远成绩均值继续下降 2.6cm。1985—2014 年，对比汉族男生立定跳远 2014 年与 1985 年成绩，7～11 岁汉族男生立定跳远总体成绩下降（除 8 岁成绩），下降成绩分别为 －3.67cm、0.92cm、－0.77cm、－1.9cm、－1.03cm。15 岁汉族男生立定跳远成绩在各年龄组中增量最大，为10.87cm；14岁、16岁次之，分别为9.25cm、10.87cm。

运用时间序列动态分析各年龄组1985—2014年逐期增长量，从2000年开始，7～18岁汉族男生立定跳远成绩大部分下降（16岁和18岁有小幅度提升，分别增长0.44cm、0.04cm）。2010年，7～18岁汉族男生立定跳远成绩有所回升，但9～11岁立定跳远成绩继续下降；2014年立定跳远成绩再次全面下降，且下降幅度最大，环比增量为－3.50cm，成为1985—2014年均值下降最大时期，其中下降最大值出现在男生10岁和11岁，分别下降5.48cm、4.81cm。7次监测，中国7～18岁汉族男生全学龄组时间序列立定跳远成绩环比增量均值分别为8.15cm、2.80cm、－1.11cm、－3.10cm、0.94cm、－3.50cm。

同样，1985—2014年，中国7～18岁汉族女生立定跳远成绩总体呈现先提高、后下降的趋势。2014年，7～14岁汉族女生立定跳远成绩为1985—2014年最低成绩。1985—1995年，汉族女生全学龄组立定跳远成绩均值提高8.21cm；1995—2005年，汉族女生立定跳远成绩均值下降5.99cm；2005—2014年，汉族女生立定跳远成绩均值继续下降3.8cm。1985—2014年，对比女生立定跳远2014年与1985年成绩，7～14岁总体成绩下降，分别为－1.48cm、0.46cm、－1.54cm、－1.2cm、－1.3cm、－1.07cm、－1.33cm、－0.19cm；16岁女生成绩在各年龄组中提高最大，为4.60cm；15岁、17岁次之，成绩提高分别为4.12cm和3.36cm。

运用时间序列动态分析各年龄组1985—2014年立定跳远成绩逐期增长量，1985—1995年汉族女生立定跳远成绩增长明显，12～18岁组环比1985年成绩增加量分别为8.39cm、8.91cm、8.7cm、11.87cm、11.24cm、10.31cm、11.24cm。2000年开始，女生全学龄组立定跳远成绩下降，15岁、13岁和7岁成绩下降最大，分别下降3.8cm、3.69cm、3.41cm；2005年，7～18岁汉族女生全学龄组立定跳远成绩继续下降，14～18岁成绩下降较大，分别下降4.87cm、5.45cm、4.43cm、4.43cm、5.02cm；2010年，7～18岁汉族女生全学龄组立定跳远成绩有所回升，11岁、13岁、16岁组有小幅下降外，其他年龄组成绩均值提高。2014 年，7～18 岁汉族女生立定跳远成绩整体再次开始下降，仅 15 岁组成绩有小幅提高，提高 1.24cm，其余年龄组成绩均下降，9 岁、10 岁、11 岁成绩下降最大，分别下降 3.81cm、3.04cm、2.83cm。女生全学龄组时间序列立定跳远成绩环比增量均值分别为 5.27cm、2.82cm、－2.27cm、－3.73cm、0.43cm、－1.95cm。

表 4－10　1985 年、1995 年、2005 年、2014 年中国 7～18 岁汉族学生立定跳远均值（$\bar{x}$）和标准误（s）统计表

cm

年龄/y	男生				女生			
	1985 年	1995 年	2005 年	2014 年	1985 年	1995 年	2005 年	2014 年
7	122.75 ± 0.12	128.63 ± 0.17	123.97 ± 0.18	122.27 ± 0.19	115.80 ± 0.12	119.59 ± 0.17	113.91 ± 0.18	114.32 ± 0.18
8	132.20 ± 0.12	139.46 ± 0.17	135.75 ± 0.18	133.12 ± 0.20	124.85 ± 0.12	129.03 ± 0.17	125.97 ± 0.17	124.39 ± 0.19
9	141.80 ± 0.13	149.43 ± 0.18	146.13 ± 0.19	141.03 ± 0.20	133.40 ± 0.12	139.02 ± 0.17	135.22 ± 0.18	131.86 ± 0.19
10	150.30 ± 0.13	158.27 ± 0.18	154.28 ± 0.19	148.40 ± 0.21	141.10 ± 0.13	148.16 ± 0.18	142.92 ± 0.18	139.90 ± 0.20
11	157.95 ± 0.13	166.64 ± 0.19	162.63 ± 0.20	156.92 ± 0.22	148.35 ± 0.13	155.52 ± 0.19	150.35 ± 0.19	147.05 ± 0.21
12	164.95 ± 0.14	176.90 ± 0.21	171.93 ± 0.22	169.44 ± 0.25	153.40 ± 0.13	161.79 ± 0.19	154.81 ± 0.19	152.33 ± 0.21
13	178.05 ± 0.15	192.87 ± 0.23	187.40 ± 0.24	185.60 ± 0.27	158.05 ± 0.13	166.96 ± 0.18	159.47 ± 0.19	156.72 ± 0.21
14	189.65 ± 0.17	205.13 ± 0.23	200.48 ± 0.25	198.90 ± 0.27	159.70 ± 0.14	168.40 ± 0.19	160.71 ± 0.19	159.51 ± 0.21

续表

年龄/y	男生				女生			
	1985 年	1995 年	2005 年	2014 年	1985 年	1995 年	2005 年	2014 年
15	201.35 ± 0.16	216.84 ± 0.22	211.59 ± 0.23	212.22 ± 0.26	160.40 ± 0.14	172.27 ± 0.19	163.02 ± 0.19	164.52 ± 0.21
16	210.95 ± 0.16	224.63 ± 0.21	220.84 ± 0.22	219.93 ± 0.25	161.40 ± 0.14	172.64 ± 0.19	166.42 ± 0.18	166.00 ± 0.21
17	217.04 ± 0.15	229.12 ± 0.20	225.69 ± 0.22	224.16 ± 0.25	162.80 ± 0.14	173.00 ± 0.19	167.11 ± 0.18	166.51 ± 0.21
18	220.66 ± 0.15	231.14 ± 0.20	227.88 ± 0.20	225.84 ± 0.26	163.25 ± 0.14	173.11 ± 0.19	167.65 ± 0.18	166.16 ± 0.22

表 4 -11 1985 年、1995 年、2005 年、2014 年中国 7 ~18 岁汉族男生立定跳远均值 *F*、*t* 检验统计表

年龄/	1985 年 VS 1995 年				1995 年 VS 2005 年				2005 年 VS 2014 年				1985 年 VS 2014 年			
y	*F* 值	*P* 值	*t'/t*	*P*	*F* 值	*P* 值	*t'/t*	*P*	*F* 值	*P* 值	*t'/t*	*P*	*F* 值	*P* 值	*t'/t*	*P*
7	1.03	>0.05	*28.22*	<0.001	1.26	<0.001	18.66	<0.001	1.05	<0.05	6.38	<0.001	1.36	<0.001	534.31	<0.05
8	1.02	*>0.05*	*33.97*	<0.001	1.16	<0.001	14.86	<0.001	1.13	<0.001	9.89	<0.001	1.32	<0.001	3.95	<0.001
9	1.02	*>0.05*	*35.31*	<0.001	1.24	<0.001	22.18	<0.001	1.10	<0.001	28.81	<0.001	1.39	<0.001	3.21	<0.001
10	1.02	*>0.05*	*36.34*	<0.001	1.23	<0.001	20.70	<0.001	1.15	<0.001	27.51	<0.001	1.44	<0.001	7.72	<0.001
11	1.05	<0.05	38.01	<0.001	1.23	<0.001	18.89	<0.001	1.18	<0.001	19.23	<0.001	1.52	<0.001	97.69	<0.001
12	1.17	<0.001	47.16	<0.001	1.18	<0.001	11.28	<0.001	1.24	<0.001	33.96	<0.001	1.72	<0.001	15.52	<0.001
13	1.17	<0.001	53.87	<0.001	1.23	<0.001	16.42	<0.001	1.16	<0.001	4.97	<0.001	1.66	<0.001	92.88	<0.001
14	1.01	*>0.05*	*54.10*	<0.001	1.28	<0.001	14.83	<0.001	1.10	<0.001	19.44	<0.001	1.42	<0.001	61.50	<0.001
15	1.08	<0.001	56.37	<0.001	1.26	<0.001	16.41	<0.001	1.15	<0.001	1.80	<0.001	1.33	<0.001	35.23	0.07
16	1.10	<0.001	52.84	<0.001	1.25	<0.001	12.59	<0.001	1.22	<0.001	2.73	<0.001	1.39	<0.001	68.06	<0.001
17	1.08	<0.001	48.74	<0.001	1.32	<0.001	11.69	<0.001	1.23	<0.001	10.36	<0.001	1.51	<0.001	24.50	<0.001
18	1.07	<0.001	41.53	<0.001	1.19	<0.001	13.08	<0.001	1.33	<0.001	6.21	<0.001	1.48	<0.001	17.41	<0.001

表 4－12　1985 年、1995 年、2005 年、2014 年中国 7～18 岁汉族女生立定跳远均值 F、t 检验统计表

年龄/	1985 年 VS 1995 年				1995 年 VS 2005 年				2005 年 VS 2014 年				1985 年 VS 2014 年			
y	*F* 值	*P* 值	*t'/t*	*P*	*F* 值	*P* 值	*t'/t*	*P*	*F* 值	*P* 值	*t'/t*	*P*	*F* 值	*P* 值	*t'/t*	*P*
7	1.03	*>0.05*	*18.35*	<0.001	1.22	<0.001	23.05	<0.001	1.05	<0.001	1.61	<0.001	1.20	<0.05	6.83	0.107
8	1.04	<0.05	33.97	<0.001	1.16	<0.001	12.54	<0.001	1.07	<0.01	6.16	<0.001	1.28	<0.001	2.15	<0.05
9	1.02	*>0.05*	*26.64*	<0.001	1.19	<0.001	22.18	<0.001	1.08	<0.001	28.81	<0.001	1.31	<0.001	6.73	<0.001
10	1.02	*>0.05*	32.66	<0.001	1.21	<0.001	20.70	<0.001	1.09	<0.001	27.51	<0.001	1.35	<0.001	5.06	<0.001
11	1.04	<0.05	31.69	<0.001	1.13	<0.001	18.89	<0.001	1.13	<0.001	11.83	<0.001	1.33	<0.001	5.31	<0.001
12	1.00	*>0.05*	*36.20*	<0.001	1.16	<0.001	11.28	<0.001	1.14	<0.001	33.96	<0.001	1.33	<0.001	4.22	<0.001
13	1.05	<0.01	38.99	<0.001	1.20	<0.001	28.21	<0.001	1.16	<0.001	9.57	<0.001	1.33	<0.001	5.24	<0.001
14	1.07	*>0.05*	*54.10*	<0.001	1.13	<0.001	14.83	<0.001	1.14	<0.001	19.44	<0.001	1.21	<0.001	0.75	0.439
15	1.04	<0.05	50.40	<0.001	1.11	<0.001	34.46	<0.001	1.10	<0.001	5.34	<0.001	1.17	<0.001	16.51	<0.001
16	1.08	<0.001	48.12	<0.001	1.06	<0.01	23.74	<0.001	1.18	<0.001	1.52	0.127	1.16	<0.001	18.45	<0.001
17	1.06	<0.01	43.63	<0.001	1.05	<0.05	22.45	<0.001	1.17	<0.001	10.36	<0.029	1.16	<0.001	14.97	<0.001
18	1.06	<0.01	41.60	<0.001	1.02	<0.001	20.97	<0.001	1.24	<0.001	5.35	<0.001	1.19	<0.001	11.31	<0.001

表 4－13　1985—2014 年全国汉族学生立定跳远均值时间序列增长量和增长速度对比统计表

年龄/	项目		男生							女生						
y			1985 年	1991 年	1995 年	2000 年	2005 年	2010 年	2014 年	1985 年	1991 年	1995 年	2000 年	2005 年	2010 年	2014 年
7	增长量/	逐期	—	5.30	0.58	－2.69	－1.97	2.2	－3.9	—	1.75	2.04	－3.41	－2.27	3.07	－2.66
	cm	累积	—	5.30	5.88	3.19	－1.97	0.23	－3.67	—	1.75	3.79	0.38	－1.89	1.18	－1.48
	增长速度/	环比	—	4.32	0.45	－2.09	－1.56	1.77	－3.09	—	1.51	1.73	－2.85	－1.95	2.7	－2.27
	%	累积	—	4.32	4.79	2.6	－1.6	0.19	－2.99	—	1.51	3.27	0.33	－1.63	1.02	－1.28
8	增长量/	逐期	—	6.54	0.72	－0.93	－2.78	1.43	－4.06	—	4.22	－0.04	－1.37	－1.69	0.69	－2.27
	cm	累积	—	6.54	7.26	6.33	3.55	4.98	0.92	—	4.22	4.18	2.81	1.12	1.81	－0.46
	增长速度/	环比	—	4.95	0.52	－0.67	－2.01	1.05	－2.96	—	3.38	－0.03	－1.06	－1.32	0.55	－1.79
	%	累积	—	4.95	5.49	4.79	2.69	3.77	0.7	—	3.38	3.35	2.25	0.9	1.45	－0.37
9	增长量/	逐期	—	7.25	0.38	－0.88	－2.42	－0.94	－4.16	—	4.67	0.95	－1.62	－2.18	0.79	－4.15
	cm	累积	—	7.25	7.63	6.75	4.33	3.39	－0.77	—	4.67	5.62	4.00	1.82	2.61	－1.54
	增长速度/	环比	—	5.12	0.25	－0.59	－1.63	－0.64	－2.87	—	3.50	0.69	－1.17	－1.59	0.58	－3.05
	%	累积	—	5.12	5.38	4.76	3.05	2.39	－0.54	—	3.50	4.21	3.00	1.36	1.96	－1.15
10	增长量/	逐期	—	7.51	0.46	－0.45	－3.54	－0.4	－5.48	—	5.55	1.51	－2.05	－3.19	0.79	－3.81
	cm	累积	—	7.51	7.97	7.52	3.98	3.58	－1.9	—	5.55	7.06	5.01	1.82	2.61	－1.20

续表

年龄/y	项目		男生							女生						
			1985年	1991年	1995年	2000年	2005年	2010年	2014年	1985年	1991年	1995年	2000年	2005年	2010年	2014年
	增长速度/	环比	—	5.00	0.29	-0.28	-2.24	-0.26	-3.56	—	3.93	1.03	-1.38	-2.18	0.55	-2.65
	%	累积	—	5.00	5.3	5	2.65	2.38	-1.26	—	3.93	5	3.55	1.29	1.85	-0.85
11	增长量/	逐期	—	7.90	0.79	-0.9	-3.11	-0.9	-4.81	—	5.76	1.41	-1.99	-3.18	-0.26	-3.04
	cm	累积	—	7.90	8.69	7.79	4.68	3.78	-1.03	—	5.76	7.17	5.18	2	1.74	-1.3
	增长速度/	环比	—	5.00	0.48	-0.54	-1.88	-0.55	-2.97	—	3.89	0.91	-1.28	-2.07	-0.17	-2.03
	%	累积	—	5.00	5.50	4.93	2.96	2.39	-0.65	—	3.89	4.83	3.49	1.35	1.17	-0.88
12	增长量/	逐期	—	10.25	1.70	-1.36	-3.61	1.1	-3.59	—	6.97	1.42	-2.77	-4.21	0.35	-2.83
	cm	累积	—	10.25	11.95	10.59	6.98	8.08	4.49	—	6.97	8.39	5.62	1.41	1.76	-1.07
	增长速度/	环比	—	6.21	0.97	-0.77	-2.06	0.64	-2.07	—	4.55	0.88	-1.71	-2.65	0.23	-1.82
	%	累积	—	6.21	7.24	6.42	4.23	4.9	2.72	—	4.55	5.47	3.66	0.92	1.15	-0.7
13	增长量/	逐期	—	10.6	4.22	-2.57	-2.9	1.1	-2.9	—	6.89	2.02	-3.69	-3.8	-0.63	-2.12
	cm	累积	—	10.6	14.82	12.25	9.35	10.45	7.55	—	6.89	8.91	5.22	1.42	0.79	-1.33
	增长速度/	环比	—	5.95	2.24	-1.33	-1.52	0.59	-1.54	—	4.36	1.22	-2.21	-2.33	-0.40	-1.33
	%	累积	—	5.95	8.32	6.88	5.25	5.87	4.24	—	4.36	5.64	3.3	0.9	0.50	-0.84
14	增长量/	逐期	—	10.66	4.82	-2.35	-2.3	1.25	-2.83	—	5.51	3.19	-2.82	-4.87	0.07	-1.27
	cm	累积	—	10.66	15.48	13.13	10.83	12.08	9.25	—	5.51	8.7	5.88	1.01	1.08	-0.19
	增长速度/	环比	—	5.62	2.40	-1.15	-1.13	0.62	-1.4	—	3.45	1.93	-1.67	-2.94	0.04	-0.79
	%	累积	—	5.62	8.16	6.92	5.71	6.37	4.88	—	3.45	5.45	3.68	0.63	0.68	-0.12
15	增长量/	逐期	—	9.69	5.80	-1.41	-3.84	1.42	-0.79	—	5.86	6.01	-3.8	-5.45	0.26	1.24
	cm	累积	—	9.69	15.49	14.08	10.24	11.66	10.87	—	5.86	11.87	8.07	2.62	2.88	4.12
	增长速度/	环比	—	4.81	2.75	-0.65	-1.78	0.67	-0.37	—	3.65	3.62	-2.21	-3.23	0.16	0.76
	%	累积	—	4.81	7.69	6.99	5.09	5.79	5.4	—	3.65	7.4	5.03	1.63	1.80	2.57
16	增长量/	逐期	—	7.86	5.82	0.44	-4.23	2.29	-3.2	—	5.63	5.61	-1.79	-4.43	-0.42	0
	cm	累积	—	7.86	13.68	14.12	9.89	12.18	8.98	—	5.63	11.24	9.45	5.02	4.6	4.60
	增长速度/	环比	—	3.73	2.66	0.2	-1.88	1.04	-1.43	—	3.49	3.36	-1.04	-2.59	-0.25	0
	%	累积	—	3.73	6.48	6.69	4.69	5.77	4.26	—	3.49	6.96	5.86	3.11	2.85	2.85
17	增长量/	逐期	—	6.95	5.13	-0.24	-3.19	1.42	-2.95	—	5.38	4.93	-1.03	-4.43	0.15	-1.64
	cm	累积	—	6.95	12.08	11.84	8.65	10.07	7.12	—	5.38	10.31	9.28	4.85	5	3.36
	增长速度/	环比	—	3.2	2.29	-0.1	-1.39	0.63	-1.3	—	3.3	2.93	-0.59	-2.57	0.09	-0.98
	%	累积	—	3.2	5.57	5.46	3.99	4.64	3.28	—	3.3	6.33	5.7	2.98	3.07	2.06
18	增长量/	逐期	—	7.3	3.18	0.04	-3.3	1.28	-3.32	—	4.99	4.76	-0.87	-5.02	0.26	-0.86
	cm	累积	—	7.3	10.48	10.52	7.22	8.5	5.18	—	4.99	11.24	9.45	5.02	4.6	4.6
	增长速度/	环比	—	3.31	1.39	0.02	-1.43	0.56	-1.45	—	3.05	2.83	-0.50	-2.92	0.16	-0.51
	%	累积	—	3.31	4.75	4.77	3.27	3.85	2.35	—	3.05	6.89	5.79	3.07	2.82	2.82

4.1.3.2 速度（50m跑）（表4－14至表4－17）

1985—2014年，前6年（1985—1991年）中国7～18岁汉族男生50m跑成绩有提高，2000年成绩整体开始略有下滑趋势，2010—2014年略有上升。1985—1995年，汉族男生全学龄组50m跑成绩均值提高0.21s；1995—2005年，汉族男生全学龄组50m跑成绩均值下降0.12s；2005—2014年，汉族男生全学龄组50m跑成绩均值提高0.045s。1985—2014年，对比2014年与1985年7～18岁汉族男生50m跑成绩，除18岁（下降0.02s）、10岁没有变化外，其余年龄组50m跑成绩均有提高，14岁男生50m跑成绩在各年龄组中提高值最大（0.29s）；13岁、15岁男生50m跑成绩次之，分别提高0.29s、0.32s。2014年7岁、12岁、18岁男生50m跑成绩均值分别为11.07s、9.03s、7.65s。

运用时间序列动态分析各年龄组1985—2014年逐期增长量，从1991年开始7～18岁汉族男生50m跑成绩全面提升，12～14岁成绩提高值最大，均为0.27s。1995年8～12岁汉族男生50m跑成绩均值开始下降，分别下降0.02s、0.05s、0.11s、0.08s、0.06s；但13～18岁汉族男生50m跑成绩稍上升，分别提高0.04s、0.05s、0.08s、0.06s、0.04s、0.01s。环比1990年7～18岁汉族男生50m跑成绩，1995年成绩均值没有变化。2000年7～18岁汉族男生50m跑成绩开始下降，下降幅度最大的出现在7岁、8岁年龄组，分别下降0.19s、0.13s。2000年7～18岁汉族男生全学龄组50m跑下降均值为0.07s；2005年7～18岁汉族男生50m跑成绩继续下降，全学龄组下降均值为0.05s；2010年7～18岁汉族男生50m跑成绩继续稍下降，整体下降均值为0.01s；2014年7～18岁汉族男生50m跑成绩开始全面提升，除18岁成绩稍降0.01s外，其余年龄组成绩均有提升，成绩提高组最大的年龄组为15岁、12岁，分别提高0.12s、0.11s。

1985—2014年，其中，1985—1995年7～18岁汉族女生50m跑整体成绩提高均值为0.20s，1995—2005年7～18岁汉族女生50m跑整体成绩均值下降0.31s，2005—2014年7～18岁汉族女生50m跑整体成绩提高0.06s。2014年7岁、12岁、18岁汉族女生50m跑成绩均值分别为11.55s、9.70s、9.76s。

运用时间序列动态分析女生各年龄组1985—2014年逐期增长量，前6年（1985—1991年）7～18岁汉族女生50m跑成绩各年龄组均有提高，整体提高均值为0.21s；12岁女生组成绩提高最大，为0.09s。1991—1995年，8～14岁汉族女生50m跑成绩下降，15～18岁汉族女生50m跑成绩有提高。1991—1995年，7～18岁汉族女生50m跑成绩整体开始略有下滑趋势；1995—2000年7～18岁汉族女生50m跑成绩开始全面下滑，2000—2005年7～18岁汉族女生50m跑成绩下滑趋势继续；2005—2010年7～18岁汉族女生50m跑成绩下滑趋势放缓；2010—2014年，7～18岁汉族女生50m跑成绩开始全面提升，提高最大的年龄组为12岁、13岁组，分别提高0.14s、0.12s。全学龄组环比增加均值分别为-0.21s、0.01s、0.17s、0.14s、0.01s、-0.07s。

表4-14 1985年、1995年、2005年、2014年全国7～18岁汉族学生50m跑均值（$\bar{x}$）和标准误（s）统计表

s

年龄/y	男生				女生			
	1985年	1995年	2005年	2014年	1985年	1995年	2005年	2014年
7	11.15±0.01	10.95±0.01	11.21±0.01	11.07±0.01	11.72±0.01	11.49±0.01	11.77±0.01	11.55±0.01
8	10.58±0.01	10.39±0.01	10.53±0.01	10.46±0.01	11.09±0.01	10.86±0.01	11.02±0.01	10.92±0.01
9	10.10±0.01	9.95±0.01	10.01±0.01	10.06±0.01	10.59±0.01	10.41±0.01	10.53±0.01	10.49±0.01
10	9.74±0.01	9.60±0.01	9.70±0.01	9.74±0.01	10.20±0.01	10.01±0.01	10.20±0.01	10.15±0.01

续表

年龄/y	男生				女生			
	1985年	1995年	2005年	2014年	1985年	1995年	2005年	2014年
11	9.45±0.01	9.31±0.01	9.43±0.01	9.43±0.01	9.88±0.01	9.73±0.01	9.96±0.01	9.86±0.01
12	9.20±0.01	8.99±0.01	9.14±0.01	9.03±0.01	9.68±0.01	9.52±0.01	9.77±0.01	9.70±0.01
13	8.82±0.01	8.51±0.01	8.65±0.01	8.53±0.01	9.53±0.01	9.34±0.01	9.70±0.01	9.61±0.01
14	8.48±0.01	8.16±0.01	8.25±0.01	8.15±0.01	9.47±0.01	9.30±0.01	9.68±0.01	9.58±0.01
15	8.17±0.01	7.86±0.01	7.94±0.01	7.85±0.01	9.46±0.01	9.21±0.01	9.67±0.01	9.57±0.01
16	7.90±0.01	7.67±0.01	7.76±0.01	7.71±0.01	9.42±0.01	9.20±0.01	9.61±0.01	9.65±0.01
17	7.72±0.01	7.54±0.01	7.64±0.01	7.63±0.01	9.38±0.01	9.19±0.01	9.63±0.01	9.65±0.01
18	7.63±0.01	7.47±0.01	7.59±0.01	7.65±0.01	9.38±0.01	9.18±0.01	9.61±0.01	9.76±0.01

表4－15　1985年、1995年、2005年、2014年中国7～18岁汉族男生50m跑均值F、t检验统计表

年龄/	1985年VS 1995年				1995年VS 2005年				2005年VS 2014年				1985年VS 2014年			
y	F值	P值	t'/t	P	F值	P值	t'/t	P	F值	P值	t'/t	P	F值	P值	t'/t	P
7	1.03	>0.05	15.01	<0.001	1.43	<0.001	15.78	<0.001	1.09	<0.001	8.01	<0.001	1.35	<0.001	5.49	<0.001
8	1.02	>0.05	15.99	<0.001	1.65	<0.001	9.12	<0.001	1.27	<0.001	4.32	<0.001	1.33	<0.001	9.24	<0.001
9	1.09	<0.001	13.78	<0.001	1.42	<0.001	4.43	<0.001	1.06	<0.01	3.47	<0.001	1.46	<0.001	3.35	1.00

续表

年龄/	1985年 VS 1995年				1995年 VS 2005年				2005年 VS 2014年				1985年 VS 2014年			
y	F值	P值	t'/t	P	F值	P值	t'/t	P	F值	P值	t'/t	P	F值	P值	t'/t	P
10	1.15	<0.001	13.61	<0.001	1.47	<0.001	7.70	<0.001	1.02	>0.05	2.84	<0.001	1.65	<0.001	0.00	<0.001
11	1.14	<0.001	14.51	<0.001	1.57	<0.001	9.67	<0.001	1.04	<0.05	0.00	1.00	1.87	<0.001	1.74	0.055
12	1.16	<0.001	21.53	<0.001	1.70	<0.001	11.60	<0.001	1.00	>0.05	7.58	<0.001	1.97	<0.001	14.44	<0.001
13	1.17	<0.001	33.12	<0.001	1.80	<0.001	11.06	<0.001	1.06	<0.01	8.48	<0.001	1.98	<0.001	25.70	<0.001
14	1.08	<0.001	35.25	<0.001	1.69	<0.001	7.56	<0.001	1.04	<0.05	7.40	<0.001	1.91	<0.001	29.73	<0.001
15	1.03	>0.05	37.04	<0.001	1.57	<0.001	7.69	<0.001	1.05	<0.05	7.71	<0.001	1.60	<0.001	32.46	<0.001
16	1.01	>0.05	30.10	<0.001	1.72	<0.001	9.10	<0.001	1.11	<0.001	4.38	<0.001	1.89	<0.001	19.88	<0.001
17	1.03	<0.05	25.47	<0.001	1.93	<0.001	10.48	<0.001	1.17	<0.001	0.87	0.38	2.32	<0.001	9.50	<0.001
18	1.06	<0.05	22.61	<0.001	1.73	<0.001	13.12	<0.001	1.30	<0.001	5.33	<0.001	2.38	<0.001	2.07	<0.05

表4－16　1985年、1995年、2005年、2014年中国7～18岁汉族女生50m跑均值F、t检验统计表

年龄/	1985年 VS 1995年				1995年 VS 2005年				2005年 VS 2014年				1985年 VS 2014年			
y	F值	P值	t'/t	P	F值	P值	t'/t	P	F值	P值	t'/t	P	F值	P值	t'/t	P
7	1.10	<0.001	15.77	<0.001	1.60	<0.001	15.89	<0.001	1.29	<0.001	11.97	<0.001	1.12	<0.001	11.35	<0.001
8	1.08	<0.001	18.03	<0.001	1.70	<0.001	9.77	<0.001	1.42	<0.001	5.91	<0.001	1.11	<0.001	12.62	<0.001
9	1.00	>0.05	15.04	<0.001	1.38	<0.001	8.21	<0.001	1.22	<0.001	2.67	<0.001	1.14	<0.001	8.08	<0.001
10	1.01	>0.05	17.21	<0.001	1.47	<0.001	13.88	<0.001	1.18	<0.001	3.49	<0.001	1.25	<0.001	4.22	<0.001
11	1.07	<0.001	14.78	<0.001	1.51	<0.001	16.87	<0.001	1.11	<0.001	6.86	<0.001	1.46	<0.001	1.67	0.076
12	1.06	<0.001	15.74	<0.001	1.39	<0.001	18.65	<0.001	1.00	>0.05	4.55	<0.001	1.48	<0.001	1.66	0.079
13	1.00	>0.05	18.74	<0.001	1.86	<0.001	26.73	<0.001	1.15	<0.001	6.06	<0.001	1.62	<0.001	6.72	<0.001
14	1.06	<0.01	17.22	<0.001	1.55	<0.001	28.20	<0.001	1.02	>0.05	6.70	<0.001	1.69	<0.001	8.91	<0.001
15	1.11	<0.001	25.49	<0.001	1.74	<0.001	34.47	<0.001	1.00	>0.05	6.64	<0.001	1.58	<0.001	8.76	<0.001
16	1.09	<0.001	22.48	<0.001	1.71	<0.001	30.80	<0.001	1.14	<0.01	2.58	<0.001	1.80	<0.001	17.57	<0.001
17	1.03	>0.05	17.94	<0.001	1.62	<0.001	32.34	<0.001	1.12	<0.001	1.29	0.198	1.87	<0.001	20.72	<0.001
18	1.02	>0.05	18.28	<0.001	1.42	<0.001	32.36	<0.001	1.35	<0.001	9.46	<0.001	1.96	<0.001	27.17	<0.001

表4－17　1985—2014年中国汉族学生50m跑均值时间序列增长量和增长速度对比统计表

年龄/y	项目		男生 1985年	男生 1991年	男生 1995年	男生 2000年	男生 2005年	男生 2010年	男生 2014年	女生 1985年	女生 1991年	女生 1995年	女生 2000年	女生 2005年	女生 2010年	女生 2014年
7	增长量/	逐期	—	-0.19	-0.01	0.19	0.07	-0.06	-0.08	—	-0.21	-0.02	0.25	0.03	-0.11	-0.11
	s	累积	—	-0.19	-0.20	-0.01	0.07	0.01	-0.07	—	-0.21	-0.23	0.02	0.05	-0.06	-0.17
	增长速度/	环比	—	-0.02	0.00	0.02	0.01	-0.01	-0.01	—	-0.02	0.00	0.02	0.00	-0.01	-0.01
	%	累积	—	-0.02	-0.02	0.00	0.01	0.00	-0.01	—	-0.02	-0.02	0.00	0.00	-0.01	-0.01
8	增长量/	逐期	—	-0.22	0.02	0.13	0.01	0.01	-0.08	—	-0.25	0.01	0.21	-0.05	0.03	-0.13
	s	累积	—	-0.22	-0.19	-0.06	-0.05	-0.04	-0.12	—	-0.25	-0.23	-0.02	-0.07	-0.04	-0.17
	增长速度/	环比	—	-0.02	0.00	0.01	0.00	0.00	-0.01	—	-0.02	0.00	0.02	0.00	0.00	-0.01
	%	累积	—	-0.02	-0.02	-0.01	-0.01	0.00	-0.01	—	-0.02	-0.02	0.00	-0.01	0.00	-0.02
9	增长量/	逐期	—	-0.20	0.05	0.09	-0.03	0.13	-0.08	—	-0.25	0.08	0.16	-0.04	0.05	-0.09
	s	累积	—	-0.20	-0.15	-0.06	-0.09	0.04	-0.04	—	-0.25	-0.17	-0.01	-0.05	0.00	-0.09
	增长速度/	环比	—	-0.02	0.01	0.01	0.00	0.01	-0.01	—	-0.02	0.01	0.02	0.00	0.00	-0.01
	%	累积	—	-0.02	-0.01	-0.01	-0.01	0.00	0.00	—	-0.02	-0.02	0.00	-0.01	0.00	-0.01
10	增长量/	逐期	—	-0.24	0.11	0.10	0.00	0.07	-0.03	—	-0.24	0.05	0.15	0.04	0.02	-0.07
	s	累积	—	-0.24	-0.14	-0.04	-0.04	0.03	0.00	—	-0.24	-0.19	-0.04	0.00	0.02	-0.05
	增长速度/	环比	—	-0.02	0.01	0.01	0.00	0.01	0.00	—	-0.02	0.01	0.01	0.00	0.00	-0.01
	%	累积	—	-0.02	-0.01	0.00	0.00	0.00	0.00	—	-0.02	-0.02	0.00	0.00	0.00	0.00
11	增长量/	逐期	—	-0.22	0.08	0.10	0.02	0.07	-0.07	—	-0.23	0.08	0.14	0.09	-0.01	-0.09
	s	累积	—	-0.22	-0.14	-0.04	-0.02	0.05	-0.02	—	-0.23	-0.15	-0.01	0.08	0.07	-0.02
	增长速度/	环比	—	-0.02	0.01	0.01	0.00	0.01	-0.01	—	-0.02	0.01	0.01	0.01	0.00	-0.01
	%	累积	—	-0.02	-0.01	0.00	0.00	0.01	0.00	—	-0.02	-0.02	0.00	0.01	0.01	0.00
12	增长量/	逐期	—	-0.27	0.06	0.09	0.06	0.00	-0.11	—	-0.25	0.09	0.17	0.08	0.07	-0.14
	s	累积	—	-0.27	-0.21	-0.12	-0.06	-0.06	-0.17	—	-0.25	-0.16	0.01	0.09	0.16	0.02
	增长速度/	环比	—	-0.03	0.01	0.01	0.01	0.00	-0.01	—	-0.03	0.01	0.02	0.01	0.01	-0.01
	%	累积	—	-0.03	-0.02	-0.01	-0.01	-0.01	-0.02	—	-0.03	-0.02	0.00	0.01	0.02	0.00
13	增长量/	逐期	—	-0.27	-0.04	0.08	0.06	-0.06	-0.06	—	-0.21	0.02	0.19	0.17	0.03	-0.12
	s	累积	—	-0.27	-0.31	-0.23	-0.17	-0.23	-0.29	—	-0.21	-0.19	0.00	0.17	0.20	0.08
	增长速度/	环比	—	-0.03	0.00	0.01	0.01	-0.01	-0.01	—	-0.02	0.00	0.02	0.02	0.00	-0.01
	%	累积	—	-0.03	-0.04	-0.03	-0.02	-0.03	-0.03	—	-0.02	-0.02	0.00	0.02	0.02	0.01
14	增长量/	逐期	—	-0.27	-0.05	0.06	0.03	-0.02	-0.08	—	-0.18	0.01	0.15	0.23	0.00	-0.10
	s	累积	—	-0.27	-0.32	-0.26	-0.23	-0.25	-0.33	—	-0.18	-0.17	-0.02	0.21	0.21	0.11
	增长速度/	环比	—	-0.03	-0.01	0.01	0.00	0.00	-0.01	—	-0.02	0.00	0.02	0.02	0.00	-0.01

续表

年龄/y	项目		男生							女生						
			1985年	1991年	1995年	2000年	2005年	2010年	2014年	1985年	1991年	1995年	2000年	2005年	2010年	2014年
	%	累积	—	-0.03	-0.04	-0.03	-0.03	-0.03	-0.04	—	-0.02	-0.02	0.00	0.02	0.02	0.01
15	增长量/	逐期	—	-0.23	-0.08	0.03	0.05	0.03	-0.12	—	-0.18	-0.07	0.19	0.27	0.00	-0.10
	s	累积	—	-0.23	-0.31	-0.28	-0.23	-0.20	-0.32	—	-0.18	-0.25	-0.06	0.21	0.21	0.11
	增长速度/	环比	—	-0.03	-0.01	0.00	0.01	0.00	-0.02	—	-0.02	-0.01	0.02	0.03	0.00	-0.01
	%	累积	—	-0.03	-0.04	-0.03	-0.03	-0.02	-0.04	—	-0.02	-0.03	-0.01	0.02	0.02	0.01
16	增长量/	逐期	—	-0.18	-0.06	-0.03	0.12	-0.02	-0.03	—	-0.16	-0.06	0.16	0.25	0.05	-0.01
	s	累积	—	-0.18	-0.23	-0.26	-0.14	-0.16	-0.19	—	-0.16	-0.22	-0.06	0.19	0.24	0.23
	增长速度/	环比	—	-0.02	-0.01	0.00	0.02	0.00	0.00	—	-0.02	-0.01	0.02	0.03	0.01	0.00
	%	累积	—	-0.02	-0.03	-0.03	-0.02	-0.02	-0.02	—	-0.02	-0.02	-0.01	0.02	0.03	0.02
17	增长量/	逐期	—	-0.14	-0.04	-0.01	0.11	-0.02	0.01	—	-0.18	-0.01	0.07	0.37	-0.02	0.04
	s	累积	—	-0.14	-0.18	-0.19	-0.08	-0.10	-0.09	—	-0.18	-0.19	-0.12	0.25	0.23	0.27
	增长速度/	环比	—	-0.02	-0.01	0.00	0.01	0.00	0.00	—	-0.02	0.00	0.01	0.04	0.00	0.00
	%	累积	—	-0.02	-0.02	-0.02	-0.01	-0.01	-0.01	—	-0.02	-0.02	-0.01	0.03	0.03	0.03
18	增长量/	逐期	—	-0.14	-0.01	0.03	0.09	0.01	0.05	—	-0.19	-0.01	0.16	0.27	0.03	0.12
	s	累积	—	-0.14	-0.16	-0.13	-0.04	-0.03	0.02	—	-0.19	-0.22	-0.06	0.19	0.24	0.23
	增长速度/	环比	—	-0.02	0.00	0.00	0.01	0.00	0.01	—	-0.02	0.00	0.02	0.03	0.00	0.01
	%	累积	—	-0.02	-0.02	-0.02	0.00	0.00	0.00	—	-0.02	-0.02	-0.01	0.02	0.03	0.02

4.1.3.3 耐力（中长跑）（表4-18至表4-21）

耐力素质的测试，7～12岁的小学生采用50m×8往返跑；13～18岁中学生，男生采用1 000m跑，女生采用800m跑。

1985—2014年，中国7～12岁汉族男生耐力成绩总体趋势为：1985—1995年成绩开始稍下滑，成绩均值下降1.25s；1995—2005年成绩开始较大幅度下滑，成绩均值下降8.63s；2005—2014年成绩下滑趋势得到控制，但整体均值仍下降0.52s。1985—2014年13～18岁全国汉族男生耐力成绩总体趋势为：1985—1995年成绩开始稍下滑，成绩均值下降3.97s；1995—2005年开始较大幅度下滑，整体成绩均值增加了22.41s；2005—2014年成绩下滑趋势得到控制，但整体均值仍增加1.88s。从时间序列累积增量指标分析，虽然2010—2015年7～18岁汉族男生耐力成绩下降趋势有所控制，但是2014年相比1985年成绩，7～18岁成绩全部下降，12岁成绩下降最大，下降5.97s，13岁成绩下降20.82s。

1985—2014年，中国7次测试环比增量指标分析，7～12岁汉族男生50m×8往返跑成绩均值增量（负值表明成绩提高）分别为0.84s、0.42s、6.01s、2.62s、0.83s、-0.31s，其中1995—2000年下降最多；13～18岁男生1 000m跑成绩均值增量分别为3.32s、0.65s、9.23s、13.18s、-0.73s、2.61s，其中2000—2005年成绩下降最多。

1985—2014年，中国7～12岁汉族女生耐力成绩总体趋势为：1985—1995年成绩开始稍有提升，成绩均值减少0.33s；1995—2005年成绩开始较大幅度下滑，成绩均值下降8.99s；2005—2014年成绩下滑趋势得到控制，整体均值提高0.66s。13～18岁女生耐力成绩总体趋势为：1985—1995年成绩开始下降，成绩均值增加了2.49s；1995—2005年成绩开始较大幅度下滑，整体成绩均值增加了23.66s；2005—2014年成绩下滑趋势得到控制，整体均值提高0.25s。

从时间序列累积增量指标分析，虽然2010—2015年7～18岁汉族女生耐力成绩下降趋势有所控制，但2014年相比1985年成绩，7～18岁成绩全部下降，12岁成绩下降最大，下降5.67s，13岁成绩下降20.64s。

1985—2014年，7次测试环比增量指标分析，7～12岁汉族女生50m×8往返跑成绩均值增量（负值表明成绩提高）分别为-0.06s、-0.28s、6.86s、2.13s、-0.13s、-0.53；13～18岁汉族女生800m跑成绩均值增量分别为2.68s、-0.25s、12.07s、11.59s、-0.91s、0.66s。

表4-18　1985年、1995年、2005年、2014年中国7～18岁汉族学生中长跑均值（$\bar{x}$）和标准误（s）统计表

年龄/y	男生				女生			
	1985年	1995年	2005年	2014年	1985年	1995年	2005年	2014年
7	131.86±0.09	130.95±0.13	140.66±0.19	139.43±0.16	131.86±0.09	130.95±0.13	140.66±0.19	139.43±0.16
8	126.07±0.08	125.48±0.12	133.92±0.16	134.79±0.16	126.07±0.08	125.48±0.12	133.92±0.16	134.79±0.16
9	121.43±0.08	120.80±0.12	130.51±0.18	130.60±0.15	121.43±0.08	120.80±0.12	130.51±0.18	130.60±0.15
10	117.57±0.07	117.30±0.12	125.42±0.15	125.61±0.15	117.57±0.07	117.30±0.12	125.42±0.15	125.61±0.15
11	114.59±0.07	114.48±0.12	122.94±0.17	121.37±0.15	114.59±0.07	114.48±0.12	122.94±0.17	121.37±0.15
12	112.86±0.07	113.39±0.13	122.88±0.25	120.55±0.17	112.86±0.07	113.39±0.13	122.88±0.25	120.55±0.17
13	235.61±0.19	239.49±0.29	268.75±0.35	266.53±0.39	235.61±0.19	239.49±0.29	268.75±0.35	266.53±0.39
14	234.94±0.18	239.08±0.28	265.82±0.36	261.26±0.39	234.94±0.18	239.08±0.28	265.82±0.36	261.26±0.39
15	235.80±0.19	237.09±0.28	261.50±0.33	257.59±0.35	235.80±0.19	237.09±0.28	261.50±0.33	257.59±0.35
16	235.29±0.19	237.26±0.28	258.50±0.31	260.70±0.34	235.29±0.19	237.26±0.28	258.50±0.31	260.70±0.34
17	235.93±0.19	237.60±0.27	259.30±0.31	261.89±0.34	235.93±0.19	237.60±0.27	259.30±0.31	261.89±0.34
18	236.64±0.20	238.28±0.28	256.87±0.29	261.27±0.35	236.64±0.20	238.28±0.28	256.87±0.29	261.27±0.35

表4－19 1985年、1995年、2005年、2014年中国7～18岁汉族男生中长跑均值F、t检验统计表

年龄/	1985年VS 1995年				1995年VS 2005年				2005年VS 2014年				1985年VS 2014年			
y	F值	P值	t′/t	P	F值	P值	t′/t	P	F值	P值	t′/t	P	F值	P值	t′/t	P
7	1.35	<0.05	2.24	<0.001	1.89	<0.001	44.96	<0.001	1.16	<0.001	1.08	0.283	2.19	<0.001	53.07	<0.001
8	1.42	<0.001	5.90	<0.001	1.97	<0.001	42.54	<0.001	1.03	>0.5	5.74	<0.001	2.72	<0.001	59.28	<0.001
9	1.54	<0.001	9.32	<0.001	2.37	<0.001	45.01	<0.001	1.13	<0.001	3.80	<0.001	3.25	<0.001	63.50	<0.001
10	1.63	<0.001	15.43	<0.001	1.89	<0.001	39.32	<0.001	1.09	<0.001	7.00	<0.001	3.37	<0.001	62.67	<0.001
11	1.73	<0.001	12.55	<0.001	2.58	<0.001	39.88	<0.001	1.18	<0.001	1.48	0.140	3.77	<0.001	53.65	<0.001
12	2.26	<0.001	8.69	<0.001	2.96	<0.001	29.82	<0.001	1.38	<0.001	0.49	<0.001	4.86	<0.001	43.10	<0.001
13	1.56	<0.001	10.19	<0.001	1.72	<0.001	54.70	<0.001	1.29	<0.001	3.49	<0.001	3.45	<0.001	67.59	<0.001
14	1.39	<0.001	10.04	<0.001	1.89	<0.001	49.49	<0.001	1.17	<0.001	3.66	<0.001	3.08	<0.001	54.36	<0.001
15	1.28	<0.001	8.00	<0.001	1.80	<0.001	48.08	<0.001	1.17	<0.001	3.78	<0.001	2.71	<0.001	50.81	<0.001
16	1.23	<0.001	12.82	<0.001	1.74	<0.001	48.26	<0.001	1.15	<0.001	4.70	<0.001	2.48	<0.001	65.80	<0.001
17	1.19	<0.001	16.41	<0.001	1.87	<0.001	48.47	<0.001	1.16	<0.001	7.66	<0.001	2.59	<0.001	71.42	<0.001
18	1.08	<0.001	14.73	<0.001	1.72	<0.001	43.15	<0.001	1.23	<0.001	14.61	<0.001	2.27	<0.001	70.37	<0.001

表4－20 1985年、1995年、2005年、2014年中国7～18岁汉族女生中长跑均值F、t检验统计表

年龄/	1985年VS 1995年				1995年VS 2005年				2005年VS 2014年				1985年VS 2014年			
y	F值	P值	t′/t	P	F值	P值	t′/t	P	F值	P值	t′/t	P	F值	P值	t′/t	P
7	1.14	<0.001	5.65	<0.001	2.20	<0.001	41.96	<0.001	1.57	<0.001	5.02	<0.001	1.59	<0.001	42.02	<0.001
8	1.17	<0.001	4.00	<0.001	1.92	<0.001	41.35	<0.001	1.13	>0.05	5.74	<0.001	2.00	<0.001	48.81	<0.001
9	1.25	<0.001	4.41	<0.001	2.58	<0.001	44.10	<0.001	1.60	<0.001	0.38	0.708	2.02	<0.001	54.10	<0.001
10	1.31	<0.05	1.98	<0.001	1.87	<0.001	42.97	<0.001	1.11	<0.001	0.90	0.368	2.20	<0.001	48.83	<0.001
11	1.30	<0.001	0.81	0.398	2.55	<0.001	40.43	<0.001	1.46	<0.001	6.80	<0.001	2.28	<0.001	40.56	<0.001
12	1.75	<0.001	3.50	<0.001	3.76	<0.001	33.68	<0.001	2.21	<0.001	7.71	<0.001	2.98	<0.001	41.22	<0.001
13	1.20	<0.001	11.19	<0.001	1.64	<0.001	64.01	<0.001	1.11	<0.001	4.23	<0.001	2.19	<0.001	71.60	<0.001
14	1.27	<0.001	12.41	<0.001	1.75	<0.001	58.92	<0.001	1.13	<0.001	8.63	<0.001	2.50	<0.001	61.21	<0.001
15	1.09	<0.001	3.78	<0.001	1.54	<0.001	56.29	<0.001	1.06	<0.001	8.07	<0.001	1.78	<0.001	53.98	<0.001
16	1.10	<0.001	5.93	<0.001	1.42	<0.001	51.34	<0.001	1.12	<0.001	4.78	<0.001	1.74	<0.001	65.43	<0.001
17	1.00	>0.05	5.00	<0.001	1.47	<0.001	52.39	<0.001	1.10	<0.001	5.61	<0.001	1.62	<0.001	66.33	<0.001
18	1.02	>0.05	4.72	<0.001	1.25	<0.001	45.61	<0.001	1.21	<0.001	9.64	<0.001	1.54	<0.001	60.90	<0.001

表4-21 1985—2014年中国汉族学生中长跑时间序列增长量和增长速度对比统计表

年龄/y	项目		男生							女生						
			1985年	1991年	1995年	2000年	2005年	2010年	2014年	1985年	1991年	1995年	2000年	2005年	2010年	2014年
7	增长量/	逐期	—	0.87	-0.52	7.71	2.11	-0.36	0.10	—	0.23	-1.14	8.03	1.68	-1.59	0.36
	s	累积	—	0.87	0.35	8.06	2.11	1.75	1.85	—	0.23	-0.91	7.12	8.80	7.21	7.57
	增长速度/	环比	—	0.01	0.00	0.06	0.02	0.00	0.00	—	0.00	-0.01	0.06	0.01	-0.01	0.00
	%	累积	—	0.01	0.00	0.06	0.02	0.01	0.01	—	0.00	-0.01	0.05	0.07	0.05	0.06
8	增长量/	逐期	—	1.45	-0.59	7.10	1.75	0.86	0.51	—	0.15	-0.74	7.46	0.98	0.89	-0.02
	s	累积	—	1.45	0.86	7.96	9.71	10.57	11.08	—	0.15	-0.59	6.87	7.85	8.74	8.72
	增长速度/	环比	—	0.01	0.00	0.06	0.01	0.01	0.00	—	0.00	-0.01	0.06	0.01	0.01	0.00
	%	累积	—	0.01	0.01	0.07	0.08	0.09	0.09	—	0.00	0.00	0.05	0.06	0.07	0.07
9	增长量/	逐期	—	0.95	0.35	5.97	3.65	0.91	0.03	—	0.13	-0.76	6.96	2.75	0.53	-0.44
	s	累积	—	0.95	1.30	7.27	10.92	11.83	11.86	—	0.13	-0.63	6.33	9.08	9.61	9.17
	增长速度/	环比	—	0.01	0.00	0.05	0.03	0.01	0.00	—	0.00	-0.01	0.06	0.02	0.00	0.00
	%	累积	—	0.01	0.01	0.06	0.09	0.10	0.10	—	0.00	-0.01	0.05	0.07	0.08	0.08
10	增长量/	逐期	—	1.00	1.08	4.44	3.13	2.10	-0.52	—	0.16	-0.43	5.56	2.56	1.20	-1.01
	s	累积	—	1.00	2.08	6.52	9.65	11.75	11.23	—	0.16	-0.27	5.29	7.85	9.05	8.04
	增长速度/	环比	—	0.01	0.01	0.04	0.03	0.02	0.00	—	0.00	0.00	0.05	0.02	0.01	-0.01
	%	累积	—	0.01	0.02	0.06	0.09	0.11	0.10	—	0.00	0.00	0.05	0.07	0.08	0.07
11	增长量/	逐期	—	0.57	1.08	4.69	3.67	0.75	-1.11	—	-0.43	0.32	5.58	2.88	-0.02	-1.55
	s	累积	—	0.57	1.65	6.34	10.01	10.76	9.65	—	-0.43	-0.11	5.47	8.35	8.33	6.78
	增长速度/	环比	—	0.01	0.01	0.04	0.03	0.01	-0.01	—	0.00	0.00	0.05	0.02	0.00	-0.01
	%	累积	—	0.01	0.02	0.06	0.09	0.10	0.09	—	0.00	0.00	0.05	0.07	0.07	0.06
12	增长量/	逐期	—	0.17	1.11	6.15	1.38	0.70	-0.84	—	-0.57	1.10	7.59	1.90	-1.79	-0.54
	s	累积	—	0.17	1.27	7.42	8.80	9.50	8.66	—	-0.57	0.53	8.12	10.02	8.23	7.69
	增长速度/	环比	—	0.00	0.01	0.06	0.01	0.01	-0.01	—	-0.01	0.01	0.07	0.02	-0.01	0.00
	%	累积	—	0.00	0.01	0.07	0.08	0.09	0.08	—	-0.01	0.00	0.07	0.09	0.07	0.07
13	增长量/	逐期	—	2.37	1.56	12.81	16.67	-0.64	2.90	—	3.11	0.77	15.16	14.10	0.59	-2.81
	s	累积	—	2.37	3.93	16.74	33.41	32.77	35.67	—	3.11	3.88	19.04	33.14	33.73	30.92
	增长速度/	环比	—	0.01	0.01	0.05	0.06	0.00	0.01	—	0.01	0.00	0.06	0.06	0.00	-0.01
	%	累积	—	0.01	0.01	0.06	0.13	0.12	0.13	—	0.01	0.02	0.08	0.14	0.14	0.13
14	增长量/	逐期	—	2.00	1.58	11.39	13.65	-2.07	-0.14	—	3.18	0.96	13.16	13.58	-2.39	-2.17
	s	累积	—	2.00	3.59	14.98	28.63	26.56	26.42	—	3.18	4.14	17.30	30.88	28.49	26.32
	增长速度/	环比	—	0.01	0.01	0.04	0.05	-0.01	0.00	—	0.01	0.00	0.06	0.05	-0.01	-0.01
	%	累积	—	0.01	0.01	0.06	0.11	0.10	0.10	—	0.01	0.02	0.07	0.13	0.12	0.11

续表

年龄/y	项目		男生							女生						
			1985 年	1991 年	1995 年	2000 年	2005 年	2010 年	2014 年	1985 年	1991 年	1995 年	2000 年	2005 年	2010 年	2014 年
15	增长量/	逐期	—	4.05	-1.37	8.57	13.39	-0.46	-1.59	—	3.19	-1.90	11.93	12.48	-1.55	-2.36
	s	累积	—	4.05	2.68	11.25	24.64	24.18	22.59	—	3.19	1.29	13.22	25.70	24.15	21.79
	增长速度/	环比	—	0.02	-0.01	0.03	0.05	0.00	-0.01	—	0.01	-0.01	0.05	0.05	-0.01	-0.01
	%	累积	—	0.02	0.01	0.05	0.10	0.10	0.09	—	0.01	0.01	0.06	0.11	0.10	0.09
16	增长量/	逐期	—	3.95	0.03	6.97	13.17	-0.69	2.99	—	2.71	-0.74	10.28	10.96	-1.23	3.43
	s	累积	—	3.95	3.98	10.95	24.12	23.43	26.42	—	2.71	1.97	12.25	23.21	21.98	25.41
	增长速度/	环比	—	0.02	0.00	0.03	0.05	0.00	0.01	—	0.01	0.00	0.04	0.04	0.00	0.01
	%	累积	—	0.02	0.02	0.05	0.10	0.10	0.11	—	0.01	0.01	0.05	0.10	0.09	0.11
17	增长量/	逐期	—	3.47	1.55	7.55	12.77	-0.85	4.67	—	1.50	0.17	10.87	10.83	-0.76	3.35
	s	累积	—	3.47	5.02	12.57	25.34	24.49	29.16	—	1.50	1.67	12.54	23.37	22.61	25.96
	增长速度/	环比	—	0.01	0.01	0.03	0.05	0.00	0.02	—	0.01	0.00	0.05	0.04	0.00	0.01
	%	累积	—	0.01	0.02	0.05	0.11	0.10	0.12	—	0.01	0.01	0.05	0.10	0.10	0.11
18	增长量/	逐期	—	4.09	0.52	8.10	9.41	0.34	6.81	—	2.40	-0.76	11.03	7.56	-0.11	4.51
	s	累积	—	4.09	4.61	12.71	22.12	22.46	29.27	—	2.40	1.97	12.25	23.21	21.98	25.41
	增长速度/	环比	—	0.02	0.00	0.03	0.04	0.00	0.03	—	0.01	0.00	0.05	0.03	0.00	0.02
	%	累积	—	0.02	0.02	0.05	0.09	0.10	0.12	—	0.01	0.01	0.05	0.10	0.09	0.11

注：7～12 岁男、女生测试 50m×8 往返跑；13～18 岁男生测试 1 000m 跑，女生测试 800m 跑。

4.2 身体形态、身体素质城乡、性别发展差异分析

4.2.1 身体形态发展城乡、性别差异

4.2.1.1 身　高

（1）身高发展城乡差异（表 4－22、表 4－23）。

对比城、乡男生身高差异，1985 年中国 7～18 岁城市汉族男生身高比同年龄组乡村汉族男生高 4.18cm，1995 年、2005 年、2014 年城乡汉族男生身高均值差异分别为 3.58cm、3.18cm、2.41cm。城乡汉族男生身高均值差距逐次缩小。

同样，对比城、乡汉族女生身高差异，城市汉族女生身高均值高于乡村汉族女生，且城乡汉族女生身高差异不断缩小。4 次对比结果显示，城乡汉族女生身高差值分别为 3.68cm、3.12cm、2.62cm、1.98cm。

表 4-22 7~18 岁汉族男生身高均值城乡差异 F、t 检验

时间	城市		乡村		F 检验		t/t′ 检验	
	$\bar{x} \pm s$/cm	N	$\bar{x} \pm s$/cm	N	F 值	P	t′/t	P
1985 年	148.65 ± 18.17	102 443	144.47 ± 18.18	102 657	1.00	0.86	52.04	<0.001
1995 年	151.58 ± 19.45	62 653	148.00 ± 18.16	52 118	1.15	<0.001	6.82	<0.001
2005 年	153.62 ± 17.76	59 233	150.44 ± 18.07	58 447	1.03	<0.001	30.45	<0.001
2014 年	155.62 ± 17.28	53 602	153.21 ± 17.73	53 614	1.05	<0.001	22.51	<0.001

表 4-23 7~18 岁汉族女生身高均值城乡差异 F、t 检验

时间	城市		乡村		F 检验		t/t′ 检验	
	$\bar{x} \pm s$/cm	N	$\bar{x} \pm s$/cm	N	F 值	P	t′/t	P
1985 年	145.13 ± 14.57	102 284	141.45 ± 1.08	102 562	1.08	<0.001	56.02	<0.001
1995 年	147.37 ± 14.07	52 756	144.25 ± 1.07	51 874	1.07	<0.001	35.26	<0.001

续表

时间	城市		乡村		F检验		t/t′检验	
	$\bar{x} \pm s$/cm	N	$\bar{x} \pm s$/cm	N	F值	P	t′/t	P
2005年	148.70 ± 13.81	58 764	146.08 ± 1.06	57 977	1.06	<0.001	31.94	<0.001
2014年	150.27 ± 13.39	53 637	148.29 ± 1.05	53 501	1.05	<0.001	23.90	<0.001

（2）身高发展性别差异（表4－24至表4－26）。

总体分析，1985—2014年，中国7～18岁汉族男、女生身高均值性别差异不断增加，1985年、1995年、2005年、2014年差值分别为3.27cm、4.03cm、4.64cm、5.13cm。对比男、女身高环比增长速度，显示男生身高的环比增长速度均高于女生。1991年汉族男、女身高增长速度差异最大，差值为0.37%。2005年、2010年、2014年汉族男、女生身高环比增速差异逐渐减少，分别为0.24%、0.20%、0.10%。从身高发展的具体年龄差异对比分析，女生身高最大增长年龄为11岁，均值累积增长9.60cm；男生的同样指标发生在12岁，均值累积增长11.62cm。

表4－24　7～18岁汉族学生全学龄组身高均值、标准差、样本量统计表

时间	男生		女生	
	$\bar{x} \pm s$/cm	N	$\bar{x} \pm s$/cm	N
1985年	146.56 ± 18.30	205 100	143.29 ± 14.96	204 846
1995年	149.85 ± 18.13	104 772	145.82 ± 14.39	104 632
2005年	152.04 ± 17.98	117 680	147.40 ± 14.08	116 741
2014年	154.41 ± 17.55	107 216	149.28 ± 13.60	107 138

表4－25 7～18岁汉族男、女生身高均值环比增长速度对比统计表

性别	1985年	1991年	1995年	2000年	2005年	2010年	2014年
男生	—	1.84	0.44	0.65	0.78	0.86	0.82
女生	—	1.47	0.36	0.48	0.55	0.66	0.73
差值	—	0.37	0.08	0.17	0.24	0.20	0.10

表4－26 1985年与2014年7～18岁汉族男、女生身高均值增长量对比统计表

cm

性别	年龄												均值
	7岁	8岁	9岁	10岁	11岁	12岁	13岁	14岁	15岁	16岁	17岁	18岁	
男生	3.99	8.01	8.31	8.63	9.81	11.62	10.38	9.22	7.50	5.59	4.51	3.79	7.61
女生	6.66	7.36	8.00	8.84	9.60	8.66	5.57	4.65	3.95	3.32	2.87	3.32	6.07

4.2.1.2 体 重

（1）体重发展城乡差异（表4－27、表4－28）。

对比城、乡男生体重差异，1985—2014年，中国7～18岁城市汉族男生体重均值大于乡村男生。1985年7～18岁城、乡汉族男生体重差值为1.8kg，此后差距增大，1995年、2005年、2014年7～18岁城、乡汉族男生体重差值分别为3.27kg、4.23kg、3.1kg。2010年7～18岁城乡汉族男生体重差异最大，2014年7～18岁城乡汉族男生体重差异有缩小的趋势。同样，对比城、乡女生体重差异，1985—2014年，7～18岁汉族城市女生体重均值大于乡村女生。1985年7～18岁城、乡汉族女生体重相差不大，差值为0.93kg；1995年7～18岁城乡汉族女生体重差异增加为1.93kg；2005年7～18岁城、乡汉族女生体重差距进一步增大，为2.32kg；2014年7～18岁城乡汉族女生体重差异有缩小的趋势，下降为1.79kg。

表4－27　7～18岁汉族男生体重均值城乡差异 F、t 检验

时间	城市		乡村		F 检验		t/t' 检验	
	$\bar{x} \pm s$/kg	N	$\bar{x} \pm s$/kg	N	F 值	P	t'/t	P
1985年	38.68 ± 13.62	102 443	36.88 ± 13.40	102 657	1.03	<0.001	30.12	<0.001
1995年	42.44 ± 14.90	52 653	39.17 ± 13.96	52 118	1.14	<0.001	36.69	<0.001
2005年	46.07 ± 16.28	59 233	41.84 ± 14.78	58 447	1.21	<0.001	46.65	<0.001
2014年	49.15 ± 17.18	53 602	46.05 ± 16.24	53 614	1.12	<0.001	30.36	<0.001

表4－28　7～18岁汉族女生体重均值城乡差异 F、t 检验

时间	城市		乡村		F 检验		t/t' 检验	
	$\bar{x} \pm s$/kg	N	$\bar{x} \pm s$/kg	N	F 值	P	t'/t	P
1985年	36.86 ± 11.63	102 284	35.93 ± 12.16	102 562	1.03	<0.001	30.12	<0.001
1995年	39.33 ± 12.10	52 756	37.40 ± 12.07	51 874	1.14	<0.001	36.69	<0.001
2005年	41.41 ± 12.58	58 764	39.09 ± 12.14	57 977	1.21	<0.001	46.65	<0.001
2014年	43.57 ± 13.00	53 637	41.78 ± 12.62	53 501	1.12	<0.001	30.36	<0.001

（2）体重发展性别差异（表4－29至表4－31）。

总体分析，1985—2014年，中国7～18岁汉族男、女生体重均值差异不断增加。1985年、1995年、2005年、2014年7～18岁汉族男、女生体重差值分别为1.39kg、2.44kg、3.7kg、4.92kg。对比男、女生

体重环比增长速度，显示男生的体重环比增长速度均高于女生。1991年7～18岁汉族男、女生体重增长速度差异最大，差值为4.53%；1995年7～18岁汉族男、女生体重增速差异最小（1.96%）。2005年、2010年、2014年7～18岁汉族男、女生体重环比增速差异相对平稳，分别为3.02%、3.02%、3.12%。从体重发展的具体年龄差异对比分析，汉族女生体重最大增长年龄为11岁，1985—2014年汉族11岁女生体重均值累积增加9.96kg；其次为12岁女生，体重均值累积增加9.94kg。男生体重最大增长年龄为12岁，1985—2014年汉族男生体重均值累积增加13.61kg，其次为13岁男生，体重均值为13.16kg。

表4－29　7～18岁汉族学生体重均值、标准差、样本量统计表

时间	男生		女生	
	$\bar{x} \pm s$/kg	N	$\bar{x} \pm s$/kg	N
1985年	37.78±13.54	205 100	36.39±11.90	204 846
1995年	40.81±14.54	104 772	38.37±12.13	104 632
2005年	43.96±15.70	117 680	40.26±12.42	116 741
2014年	47.60±16.79	107 216	42.68±12.84	107 138

表4－30　7～18岁汉族男、女生体重均值环比增长速度对比统计表

性别	1985年	1991年	1995年	2000年	2005年	2010年	2014年
男生	—	5.69	2.79	4.26	3.89	4.00	4.68
女生	—	1.16	0.82	0.90	0.87	0.98	1.55
差值	—	4.53	1.96	3.36	3.02	3.02	3.13

表4－31　1985年与2014年7～18岁汉族男、女生体重均值增长量对比统计表

kg

性别	年龄												均值
	7岁	8岁	9岁	10岁	11岁	12岁	13岁	14岁	15岁	16岁	17岁	18岁	
男生	3.20	7.14	8.58	9.76	11.89	13.61	13.16	12.36	10.91	9.12	8.51	7.45	9.64
女生	4.58	5.60	6.92	8.38	9.96	9.94	7.53	6.68	5.26	4.37	3.56	4.37	6.43

4.2.2　身体素质发展城乡、性别差异

4.2.2.1　爆发力（立定跳远）

（1）爆发力发展城乡差异（表4－32、表4－33）。

对比1985—2014年，中国7～18岁城、乡汉族男生立定跳远成绩差异，1985年7～18岁城市汉族男生立定跳远成绩高于乡村男生8.12cm；1995年7～18岁城、乡汉族男生立定跳远成绩差距缩小至2.15cm；2005年7～18岁乡村汉族男生立定跳远成绩均值超过城市男生0.2cm（差异不显著，$P=0.45$）；2014年7～18岁城、乡汉族男生立定跳远成绩差距稍拉大，为1.4cm。

表4－32　7～18岁汉族男生立定跳远均值城乡差异 F、t 检验

时间	城市		乡村		F检验		t/t'检验	
	$\bar{x}\pm s$/cm	N	$\bar{x}\pm s$/cm	N	F值	P	t'/t	P
1985年	177.97 ± 37.06	102 443	169.85 ± 37.49	102 657	1.02	<0.001	49.33	<0.001
1995年	185.93 ± 40.50	52 623	183.78 ± 38.94	52 096	1.08	<0.001	8.76	<0.001
2005年	180.80 ± 41.33	59 181	180.98 ± 40.37	58 416	1.05	<0.001	0.76	0.45

续表

时间	城市		乡村		F 检验		t/t′ 检验	
	$\bar{x} \pm s$/cm	N	$\bar{x} \pm s$/cm	N	F 值	P	t′/t	P
2014 年	177.30 ± 42.60	53 516	178.72 ± 42.61	53 560	1.00	0.96	5.45	<0.001

对比 1985—2014 年，中国 7～18 岁城、乡汉族女生立定跳远成绩差异，与城乡男生立定跳远差异相似。1985 年 7～18 岁城市汉族女生立定跳远成绩优于乡村女生，高出 3.53cm；1995 年 7～18 岁城、乡汉族女生立定跳远成绩差异缩小为 0.1cm；2005 年 7～18 岁乡村汉族女生立定跳远成绩反超城市女生 0.44cm；2014 年 7～18 岁乡村汉族女生立定跳远成绩超出城市女生 0.51cm。

表 4－33 7～18 岁汉族女生立定跳远均值城乡差异 F、t 检验

时间	城市		乡村		F 检验		t/t′ 检验	
	$\bar{x} \pm s$/cm	N	$\bar{x} \pm s$/cm	N	F 值	P	t′/t	P
1985 年	150.27 ± 22.70	102 284	146.74 ± 23.53	102 562	1.08	<0.001	34.53	<0.001
1995 年	156.63 ± 25.17	52 713	156.53 ± 24.24	51 833	1.08	<0.001	0.68	<0.001
2005 年	150.53 ± 24.81	58 682	150.97 ± 24.76	57 886	1.00	<0.001	30.45	<0.001
2014 年	148.80 ± 25.34	53 555	149.31 ± 26.14	53 433	1.06	<0.001	22.87	<0.001

（2）爆发力发展性别差异（表 4－34 至表 4－36）。

总体分析，1985—2014 年，中国 7～18 岁汉族男、女生立定跳远均值差异，有增大趋势，但幅度不大。1985 年、1995 年、2005 年、

2014年7~18岁汉族男、女生立定跳远均值差值分别为25.41cm、28.28cm、30.14cm、28.96cm。对比1985—2014年，7~18岁汉族男、女生立定跳远成绩环比增加速度，也显示男生的环比增长速度均高于女生。1991年7~18岁汉族男、女生增长速度差异最大（差值为4.53%）；1995年男、女生增速差异最低（差值为1.96%）。2005年、2010年、2014年7~18岁汉族男、女生环比增速差异相对平稳，差值分别为3.02%、3.02%、3.12%。

从男、女生立定跳远发展的具体年龄差异对比分析，1985—2014年汉族16岁女生立定跳远成绩均值提高最大，累积增加4.6cm；其次为15岁女生，累积增加4.12cm。1985—2014年汉族男生立定跳远成绩均值提高最大发生在15岁，累积增长10.89cm；其次为14岁男生，累积增长9.25cm。2014年，7~14岁女生立定跳远成绩总体均值低于1985年测试成绩，分别降低1.48cm、0.46cm、1.54cm、1.2cm、1.3cm、1.07cm、1.33cm、0.19cm。2014年，男生除8岁外，7~11岁男生立定跳远成绩低于1985年，分别减少3.67cm（7岁）、0.77cm（10岁）、1.9cm（9岁）、1.03cm（11岁）。

表4-34　7~18岁汉族学生立定跳远均值、标准差、样本量统计表

时间	男生		女生	
	$\bar{x} \pm s$/cm	N	$\bar{x} \pm s$/cm	N
1985年	173.91±37.50	205 100	148.50±23.19	204 846
1995年	184.86±39.75	104 720	156.58±24.71	104 548
2005年	180.89±40.85	117 597	150.75±24.79	116 568
2014年	178.01±42.61	107 076	149.05±25.74	106 988

表4－35 7～18岁汉族男、女生立定跳远均值环比增长速度对比统计表

性别	1985年	1991年	1995年	2000年	2005年	2010年	2014年
男生	—	4.77	1.39	－0.66	－1.70	0.51	－2.08
女生	—	3.51	1.76	－1.47	－2.40	0.35	－1.37
差值	—	1.26	－0.37	0.81	0.65	0.16	－0.71

表4－36 1985年与2014年7～18岁汉族男、女生立定跳远均值增长量对比统计表

cm

性别	年龄												均值
	7岁	8岁	9岁	10岁	11岁	12岁	13岁	14岁	15岁	16岁	17岁	18岁	
男生	－3.67	0.92	－0.77	－1.90	－1.03	4.49	7.55	9.25	10.87	8.98	7.12	5.18	3.92
女生	－1.48	－0.46	－1.54	－1.20	－1.30	－1.07	－1.33	－0.19	4.12	4.60	3.36	4.60	1.60

4.2.2.2 速度（50m跑）

（1）速度发展城乡差异（表4－37、表4－38）。

对比1985—2014年，中国7～18岁城、乡汉族男生50m跑成绩差异，1985年、1995年、2005年50m跑测试成绩，城市男生成绩均值优于乡村男生成绩，差值分别为0.3s、0.08s、0.05s；2014年乡村男生成绩均值首次超过城市男生成绩，差值为0.05s。

对比1985—2014年，中国7～18岁城、乡汉族女生50m跑成绩均值差异，城市女生成绩优于乡村汉族女生成绩，总体差异有缩小的趋势。1985年、1995年、2005年、2014年7～18岁城、乡汉族女生50m跑成绩差值分别为0.25s、0.08s、0.12s、0.06s。

表4－37　7～18 岁汉族男生50m 跑均值城乡差异 *F*、*t*检验

时间	城市		乡村		*F* 检验		*t*/*t*′ 检验	
	$\bar{x} \pm s$/s	*N*	$\bar{x} \pm s$/s	*N*	*F* 值	*P*	*t*′/*t*	*P*
1985 年	8.93±1.29	102 443	9.23±1.34	102 657	1.09	<0.001	51.65	<0.001
1995 年	8.83±1.39	52 627	8.91±1.32	52 100	1.10	<0.001	9.54	<0.001
2005 年	8.96±1.54	59 179	9.01±1.46	58 382	1.11	<0.001	5.71	<0.001
2014 年	8.97±1.51	53 517	8.92±1.46	53 512	1.07	<0.001	5.50	<0.001

表4－38　7～18 岁汉族女生50m 跑均值（单位：s）城乡差异 *F*、*t*检验

时间	城市		乡村		*F* 检验		*t*/*t*′ 检验	
	$\bar{x} \pm s$/s	*N*	$\bar{x} \pm s$/s	*N*	*F* 值	*P*	*t*′/*t*	*P*
1985 年	9.86±1.06	102 284	10.11±1.19	102 562	1.25	<0.001	50.20	<0.001
1995 年	9.75±1.11	52 716	9.83±1.14	51 847	1.06	<0.001	11.50	<0.001
2005 年	10.03±1.26	58 624	10.15±1.24	57 866	1.03	<0.001	16.38	<0.001
2014 年	10.01±1.16	53 555	10.07±1.23	53 403	1.12	<0.001	8.20	<0.001

（2）速度发展性别差异（表4－39、表4－40）。

由表4－39 所示，1985—2014 年，中国7～18 岁汉族男、女生速度素质发展存在性别差异。1985—2014 年，中国7～18 岁汉族男生成绩均值整体（除2005 年成绩所有均下降）有提高的趋势，1985 年、1995 年、2005 年、2014 年成绩均值分别为9.08s、8.87s、8.98s、8.95s；而女生成绩整体处于下降的趋势，1985 年、1995 年、2005 年、2014 年成绩均值分别为9.98s、9.79s、10.09s、10.04s，其中2014 年女生50m 成绩有小幅度提高，但均值仍低于1985 年成绩。由表4－40 所示，1985—2014 年，中国7～18 岁汉族男生50m 跑成绩最大增长年龄为14 岁，提高0.33s；其次为15 岁，成绩均值提高0.32s。女生50m 跑成绩最大增长年龄为7 岁和8 岁，成绩均值均提高0.17s。

表4-39 7~18岁汉族男、女50m跑均值、标准差、样本量统计表

时间	男生		女生	
	$\bar{x}\pm s$/s	N	$\bar{x}\pm s$/s	N
1985年	9.08±1.32	205 100	9.98±1.13	204 846
1995年	8.87±1.36	104 728	9.79±1.12	104 565
2005年	8.98±1.50	117 561	10.09±1.26	116 490
2014年	8.95±1.48	107 029	10.04±1.20	106 958

表4-40 1985年与2014年7~18岁汉族男、女生50m跑均值增长量对比统计表

s

性别	年龄												均值
	7岁	8岁	9岁	10岁	11岁	12岁	13岁	14岁	15岁	16岁	17岁	18岁	
男生	-0.07	-0.12	-0.04	0	-0.02	-0.17	-0.29	-0.33	-0.32	-0.19	-0.09	0.02	-0.14
女生	-0.17	-0.17	-0.09	-0.05	-0.02	0.02	0.08	0.11	0.11	0.23	0.27	0.23	0.05

注：负数表示提高的时间，下同。

4.2.2.3 耐力（中长跑）

（1）耐力发展城乡差异（表4-41至表4-44）。

对比1985—2014年，中国7~18岁城、乡汉族男生50m×8往返跑成绩差异。1985年城市汉族男生成绩快于乡村男生0.96s；1995年乡村汉族男生成绩快于城市男生2.99s；2005年城、乡汉族男生成绩差异进一步拉大（差值为3.55s）；2014年乡村汉族男生成绩比城市男生快2.9s。对比1985—2014年，中国7~18岁城、乡汉族女生50m×8往返跑成绩差异，与城乡男生成绩相似。1985年城市汉族女生成绩快于乡村女生1.02s，此后乡村汉族女生成绩优于城市女生；1995年乡村汉族女生成绩快于城市女生2.5s；2005年城、乡汉族女生成绩差异减小到1.59s；2014年城、乡汉族女生成绩差异减小到2.24s。

对比1985—2014年，中国7~18岁城、乡汉族男生1 000m跑成绩

差异，乡村男生成绩一直优于城市男生，两者差异随时间增加而增加。1985 年、1995 年、2005 年、2014 年7～18 岁汉族男生 1 000m 跑成绩差距分别为 3.69s、5.51s、5.37s、6.2s。对比 1985—2014 年，中国 7～18 岁城、乡汉族女生 800m 跑成绩差异，与城乡男生差异不同，乡村汉族女生成绩一直优于城市汉族女生，但两者的差异在不断缩小，1985 年、1995 年、2005 年、2014 年7～18 岁汉族女生 800m 跑成绩差值分别为 11.12s、10.51s、9.66s、7.73s。

表4－41　7～12 岁汉族男生 50m×8 往返跑均值城乡差异 F、t检验

时间	城市		乡村		F 检验		t/t' 检验	
	$\bar{x}\pm s$/s	N	$\bar{x}\pm s$/s	N	F 值	P	t'/t	P
1985 年	113.71 ± 11.37	51 354	114.67 ± 11.58	51 342	1.04	<0.001	13.35	<0.001
1995 年	116.95 ± 14.01	26 344	113.96 ± 12.37	25 995	1.28	<0.001	25.94	<0.001
2005 年	125.83 ± 20.16	29 608	122.28 ± 17.42	28 932	1.34	<0.001	30.45	<0.001
2014 年	126.05 ± 18.52	26 820	123.15 ± 17.29	26 854	1.15	<0.001	18.75	<0.001

表4－42　7～12 岁汉族女生 50m×8 往返跑均值城乡差异 F、t检验

时间	城市		乡村		F 检验		t/t' 检验	
	$\bar{x}\pm s$/s	N	$\bar{x}\pm s$/s	N	F 值	P	t'/t	P
1985 年	120.22 ± 11.92	51 356	121.24 ± 12.29	51 341	1.06	<0.001	13.50	<0.001
1995 年	121.64 ± 13.42	26 393	119.14 ± 12.69	25 986	1.12	<0.001	21.93	<0.001

续表

时间	城市		乡村		F 检验		t/t′ 检验	
	$\bar{x}\pm s$/s	N	$\bar{x}\pm s$/s	N	F 值	P	t′/t	P
2005 年	130.18 ± 20.24	29 064	128.59 ± 18.48	28 644	1.20	<0.001	9.85	<0.001
2014 年	129.85 ± 16.56	26 813	127.61 ± 15.97	26 777	1.08	<0.001	15.93	<0.001

表 4-43 13～18 岁汉族男生 1 000m 跑均值（s）城乡差异 F、t 检验

时间	城市		乡村		F 检验		t/t′ 检验	
	$\bar{x}\pm s$/s	N	$\bar{x}\pm s$/s	N	F 值	P	t′/t	P
1985 年	247.89 ± 26.24	51 089	244.20 ± 25.20	51 315	1.08	<0.001	22.94	<0.001
1995 年	252.75 ± 29.37	26 258	247.24 ± 27.66	26 010	1.13	<0.001	22.09	<0.001
2005 年	274.79 ± 39.18	29 142	269.42 ± 37.23	29 160	1.11	<0.001	16.96	<0.001
2014 年	277.44 ± 42.12	26 650	271.24 ± 39.94	26 702	1.11	<0.001	17.44	<0.001

表 4-44 13～18 岁汉族女生 800m 跑均值（s）城乡差异 F、t 检验

时间	城市		乡村		F 检验		t/t′ 检验	
	$\bar{x}\pm s$	N	$\bar{x}\pm s$	N	F 值	P	t′/t	P
1985 年	241.27 ± 25.32	50 928	230.15 ± 23.11	51 221	1.20	<0.001	73.33	<0.001
1995 年	243.34 ± 26.60	26 286	232.83 ± 24.64	25 768	1.16	<0.001	46.77	<0.001

续表

时间	城市		乡村		F检验		t/t′检验	
	$\bar{x}\pm s$	N	$\bar{x}\pm s$	N	F值	P	t′/t	P
2005年	266.56±33.61	29 369	256.90±30.48	29 198	1.22	<0.001	36.43	<0.001
2014年	265.40±35.22	26 637	257.67±32.67	26 658	1.16	<0.001	26.27	<0.001

（2）耐力发展性别差异（表4－45至表4－47）。

1985—2014年，中国7～12岁汉族男、女生50m×8往返跑成绩存在性别差异。整体分析，汉族男生成绩逐年降低，1985年、1995年、2005年、2014年成绩均值分别为114.19s、115.46s、124.07s、124.60s；汉族女生耐力发展与男生稍有不同，成绩也不断下降，1985年、1995年、2005年成绩均值分别为120.73s、120.40s、129.39s，2014年成绩下滑的趋势有所缓解，成绩均值为128.74s。

1985—2014年，中国7～12岁汉族男生50m×8往返跑成绩最大下降年龄为9岁，下降值为11.86s；其次为10岁汉族男生，下降值为11.23s。7～12岁汉族女生50m×8往返跑成绩最大下降年龄同为9岁，比1985年成绩下降了9.17s；其次是8岁汉族女生，成绩下降了8.72s。

分析1985—2014年中国13～18岁汉族男生1 000m跑和汉族女生800m跑成绩，13～15岁汉族男、女生成绩整体下降趋势有所缓和，1985年与2014年汉族男生13～15岁增量（成绩下降）分别为35.67s、26.42s、22.59s；1985年与2014年汉族女生分别为30.92s、26.32s、21.79s。1985年、1995年、2005年、2014年15～18岁汉族男、女生中长跑成绩随着年龄的增长，进一步下滑。

表4－45 7～12岁汉族男、女生50m×8往返跑均值、标准差、样本量统计表

时间	男生		女生	
	$\bar{x} \pm s$/s	N	$\bar{x} \pm s$/s	N
1985年	114.19±11.48	102 696	120.73±12.12	102 697
1995年	115.46±13.30	52 339	120.40±13.12	52 379
2005年	124.07±18.94	58 540	129.39±19.40	57 708
2014年	124.60±17.98	53 674	128.74±16.31	53 590

表4－46 7～12岁汉族男、女生50m×8往返跑均值增长量对比统计表

s

性别	年龄					
	7岁	8岁	9岁	10岁	11岁	12岁
男生	1.85	11.08	11.86	11.23	9.65	8.66
女生	7.57	8.72	9.17	8.04	6.78	7.69

表4－47 1985与2014年汉族男、女生中长跑成绩均值增长量对比统计表

s

性别	年龄						均值
	13岁	14岁	15岁	16岁	17岁	18岁	
男生	35.67	26.42	22.59	26.42	29.16	29.27	28.26
女生	30.92	26.32	21.79	25.41	25.96	25.41	25.97

注：男生测试1 000m跑，女生测试800m跑。

4.3 讨论与小结

4.3.1 身体形态发展分析

生长长期趋势（Secular Growth Trend）是近两个世纪以来发生的人类生物学重大现象之一，表现为儿童生长水平提高，青春期发育提前，成年身高持续增长（胡佩瑾，等，2005）。现有研究中，季成叶等分析中国大城市儿童、青少年 1979—2005 年的生长长期趋势发现：1985—1995 年身高增长最快；廖文科（2009）的研究也表明各类学生 1985—1995 年的身高增长幅度大于 1995—2005 年的身高增长幅度。本研究进一步计算出 2005—2014 年中国汉族学生的身高发展总体趋势，男生 2005—2014 年的身高累积增长量（2.49cm）高于男生 1995—2005 年的身高累积增长量（2.09cm），低于男生 1985—1995 年的身高累积增长量（3.29cm）；女生身高也存在同样的发展趋势。这表明 2005—2014 年中国汉族 7～18 岁学生身高仍处于较高的正向加速增长期。1985—1995 年中国汉族学生身高增长较大的原因，可能与我国在 20 世纪 80 年代初实施改革开放有关。社会经济条件改善，儿童、青少年营养状况改善，影响儿童、青少年健康的常见疾病得到有效预防和控制，儿童、青少年生长发育出现了长期加速。儿童、青少年生长发育既有生长长期变化现象，也有克服了前期不良因素造成的发育迟滞，而出现加速回归原有的长期变化轨迹的现象（马军，吴双胜，宋逸，胡佩瑾，张兵，2010）。

本研究发现，1985—2014 年，中国 7～18 岁汉族男、女生身高均值差异不断增加，1985 年、1995 年、2005 年、2014 年汉族男、女生身高均值差值分别为 3.27cm、4.03cm、4.64cm、5.13cm，即身高的性别差异在不断扩大。究其原因，可能是男、女基因生长潜力不同，男性的体格发育对良好生活环境的反应比女性灵敏，但也易受营养不良、疾病和不良社会因素影响，因此身高性别差异可作为反映生活环境良好与否的生物学指征（Papadimitriou，2001）。1985—2014 年，中国 7~18 岁汉族男生身高增长趋势大于女生，可能是由于我国生活环境不断良性改变。

1985—2014 年，中国 7~18 岁汉族学生体重发展趋势与身高稍有不同，7~18 岁汉族男、女学生 2005—2014 年的体重累积增长量为最高值，说明 2005—2014 年中国儿童、青少年体重增长最快。同时期，在身高增长并不是最大的情况下，体重增长量最大，BMI（体重/身高^2）的值相应变大，超重、肥胖的问题则会伴随而出。

1985—2014 年，中国 7~18 岁汉族学生身体形态发展存在性别差异。分析 1985—2014 年中国 7~18 岁汉族学生生长突增期发现，男生身高的最大增加年龄为 13 岁，1995—2014 年最大增长年龄提前至 12 岁。男生体重最大增加年龄比身高滞后，1991 年、1995 年为 13 岁，2000 年后提前至 12 岁。这说明汉族男生先纵向发展，后横向发展；女生有所不同，汉族女生身高、体重的最大增量年龄相同，即女生纵向和横向的发展趋势基本吻合，预示着女生的身体形态可能优于男生。季成叶等人分别计算城乡男、女儿童、青少年肥胖率和超重率的结果显示，与本研究的男、女生超重趋势分析相吻合（季成叶，等，2004）。从汉族男、女生身高增长量和增长速度分析，男、女差异进一步增大。

单因素分析，1985—2014 年，中国 7~18 岁城、乡汉族男、女生身高、体重差异显示，城市汉族男、女生身高均值高于乡村汉族男、女生，但随着时间的变化，两者差距逐渐减小。这可能是由于乡村儿童、青少年在 20 世纪 80 年代营养水平和生长发育处于较低水平，比城市学生存在较大的生长发育潜能（廖文科，2009）。

对比 1985—2014 年，中国 7~18 岁城、乡汉族男、女生体重差异，城市汉族学生体重均值大于乡村汉族学生。1985—2010 年体重差值不断增加，2014 年汉族男、女生城乡差异均有缩小的趋势。

4.3.2 身体素质发展分析

身体素质是在先天性遗传和后天获得的基础之上，人体在运动、劳动与生活中所表现出来的力量、速度、耐力、灵敏及柔韧性等机能能力。身体素质是人体活动的一种能力。本研究将爆发力、速度、耐力作为1985—2014年，中国7～18岁汉族学生身体素质的研究内容，用立定跳远、50m跑和中长跑作为研究指标。没有选择灵敏、柔韧性和力量指标的主要原因为：中国学生体质健康测试中没有灵敏素质测试指标；柔韧性指标在7次测试中由立位体前屈改为坐位体前屈，指标测试的一致性上有欠缺；力量素质的测试指标为男生斜体引体向上（7～12岁）、引体向上（13～18岁），女生为仰卧起坐。力量素质的测试与被测试者的动作完成幅度有密切关系，指标的可靠性有一定程度损失，且力量素质与爆发力有密切关系，爆发力属于力量素质中的一种（田麦久，等，2012），本研究选取了爆发力为研究内容。爆发力（立定跳远）、速度（50m跑）和耐力（中长跑）分别是距离和时间的测量指标，相对个数（引体向上、仰卧起坐）的计算，数据相对可靠。

1985—2014年，中国7～18岁汉族学生的爆发力、速度、耐力素质有不同的变化趋势。

4.3.2.1 爆发力（立定跳远）

1985—2014年，中国7～18岁汉族学生立定跳远发展趋势有起伏。其中，男、女生均在较高年龄组，男生在12～18岁、女生在15～18岁立定跳远成绩相对1985年成绩有所提高，其余年龄组成绩低于1985年成绩。7次测试结果表明，1991年中国7～18岁汉族男、女生立定跳远成绩提高幅度较大，发展趋势与身体、体重指标一致。1991—1995年中国7～18岁汉族男、女生立定跳远成绩继续上升，但立定跳远成绩增长幅度低于1991年；2000年中国7～18岁汉族男、女生立定跳远成绩开始下降；2005年7～18岁汉族男、女生立定跳远成绩进一步下降；2010年中国7～18岁汉族男、女生立定跳远成绩下降趋势有所缓和，但立定跳远成绩（除女生7岁）均值仍高于1985年成绩；2014年中国7～18岁汉族男、女生立定跳远成绩均值有近一半的年龄组低于了1985年成绩，尤其是7～11岁女生和7～14岁男生的腿部爆发力素质降低最明显。这一方面可能与低龄学生的体力活动不足有关，也有可能与低龄学生对立定跳远的技术动作掌握不够有关。随着时代的发展，社会经济发展日益增强，体育文娱活动项目不断丰富，但很多技巧类项目对技术要求较高，对体能要求不高。而20世纪80—90年代学校体育教学内容相对单一，体育课主要练习田径项目，对学生基础身体素质测试可能有一定帮助。1990年中国北京首次承办亚洲运动会，这是改革开放后，我国首次承办的大型综合型运动会。亚洲运动会筹办期间，对体育活动的宣传、教育、推广有很大促进作用，体育设施也得到了改善，这些因素都极大地促进了全民健身的发展。这可能也是1991年中国学生体质与健康测试成绩提升显著的重要原因之一。

1985—2010年，整体分析中国7～18岁城、乡汉族男、女生立定跳远成绩均值结果显示，1985年城市汉族男生立定跳远成绩高于乡村汉族男生立定跳远成绩，但差距不断缩小，2014年（2000年城乡差异不显著）乡村汉族男生首次立定跳远成绩均值高于乡村汉族男生立定跳远成绩。汉族女生也有同样的趋势，但乡村汉族女生在2005年立定跳远成绩已超过城市汉族女生立定跳远成绩。汉族男、女生立定跳远均值差异有增大的趋势，但幅度不大。

4.3.2.2 速度（50m跑）

相对于其他身体素质指标，1985—2014年，中国7～18岁汉族学生速度素质成绩均值变化幅度不大，2014年汉族男生成绩均值整体有所提高。速度素质发展存在性别和城乡差异。

1985—2014年，中国7～18岁汉族男生50m跑发展趋势总体为先提高、后下降、再提高的过程，即1985—1991年汉族男生50m跑成绩提高显著，2010—2014年汉族男生50m跑成绩也有所提高，1991—2010年汉族男生50m跑成绩均值轻度下降。在本研究的3个身体素质测试成绩分析中，1985—2014年，中国7～18岁汉族男生50m跑成绩相比1985年成绩（除个别年龄组）均有提高。汉族女生50m跑成绩发展趋势与男生不同。7～18岁汉族女生不同年龄组发展趋势不同，整体上7～11岁汉族女生50m跑成绩有所提升，但12～18岁汉族女生50m跑成绩从2000年（其他年龄组环比成绩下降，但累积成绩仍优于1985年成绩）开始下降，至2014年低于1985年汉族女生50m跑成绩均值。

从运动训练学分析，速度素质包括反应速度、动作速度和移动速度。50m跑属于测试移动速度。在学生身体素质普遍下降的时期，1985—2014年，中国7～18岁汉族学生50m跑成绩没有显著下降，男生成绩虽出现过下降的趋势，但总体成绩均值环比、累积均表现出提高的趋势。原因可能与身体形态、体脂百分比的改变有一定关系。运动训练学认为身体形态、体脂百分比是移动速度的影响因素之一（田麦久，等，2012）。而1985—2014年，中国7～18岁汉族学生的身高、体重不断提高，对身体形态和体脂百分比有一定影响；另一方面，可能是因为速度素质和遗传有一定关系。军事训练学有实验证明，某种基因对速度素质有显著影响（黄昌林，等，2008）。这些因素可能是导致速度素质能够保持相对稳定的主要原因。

对比城乡汉族学生速度素质发展趋势，城市汉族女生速度素质均值一直高于乡村汉族女生，但是差距在不断缩小；城市汉族男生前20年成绩优于乡村汉族男生，2010年城乡差异不显著，2014年乡村汉族男生50m跑成绩首次超过城市汉族男生。

4.3.2.3 耐力素质（中长跑）

1985—2014年，中国7～18岁汉族学生耐力测试均值处于全面下滑的趋势，环比和累积均值指标从1991年至2014年均处于下降状态。

7～12岁汉族男、女生测试耐力的指标为50m×8往返跑。汉族男、女生成绩发展趋势有相似部分。汉族男、女生耐力素质均处于不断下降的状态，但在2014年环比成绩均有所提高。汉族女生的环比成绩从2010年已显示有提高（累积成绩仍低于1985年成绩），说明汉族男、女生50m×8往返跑成绩均值虽一直下降，但有下降放缓的趋势。

13～18岁汉族男生测试1 000m、女生测试800m。汉族男、女生均在2010年成绩环比均值有提高，但是2014年再次环比成绩下降。

1985—2014 年，中国 7～18 岁汉族学生耐力素质存在城乡差异。其中，仅在 1985 年 7～18 岁城市汉族男、女生 50m×8 往返跑成绩优于乡村男、女生，1995 年后，汉族乡村男、女生耐力成绩超过城市汉族男、女生。对比 7～18 岁城、乡汉族男生 1 000m 跑成绩，乡村汉族男生 1 000m 跑成绩一直优于城市汉族男生，两者差异随时间推移而增加；对比 7～18 岁城、乡汉族女生 800m 跑成绩，与城乡汉族男生差异不同，乡村汉族女生 800m 跑成绩也一直优于城市女生，但两者差异在不断缩小。

耐力素质可以分为肌肉耐力和心血管耐力。影响耐力素质的因素包括有氧代谢能力、体内能源物质的储存、支撑运动器官承受长时间工作的能力以及运动员心理对疲劳的耐受程度（田麦久，等，2012）。田麦久等（2012）认为运动员的意志品质对耐力项目的成绩起着重要作用。本研究中身体素质下降幅度最大的是耐力素质。长跑锻炼是一项既能提高心肺功能又能培养意志品质的锻炼项目，但在 2005 年 7～18 岁汉族学生的体质测试调查中显示，只有 34.1% 的学生“愿意参加长跑锻炼”，且“愿意”的比例随年级增加而降低，中学阶段只有 20% 的人“愿意”。明确表示“不愿意参加长跑锻炼”的学生达到 23.2%。而在“不愿意参加长跑锻炼的原因”中，认为“太累”的学生高达 78.4%。另外，因为学生不喜欢长跑，有 36.9% 的被调查学校基本不组织长跑，46.7% 的学校“偶尔组织”，只有 16.4% 的学校“经常组织开展长跑活动”（每星期 1 次）（中国学生体质与健康研究组，2007）。这些主观和客观原因造成了学生耐力素质的持续下降。

4.3.3 身体形态、身体素质整体长期趋势分析

本研究从人口、健康转变和社会经济发展方面分析 1985—2014 年中国 7～18 岁汉族中小学生身体形态和身体素质发展趋势，主要从不同阶段发展的性别模式、城乡模式、年龄模式进行阐述和分析。

4.3.3.1 身体形态、身体素质快速发展期（1985—1995年）

1985—1995年，中国7～18岁汉族中小学生5项指标处于快速发展时期，其中1985—1991年尤其明显（图4－1～图4－6）。其间，中国社会经历了历史性变革，人口转变经历了快速发展期，改革开放进入初、中期。中国学生体质健康影响因素研究中，比较关注个人层次因素，但实际上宏观的人口发展模式、社会经济发展状况是起着决定性作用的“上游因素”，是“原因背后的原因”。

人口转变（Demographic Transition）是指出生率和死亡率从高水平向低水平的转变过程。中国人口转变始于20世纪50年代初期，总和生育率从20世纪90年代初期开始下降到更替水平以下，实现了人口再生产类型的历史性转变（郑晓瑛，等，2014）。从参加测试者的出生、成长年代分析，1985年测试学生生于1967—1978年，中国尚未实施独生子女政策，成长于将要全面进行改革开放时期。参加1995年测试的学生生于1977—1988年，这批学生较多为独生子女，成长于改革开放后的中国。一方面是社会经济的飞速发展，另一方面是家庭规模的逐步缩小，两者合力改变了个人层面的物质环境因素。

个体层面分析，①儿童、青少年的营养状况得到改善。社会经济发展对儿童、青少年发育成长起到积极作用。1985年我国人均国内生产总值为855元，1995年达到4 854元；城镇人均食品支出从352元提升至1 766元；乡村人均食品支出从183元提高到768元。营养状况的改善，影响儿童、青少年健康的常见疾病得到有效预防和控制，儿童、青少年生长发育出现了长期加速，身体形态、身体素质正向发展。②生长长期变化的原因。生长长期趋势是近2个世纪以来发生的人类生物学重大现象之一，表现为儿童、青少年生长水平提高，青春期发育提前，成年身高持续增长（胡佩瑾，季成叶，2005）。儿童、青少年身体形态、身体素质的快速发展既有生长长期变化现象，也有克服了前期不良因素造成的发育迟滞而出现加速回归原有的长期变化轨迹的现象（马军，等，2010）。③学校体育的快速发展。此阶段国家体育设施具有教育化导向。国家政策关注学校体育发展对体育设施的要求，关注学生体质健康、推行学生体育合格标准对体育设施的要求（孙成林，等，2014）。1982年，我国开始实施《国家体育锻炼标准》。这项体育标准打破了学校体育由体育职能部门统揽的格局，开创了一个由学校各方面参与的管理模式，改变了只以运动能力衡量学生体育素养的评价标准，建立了多目标、多方位考查学生体育素养的评价体系。据统计，1979—1982年我国达到《国家体育锻炼标准》及格以上的人数是1978年的8倍，1989年比1983年增加4 694万人，6年间年均增长近800万人；1994年比1987年增长近3 000万人，4年间年均增长700多万人。1993年实施《国家体育锻炼标准》的学校达到76%（范立仁，1996）。1990年北京首次承办亚运会，政府加大了对体育的宣传力度，体育基础设施得到改善，国人对体育的热情空前高涨，对体育的重视程度也影响了学生的身体形态、素质发展。

从城乡发展模式分析，1985—1995年中国7～18岁汉族农村学生身体形态发展低于城市。有研究表明，我国农村学生的身体形态发育滞后于城市学生约15年，与城乡经济发展的差距大致一体（廖文科，2009）。身体素质方面，城市学生爆发力、速度素质领先于农村学生，但差距在缩小。这可能是由于乡村儿童、青少年在20世纪80年代营养水平和生长发育处于较低水平，比城市学生存在较大的生长发育潜能（廖文科，2009）。

从性别发展模式分析，1985—1995年中国7～18岁汉族男、女生性别整体发展趋势较为相似，但发展程度、速度有所不同。男、女生身高增长性别差异开始显现；男生体重、爆发力的发展速度快于女生（1991年差值为4.53%）。此阶段男、女生耐力素质均开始下降，趋势较缓和，但男生环比下降速度高于女生；指标发展的最大增龄有性别差异，这可能与男、女生青春期时间不同有密切关系。

从年龄发展模式分析，1985—1995年中国7～18岁汉族男、女生中男生指标发展的最大增量多发生在13岁、14岁，女生为12岁、13

岁。在耐力素质中，女生7～12岁组成绩稍有提升，但13～18岁女生和7～18岁男生均从1985年开始处于下降状态。

4.3.3.2 身体形态、身体素质反向发展期（1995—2014年）

1995—2014年，中国7～18岁汉族学生身体形态和身体素质指标呈反向发展的趋势。身体形态继续正向增长，但身体素质开始较大幅度下降，尤其是耐力素质的下降令人担忧，背后原因值得探究。

20世纪90年代以来，我国人口结构、疾病模式继续发生着深刻和更为快速的变化（郑晓瑛，宋新明，2014），中国社会经济发展持续增长，在这种宏观背景下，儿童、青少年的成长和发展必然发生着相应变化。人口结构的改变导致家庭结构的变化。我国家庭成员构成数量进一步减少，中国平均家庭规模由1982年的4.41人降至2000年的3.44人，2010年第六次全国人口普查时平均每个家庭户的人口为3.1人。2005年测试人群出生于1987—1998年，2014年测试人群出生于1996—2007年，属于“80后”“90后”和“00后”人群。我国的疾病模式也从急性病模式转向慢性病模式。经济方面，中国社会处于改革开放成果日益显著时期，物质生活水平进一步提升。人口和经济变化对个人生活方式、行为模式产生了深刻的影响。

个体层面分析（陈艳飞，等，2008；杜发强，等，2014；费加明，2014；牛丽丽，等，2014；王跃生，2013；吴增强，等，2007；徐若兰，2001；中国学生体质与健康研究组，2007），（1）营养过度和失衡。经济发展带来的食品供应丰富和居民购买力的提高，导致我国居民饮食结构在短期内发生显著变化，从相对单调的饮食向以加工食品和动物食品为主的富含糖、脂肪的饮食转变（Stuckler，2008）。此阶段收入增加带来的饮食改变开始朝向不利于健康的方向发展。特别值得注意的是，我国儿童、青少年超重肥胖率增长速度更为惊人。北京、天津、石家庄、沈阳、济南、上海六城市是超重肥胖率高及其增长趋势出现较早的地区，六城市7～18岁男性和女性的超重肥胖率分别从1985年的3.6%和3.1%快速增长到2000年的23.3%和14.8%（季成叶，等，2004）。本研究中男生体重的发展呈线性增长趋势（趋势检验显著）。（2）青少年生活方式的影响。社会经济发展促进了现代化生活水平的提高，电气化、机械化和自动化程度的提高改变了人们的生产和生活方式，也导致了青少年身体活动大量减少。（3）学校体育发展相对滞后。目前的教育体制，中小学表面上课程负担减轻，但是课外辅导班的盛行，反而让中小学生不堪重负。许多家长重视学习，轻视体育锻炼。根据一项国家科技支撑项目调查，我国仅有不到60%的儿童、青少年达到WHO提出的体力活动推荐量。学业负担过重、睡眠不足、精神紧张、升学压力过大，影响学生身体素质的发展；现有的教育体制轻视体育作用，学校体育边缘化，体育设施投入不足，影响学生身体素质发展。（4）少子女、核心化也导致很多独生子女怕苦嫌累，意志力较为薄弱，这也是导致中小学生耐力素质显著下降的主要原因。

从城乡发展模式分析，1985—2014年中国7~18岁汉族学生城市男生身高高于乡村男生，差距不断缩小；城市男生体重大于乡村男生，但差距增大。乡村男、女生立定跳远成绩反超城市男、女生成绩。速度方面，乡村男生成绩反超城市男生成绩，城市女生成绩仍高于乡村女生成绩，但差距不断缩小。耐力素质，男生1 000m跑成绩，乡村男生成绩优于城市男生成绩，城乡差异加剧；女生800m跑成绩，乡村女生成绩优于城市女生成绩，但差距缩小。

从性别发展模式分析，1995—2014年中国7~18岁汉族男生身高的最大增加年龄在1991年（13岁），从1995年至2014年最大增长年龄提前至12岁。男生体重最大增加量年龄比身高滞后一些时间，1991年、1995年为13岁，2000年后提前至12岁。这说明男生先纵向发展，后横向发展；女生有所不同，女生身高、体重的最大增量年龄相同，即女生纵向和横向的发展趋势基本吻合，预示着女生的身体形态可能优于男生的身体形态。季成叶等分别计算城乡男、女儿童、青少年肥胖率和超重率的调查结果与本研究的男、女生超重趋势分析相吻合（季成叶，孙军玲，2004）。

从年龄发展模式分析，1995—2014 年中国 7～18 岁汉族学生爆发力素质方面，男生在 12～18 岁、女生在 15～18 岁的成绩有所提高，其余年龄组成绩下降。

5　不同区域汉族学生身体形态、身体素质长期趋势分析

5.1 区域身体形态、身体素质趋势分析

5.1.1　区域身体形态描述与分析

5.1.1.1　身高（表5－1、表5－2）

1985—2014年不同省、自治区、直辖市7岁、12岁、18岁汉族男、女学生身高随时间变化不断增高，具有区域特点。

1985年、1995年、2005年、2014年不同省、自治区、直辖市7岁、12岁、18岁汉族男生身高排名动态变化如下：7岁男生身高排名前三的省、直辖市为山东、天津、北京；12岁男生身高排名前三的省、直辖市为上海、山东、北京；18岁男生身高排名前三的省、直辖市为辽宁、天津、黑龙江。7岁男生身高排名后三的省、直辖市为青海、重庆、贵州；12岁男生身高排名后三的省市为青海、重庆、贵州；18岁男生身高排名后三的省、自治区、直辖市为广西、重庆、贵州。

对比1985年、2014年排名变化，7岁男生身高排名上升最大的前三个省依次为福建（14）（数字表明上升或下降的秩次，下文同）、浙江（9）、江苏（6）；7岁男生身高排名降低最大的省、自治区、直辖市依次为辽宁、上海、内蒙古（3个省、自治区、直辖市均下降5个名

次)、海南（6）和新疆（16）。12 岁男生身高排名随时间提升最大的 3 个省依次为福建（11）、安徽（9）、湖北（7）；下降最大的省、自治区依次为山西（7）、陕西（7）、海南（10）、新疆（11）。18 岁排名随时间提升最大的 3 个省、自治区依次为内蒙古（6）、吉林（5）、黑龙江（3）；下降最大的省、直辖市依次为上海（5）、浙江（5）、陕西（6）、河南（7）。

1985 年、1995 年、2005 年、2014 年不同省、自治区、直辖市 7 岁、12 岁、18 岁汉族女生身高排名的动态变化如下：7 岁女生身高排名前三的省、直辖市与男生一致，分别为山东、天津、北京；12 岁身高排名前三的省、直辖市为山东、上海、北京（与男生前三名省、直辖市相同，仅山东、上海位置调换）；18 岁女生身高排名前三的省、直辖市为辽宁、天津、山东（男生名单中黑龙江省替换了山东省）。7 岁女生身高排名后三的省、直辖市为重庆、青海、贵州；12 岁女生身高排名后三的省、直辖市为青海、贵州、重庆；18 岁女生身高排名后三的省、自治区、直辖市为广西、重庆、贵州。

对比 2014 年、1985 年各省、自治区、直辖市 7 岁、12 岁、18 岁汉族女生身高变化，7 岁女生身高排名上升最大的前三个省依次为福建（11）、安徽（7）、江苏（5）；7 岁女生身高排名降低最大的省、自治区依次为黑龙江、吉林（5）、海南（6）和新疆（18）。12 岁女生身高排名随时间提升最大的省、自治区依次为福建（8）、江苏（5）、江西（5）、山东（4）、吉林（4）、湖北（4）、广西（4）；12 岁女生身高下降最大的省、自治区依次为山西（6）、陕西（7）、新疆（11）。18 岁女生身高排名随时间提升最大的省为吉林（11）、青海（10）、河北（7）；18 岁女生身高下降最大的省、自治区为河南（5）、内蒙古（6）、新疆（7）。

表5-1 1985—2014年中国各省、自治区、直辖市7岁、12岁、18岁汉族男生身高均值秩次排名表

省、自治区、直辖市	7岁					12岁					18岁				
	1985年	1995年	2005年	2014年	排名	1985年	1995年	2005年	2014年	排名	1985年	1995年	2005年	2014年	排名
辽宁	2	3	5	7	4	5	6	6	6	5	1	2	2	4	1
天津	4	1	2	3	2	4	1	5	4	4	4	1	1	6	2
黑龙江	11	6	6	15	8	10	7	7	12	8	5	3	3	2	3
北京	1	5	4	4	3	1	4	2	5	3	2	7	7	1	4
上海	5	9	7	10	7	3	3	1	2	1	3	4	4	8	5
山东	3	2	1	1	1	2	2	3	3	2	7	5	5	5	6
新疆	9	14	22	25	19	9	12	12	20	13	6	9	9	7	7
吉林	7	10	27	9	12	15	16	15	13	15.5	8	12	12	3	8
河南	10	13	19	12	13	6	14	11	11	10	9	6	6	16	9
河北	6	4	9	5	6	8	5	4	8	7	13	8	8	12	10
江苏	8	8	3	2	5	7	8	8	1	6	11	11	11	9	11
内蒙古	12	7	14	17	10	14	13	17	14	14	17	10	10	11	12
甘肃	14	17	16	16	16.5	12	15	16	16	15.5	12	14	14	13	13
宁夏	13	15	21	13	15	16	20	18	17	18	10	17	17	10	14
山西	15	11	12	18	14	11	10	13	18	12	15	13	13	14	15
浙江	17	12	8	8	9	13	11	9	7	9	14	16	16	19	16
湖北	22	23	11	19	20	22	18	14	15	17	20	15	15	20	17
安徽	16	19	17	11	16.5	19	25	26	10	20	19	19	19	17	18
福建	20	16	10	6	11	20	9	10	9	11	21	18	18	18	19
陕西	18	20	13	14	18	17	23	23	24	22	16	20	20	22	20
青海	26	—	28	28	28	23	—	27	29	28	18	—	29	15	21
江西	24	25	20	20	22.5	24	22	21	19	21	23	22	22	21	22
云南	21	22	25	23	24	21	21	28	21	24	24	21	21	23	23
广东	19	21	23	22	21	18	19	20	22	19	22	24	24	24	24
四川	25	26	24	27	27	25	26	24	28	26.5	26	23	23	25	25
湖南	23	27	18	21	22.5	27	24	19	23	25	25	25	25	26	26
海南	—	24	15	30	25	—	17	22	27	23	—	26	26	29	27

续表

省、自治区、直辖市	7岁 1985年	7岁 1995年	7岁 2005年	7岁 2014年	7岁 排名	12岁 1985年	12岁 1995年	12岁 2005年	12岁 2014年	12岁 排名	18岁 1985年	18岁 1995年	18岁 2005年	18岁 2014年	18岁 排名
广西	27	18	26	24	26	26	27	25	25	26.5	27	27	27	28	28
重庆	—	—	30	26	29	—	—	29	26	29	—	—	30	27	29.5
贵州	28	28	29	29	30	28	28	30	30	30	28	28	28	30	29.5

注：1985年没有海南、重庆数据；1995年没有青海、重庆数据；下同。

表5－2 1985—2014年中国各省、自治区、直辖市7岁、12岁、18岁汉族女生身高均值秩次排名表

省、自治区、直辖市	7岁 1985年	7岁 1995年	7岁 2005年	7岁 2014年	7岁 排名	12岁 1985年	12岁 1995年	12岁 2005年	12岁 2014年	12岁 排名	18岁 1985年	18岁 1995年	18岁 2005年	18岁 2014年	18岁 排名
辽宁	4	3	6	7	4.5	4	5	7	2	5	1	2	4	4	1
天津	3	1	1	3	1.5	3	1	6	5	4	4	1	1	8	2
山东	2	2	3	1	1.5	5	2	2	1	1	6	4	2	3	3
北京	1	6	5	5	3	1	3	3	6	3	3	9	3	1	4
上海	5	9	2	6	6	2	4	1	4	2	5	3	7	6	5
黑龙江	12	5	7	17	8.5	11	7	4	11	8	9	6	5	5	6
新疆	10	13	22	28	18	7	12	14	18	13	2	5	10	9	7
江苏	7	7	4	2	4.5	8	8	5	3	6	7	8	8	10	8.5
吉林	8	12	21	13	12	12	10	13	8	10	13	12	6	2	8.5
内蒙古	11	8	14	8	8.5	15	14	11	15	14	8	7	12	14	10
河北	6	4	10	4	7	6	6	9	7	7	18	11	9	11	11
青海	28	—	28	27	29	24	—	25	28	28	17	—	16	7	12
宁夏	15	16	27	11	17	16	19	18	14	16	11	17	14	12	13
河南	9	15	24	12	15	9	15	12	13	12	14	10	13	19	14
甘肃	13	21	18	16	16	18	18	16	17	17	12	13	17	15	15
福建	20	10	9	9	10.5	17	13	8	9	11	15	14	11	18	16
浙江	14	11	8	15	10.5	10	9	10	10	9	10	18	18	13	17

续表

省、自治区、直辖市	7岁					12岁					18岁				
	1985年	1995年	2005年	2014年	排名	1985年	1995年	2005年	2014年	排名	1985年	1995年	2005年	2014年	排名
山西	16	14	15	14	14	13	11	19	19	15	21	15	15	17	18
湖北	22	24	11	18	19	20	20	15	16	19	20	16	21	16	19
安徽	17	18	12	10	13	14	22	22	12	18	16	19	24	20	20
陕西	18	20	19	19	20.5	19	23	24	26	23	19	20	19	23	21
云南	21	22	23	22	24	22	16	27	25	21	23	22	20	21	22
广东	19	19	17	21	20.5	21	17	17	22	20	22	21	26	22	23
江西	23	26	25	20	25	28	26	23	23	26.5	24	23	22	26	24
湖南	25	27	20	25	26	23	25	26	20	24	25	26	23	25	25
四川	24	25	26	24	27	26	27	20	27	26.5	26	25	25	24	26
海南	—	23	13	29	23	—	21	28	24	25	—	24	28	28	27
广西	26	17	16	23	22	25	24	21	21	22	27	27	27	29	28
重庆	—	—	29	26	28	—	—	30	29	30	—	—	29	27	29
贵州	27	28	30	30	30	27	28	29	30	29	28	28	30	30	30

5.1.1.2 体重（表5-3、表5-4）

1985—2014年不同省、自治区、直辖市7岁、12岁、18岁汉族男、女学生体重随时间变化而不断增加。各省、自治区、直辖市学生身高发展呈现区域特点。

综合1985年、1995年、2005年、2014年不同省、自治区、直辖市7岁汉族男生体重排名的动态变化，排名前三的省市为天津、山东、北京；12岁汉族男生体重排名前三的市为北京、天津、上海；18岁汉族男生体重排名前三的省、直辖市为北京、天津、山东。7岁汉族男生体重排名后三的省、直辖市为重庆、青海、贵州；12岁汉族男生体重排名后三的省、直辖市为青海、重庆、贵州；18岁汉族男生体重排名后三的省、直辖市为重庆、海南、贵州。

对比2014年、1985年各省、自治区、直辖市7岁、12岁、18岁汉族男生体重排名变化，7岁汉族男生体重排名随时间提升的省为陕西（10）、浙江（9）、江西（9）；7岁汉族男生体重排名随时间下降的省是四川（9）、云南（12）、安徽（15）。12岁汉族男生体重排名随时间提升的省为浙江（10）、湖北（10）、江苏（6）；12岁汉族男生体重排名随时间下降的省为甘肃（7）、海南（8）、吉林（10）。18岁汉族男生体重排名随时间提升的省、自治区、直辖市为宁夏（5）、广西（5）、天津（4）；18岁汉族男生体重排名随时间下降的省是海南（5）、河南（7）、甘肃（7）。

综合1985年、1995年、2005年、2014年不同省、自治区、直辖市7岁汉族女生体重排名的动态变化，体重排名前三的省市为天津、山东、北京；12岁汉族女生体重排名前三的省市为天津、北京、山东；18岁汉族女生体重排名前三的省市为北京、天津、辽宁。7岁汉族女生体重排名后三的省为云南、青海、贵州；12岁汉族女生体重排名后三的省市为贵州、重庆、青海；18岁汉族女生体重排名后三的省、自治区为广东、广西、海南。7岁汉族女生体重排名随时间提升的省、自治区为福建（8）、广西（5）、内蒙古（4）；7岁汉族女生体重排名随时间下降的省是江西（6）、辽宁（7）、四川（7）。12岁汉族女生体重排名随时间提升的省、自治区为内蒙古（4）、江西（4）、宁夏（3）；12岁汉族女生体重排名随时间下降的省、自治区是广西（8）、云南（9）、山西（11）。18岁汉族女生体重排名随时间提升的省市是山东（26）、上海（14）、吉林（9）；18岁汉族女生体重排名随时间下降的省、自治区是湖北（6）、宁夏（7）、青海（9）。

表5－3 1985—2014年中国各省、自治区、直辖市7岁、12岁、18岁汉族男生体重均值秩次排名表

省、自治区、直辖市	7岁					12岁					18岁				
	1985年	1995年	2005年	2014年	排名	1985年	1995年	2005年	2014年	排名	1985年	1995年	2005年	2014年	排名
北京	1	5	3	3	3	1	4	1	3	1	1	5	2	1	1
天津	5	1	1	2	1	3	1	6	1	2	6	1	1	2	2
山东	2	3	5	1	2	2	10	2	5	4	2	3	3	4	3
辽宁	3	2	8	12	6	5	5	8	6	6	4	4	4	3	4
黑龙江	9	6	6	6	8	12	6	4	11	8	3	8	5	6	5
上海	4	7	4	11	7	4	2	5	4	3	12	2	7	5	6
河北	6	4	7	5	4.5	7	3	3	7	5	5	6	8	9	7
河南	11	14	12	9	10	6	16	9	9	9	7	7	10	14	8
江苏	8	8	2	4	4.5	8	8	7	2	7	9	10	9	11	9
吉林	7	10	17	7	9	10	12	12	19	13	13	11	6	10	10
新疆	15	17	20	18	18	13	15	11	12	12	10	13	12	7	11
内蒙古	10	13	18	13	12	11	13	16	14	14	8	17	13	8	12
山西	12	12	13	19	13	9	9	14	16	11	14	12	11	13	13
宁夏	16	15	14	24	17	15	18	17	18	17	17	15	14	12	14
浙江	19	11	9	10	11	18	11	10	8	10	16	9	15	19	15
甘肃	17	20	22	17	19	14	17	18	21	18	11	18	18	18	16
湖北	22	19	11	14	16	20	14	15	10	15.5	19	16	17	16	17
福建	23	9	10	16	14	22	7	13	17	15.5	22	14	16	20	18
陕西	18	18	16	8	15	17	20	21	15	19	18	20	20	15	19
安徽	13	16	24	28	21	16	27	28	13	20	15	19	23	17	20
江西	24	23	19	15	21	24	24	19	23	24	20	27	19	21	21
湖南	25	27	21	20	25	23	23	23	20	23	21	23	22	22	22
云南	14	25	27	26	24	19	21	25	22	22	24	24	21	24	23
四川	21	24	23	30	27	25	26	22	27	25	25	21	26	25	24
广东	20	21	25	23	21	21	19	20	25	21	26	22	25	28	25
青海	27	—	28	25	29	27	—	27	28	28	23	—	28	26	26

续表

省、自治区、直辖市	7岁 1985年	7岁 1995年	7岁 2005年	7岁 2014年	7岁 排名	12岁 1985年	12岁 1995年	12岁 2005年	12岁 2014年	12岁 排名	18岁 1985年	18岁 1995年	18岁 2005年	18岁 2014年	18岁 排名
广西	28	22	26	22	26	28	28	26	24	27	28	28	24	23	27
重庆	—	—	29	21	28	—	—	29	26	29	—	—	27	27	28
海南	—	26	15	27	23	—	22	24	30	26	—	25	29	30	29
贵州	26	28	30	29	30	26	25	30	29	30	27	26	30	29	30

表5－4 1985—2014年中国各省、自治区、直辖市7岁、12岁、18岁汉族女生体重均值秩次排名表

省、自治区、直辖市	7岁 1985年	7岁 1995年	7岁 2005年	7岁 2014年	7岁 排名	12岁 1985年	12岁 1995年	12岁 2005年	12岁 2014年	12岁 排名	18岁 1985年	18岁 1995年	18岁 2005年	18岁 2014年	18岁 排名
北京	1	5	4	4	3	1	4	1	3	2	3	2	1	1	1
天津	4	1	2	2	1	2	1	2	1	1	4	1	3	3	2
辽宁	3	2	7	10	5	4	6	8	4	4.5	7	4	4	4	3
内蒙古	11	12	16	7	12	13	14	12	9	12	1	9	5	6	4
江苏	6	7	1	3	4	8	11	5	6	7	2	10	7	7	5
河北	5	4	10	6	7	5	3	7	5	4.5	5	8	6	11	6
山东	2	3	6	1	2	3	2	4	2	3	28	3	2	2	7.5
宁夏	19	17	21	21	19.5	21	18	17	15	16.5	6	5	11	13	7.5
上海	7	9	3	5	6	6	5	6	7	6	19	6	8	5	9
甘肃	14	23	28	17	21	19	19	18	17	18	8	7	14	14	10
黑龙江	10	6	5	12	8	11	7	3	11	8	10	13	13	9	11.5
新疆	17	15	19	20	18	12	16	14	12	13	9	11	15	10	11.5
吉林	8	11	18	8	10	9	10	11	8	9	17	12	10	8	13
河南	9	13	12	11	10	7	13	10	10	10	13	18	12	12	14
山西	12	14	14	16	14	10	9	15	21	14	15	16	9	16	15
陕西	16	19	22	13	17	17	23	24	23	22.5	18	15	16	15	16

续表

省、自治区、直辖市	7岁					12岁					18岁				
	1985年	1995年	2005年	2014年	排名	1985年	1995年	2005年	2014年	排名	1985年	1995年	2005年	2014年	排名
湖北	15	20	11	18	16	16	20	21	14	16.5	12	14	21	18	17
安徽	20	16	17	9	15	18	25	23	16	19.5	16	17	20	17	18
青海	27	—	29	29	29	28	—	28	30	30	11	—	22	20	19
浙江	13	10	8	14	10	14	8	13	13	11	14	21	18	19	20
福建	23	8	9	15	13	20	12	9	18	15	26	19	19	21	21
湖南	25	22	20	22	23	22	21	25	19	22.5	20	20	26	23	22.5
江西	21	25	13	19	19.5	24	28	16	20	24	22	26	17	24	22.5
云南	24	27	27	27	28	15	17	26	24	19.5	21	24	23	25	24
四川	18	24	26	25	25	25	26	19	25	25.5	25	22	25	22	25
贵州	26	28	30	30	30	27	24	30	29	28	23	23	24	27	26
重庆	—	—	25	26	27	—	—	29	27	29	—	—	27	26	27
广东	22	18	23	24	22	23	15	22	26	21	24	25	29	29	28
广西	28	21	24	23	26	26	27	20	22	25.5	27	27	28	28	29
海南	—	26	15	28	24	—	22	27	28	27	—	28	30	30	30

5.1.2 区域身体素质描述与分析

5.1.2.1 爆发力（立定跳远）（表5-5、表5-6）

1985—1995年，不同省、自治区、直辖市7岁、12岁、18岁汉族男、女学生立定跳远成绩均值除云南、河南、吉林三省外，其他省、自治区、直辖市立定跳远成绩均值显著提高；1995—2005年，7岁、12岁、18岁汉族男、女学生立定跳远成绩均值除个别省、自治区、直辖市外，大多数省、自治区、直辖市成绩下降；2005—2014年，多数省、自治区、直辖市7岁、12岁、18岁汉族男、女学生立定跳远成绩均值继续下降。

综合1985年、1995年、2005年、2014年不同省、自治区、直辖市7岁汉族男生立定跳远排名的动态变化，立定跳远成绩排名前三的省市为天津、山东、北京；12岁汉族男生立定跳远成绩排名前三的省为浙江、海南、广东；18岁汉族男生立定跳远成绩排名前三的省为广东、辽宁、浙江。7岁汉族男生立定跳远成绩排名后三的省、自治区为宁夏、江西、青海；12岁汉族男生立定跳远成绩排名后三的省、自治区为陕西、宁夏、青海；18岁汉族男生立定跳远成绩排名后三的省为陕西、贵州、青海。

对比2014年、1985年各省、自治区、直辖市7岁、12岁、18岁汉族男生立定跳远成绩排名变化，7岁汉族男生立定跳远成绩排名上升名次最大的前三个省市为江苏（20）、重庆（20）、上海（19）；7岁汉族男生立定跳远成绩排名随时间降低的省、自治区是吉林（18）、新疆（19）、河北（24）。12岁汉族男生立定跳远成绩排名随时间提升的省市为重庆（19）、福建（18）、江苏（18）；12岁汉族男生立定跳远成绩排名随时间降低的省、自治区是云南（14）、新疆（17）、河北（22）。18岁汉族男生立定跳远成绩排名随时间提升的省市是重庆（24）、山西（20）、四川（13）；18岁汉族男生立定跳远成绩排名随时间降低的省市是海南（12）、广西（17）、北京（22）。

综合1985年、1995年、2005年、2014年不同省、自治区、直辖市7岁汉族女生立定跳远成绩排名的动态变化，立定跳远排名前三的省市为北京、辽宁、广西；12岁汉族女生立定跳远成绩排名前三的省市为北京、浙江、辽宁；18岁汉族女生立定跳远成绩排名前三的省为广东、浙江、辽宁。7岁汉族女生立定跳远成绩排名后三的省、自治区为山西、宁夏、青海；12岁汉族女生立定跳远成绩排名后三的省、自治区为陕西、宁夏、青海；18岁汉族女生立定跳远成绩排名后三的省为贵州、陕西、青海。

对比2014年、1985年各省、自治区、直辖市7岁汉族女生立定跳远成绩排名变化，7岁汉族女生立定跳远成绩排名随时间提升的省市为福建（20）、上海（20）、江苏（18）；7岁汉族女生立定跳远成绩排名随时间降低的省、自治区是甘肃（18）、新疆（21）、河北（23）。12

岁汉族女生立定跳远成绩排名随时间提升的省市为福建（20）、重庆（18）、江苏（14）；12 岁汉族女生立定跳远成绩排名随时间降低的省、自治区是甘肃（15）、内蒙古（18）、河北（22）。18 岁汉族女生立定跳远成绩排名随时间提升的省、自治区是重庆（25）、江西（19）、新疆（16）；18 岁汉族女生立定跳远成绩排名降低的省、直辖市是北京（18）、河北（18）、云南（19）。

表 5－5　1985—2014 年中国各省、自治区、直辖市 7 岁、12 岁、18 岁汉族男生立定跳远均值秩次排名表

省、自治区、直辖市	7 岁					12 岁					18 岁				
	1985 年	1995 年	2005 年	2014 年	排名	1985 年	1995 年	2005 年	2014 年	排名	1985 年	1995 年	2005 年	2014 年	排名
广东	3	9	8	9	3	2	3	6	11	3	1	1	2	3	1
辽宁	1	2	7	5	1	1	1	18	6	5	2	4	7	10	2
浙江	14	13	6	1	6	12	7	1	1	1	7	6	3	9	3
福建	25	27	3	7	15	21	14	2	3	8	13	11	1	2	4
广西	12	6	2	12	4.5	14	12	10	19	14	3	3	6	20	5
湖南	22	24	4	13	18	15	16	3	8	9	10	10	4	17	7.5
山东	13	1	11	22	8.5	11	9	7	17	10	6	9	10	16	7.5
江苏	23	5	1	3	4.5	20	4	5	2	7	21	8	5	11	8
河北	2	8	20	26	11	3	10	14	25	12	4	12	19	13	9
内蒙古	17	3	18	20	12	17	11	15	23	16.5	17	15	13	5	10
北京	4	4	9	6	2	5	5	11	4	4	8	5	8	30	11
重庆	—	—	22	2	10	—	—	26	7	16.5	—	—	25	1	12
海南	—	10	23	14	17	—	2	9	5	2	—	2	24	14	13
云南	6	17	13	11	8.5	7	19	16	21	15	11	13	12	18	14
新疆	10	11	26	29	22	9	15	24	26	20	14	17	22	7	15.5
安徽	11	14	16	21	15	16	24	23	13	21	5	21	26	8	15.5
黑龙江	18	7	24	30	24	25	8	22	30	25.5	18	7	16	22	17
河南	5	18	28	17	21	6	26	27	14	19	9	20	23	12	18

续表

省、自治区、直辖市	7岁 1985年	7岁 1995年	7岁 2005年	7岁 2014年	7岁 排名	12岁 1985年	12岁 1995年	12岁 2005年	12岁 2014年	12岁 排名	18岁 1985年	18岁 1995年	18岁 2005年	18岁 2014年	18岁 排名
湖北	20	21	10	10	13	19	13	12	10	13	15	24	11	15	19
天津	8	12	15	4	7	4	6	8	9	6	22	16	9	23	20.5
四川	15	20	14	18	20	24	25	13	16	22	19	18	27	6	20.5
山西	16	15	19	16	19	18	20	21	22	23	24	23	20	4	22
江西	24	23	25	25	29	27	17	17	24	25.5	16	22	17	19	23
吉林	9	19	30	27	27	10	23	29	20	24	20	14	14	29	24
上海	27	22	5	8	15	13	18	4	12	11	25	19	15	27	25
甘肃	7	25	27	23	25	8	21	20	18	18	12	27	30	24	26
宁夏	21	16	21	28	28	23	22	28	28	29	23	25	21	26	27
陕西	19	28	12	19	23	22	28	19	27	28	26	28	18	28	28
贵州	26	26	17	15	26	26	27	25	15	27	27	26	28	21	29
青海	28	—	29	24	30	28	—	30	29	30	28	—	29	25	30

表5-6　1985—2014年中国各省、自治区、直辖市7岁、12岁、18岁汉族女生立定跳远均值秩次排名表

省、自治区、直辖市	7岁 1985年	7岁 1995年	7岁 2005年	7岁 2014年	7岁 排名	12岁 1985年	12岁 1995年	12岁 2005年	12岁 2014年	12岁 排名	18岁 1985年	18岁 1995年	18岁 2005年	18岁 2014年	18岁 排名
广东	5	11	8	9	4	5	5	10	10	4	1	1	3	9	1
浙江	17	23	6	1	8	9	10	3	1	2	10	10	4	2	2
辽宁	1	1	10	10	2	1	1	15	7	3	2	2	12	12	3
广西	11	2	1	12	3	14	4	5	15	8	3	3	8	15	4
福建	26	28	7	6	19	24	18	2	4	11	15	13	2	3	5
山东	19	4	11	16	9	16	13	7	17	12	8	12	7	8	6
湖南	22	19	9	14	16.5	12	14	1	8	6	13	7	5	11	7
北京	6	8	3	3	1	2	6	9	2	1	5	5	6	23	8

续表

省、自治区、直辖市	7岁					12岁					18岁				
	1985年	1995年	2005年	2014年	排名	1985年	1995年	2005年	2014年	排名	1985年	1995年	2005年	2014年	排名
内蒙古	12	3	24	23	15	8	7	12	26	13	9	6	14	17	9
云南	7	20	15	15	11	7	17	13	19	14	7	14	1	26	10
江苏	23	5	2	5	5	17	3	11	3	5	20	8	11	13	11
天津	10	25	19	4	13	4	8	14	16	9	11	9	13	21	13
重庆	—	—	17	2	6	—	—	24	6	17	—	—	26	1	13
江西	24	14	18	27	27	27	15	16	22	23	24	16	9	5	13
四川	9	16	14	19	13	11	26	8	12	15	6	17	24	10	15
新疆	8	12	20	29	20.5	10	9	17	23	16	22	15	17	6	16
海南	—	7	13	11	7	—	2	21	5	7	—	4	28	14	17
安徽	14	21	23	20	24.5	20	22	19	11	20	14	25	19	4	18
黑龙江	16	6	21	30	23	22	11	22	30	26	21	11	16	18	19
河北	2	17	26	25	22	3	24	26	25	21.5	4	19	22	22	20
山西	13	27	27	18	28	15	19	29	20	25	19	21	21	7	21
湖北	20	22	5	8	10	19	12	4	9	10	18	24	10	19	22
河南	3	10	28	17	13	18	23	23	18	24	17	22	18	16	23
上海	27	26	4	7	16.5	23	25	6	13	19	28	23	15	24	24.5
吉林	15	9	30	26	26	13	16	25	24	21.5	16	20	25	29	24.5
宁夏	21	13	25	28	29	25	20	30	28	29	23	18	23	27	26
甘肃	4	18	22	22	18	6	21	18	21	18	12	26	30	28	27
贵州	25	15	16	13	20.5	26	27	28	14	27	26	27	27	20	28
陕西	18	24	12	24	24.5	21	28	20	27	28	25	28	20	30	29
青海	28	—	29	21	30	28	—	27	29	30	27	—	29	25	30

5.1.2.2 速度（50m跑）（表5-7、表5-8）

本研究在对1985—1995年中国7~18岁汉族男生50m跑成绩均值进行分析时发现，对比2014年、1985年成绩，除18岁（下降0.02s）、

10岁汉族男生50m跑成绩没有变化外，其余年龄组汉族男生50m跑成绩均有所提高。从各省、自治区、直辖市汉族男生50m跑成绩的均值变化分析发现，2014年有一部分省、自治区、直辖市汉族男生50m跑成绩均值高于1985年，有一部分省、自治区、直辖市汉族男生50m跑成绩反之。因此，1985—1995年中国7～18岁汉族男生50m跑成绩均值有着明显的地域特点。

综合1985年、1995年、2005年、2014年不同省、自治区、直辖市7岁汉族男生50m跑成绩排名的动态变化，7岁汉族男生50m跑成绩排名前三的省市为天津、江苏、辽宁；12岁汉族男生50m跑成绩排名前三的省为海南、江苏、浙江；18岁汉族男生50m跑成绩排名前三的省为辽宁、广东、浙江、福建（浙江、福建并列第三）。7岁汉族男生50m跑成绩排名后三的省为湖北、江西、青海；12岁汉族男生50m跑成绩排名后三的省为陕西、青海、贵州；18岁汉族男生50m跑成绩排名后三的省为贵州、青海、陕西。

对比2014年、1985年各省、自治区、直辖市汉族男生50m跑成绩排名变化，7岁汉族男生50m跑成绩排名上升最大的前三个省、自治区、直辖市为内蒙古（20）、浙江（16）、重庆（13）；7岁汉族男生50m跑成绩排名随时间降低的省是广东（18）、山西（20）、吉林（23）。12岁汉族男生50m跑成绩排名随时间提升的省、直辖市为湖北（18）、江苏（12）、重庆（11）；12岁汉族男生50m跑成绩排名随时间降低的省、直辖市是天津（16）、河南（17）、吉林（19）。18岁汉族男生50m跑成绩排名随时间提升的省、自治区是内蒙古（21）、山西（13）、贵州（13）；18岁汉族男生50m跑成绩排名随时间降低的省、直辖市是河北（14）、河南（14）、北京（16）。

综合1985年、1995年、2005年、2014年不同省、自治区、直辖市7岁汉族女生50m跑成绩排名的动态变化，50m跑成绩排名前三的省、直辖市为江苏、辽宁、北京、山东（北京、山东并列第三）；12岁汉族女生50m跑成绩排名前三的省、直辖市为浙江、福建、北京；18岁汉族女生50m跑成绩排名前三的省为浙江、福建、广东。7岁汉族女生50m跑成绩排名后三的省、自治区为贵州、江西、青海；12岁汉族女生50m跑成绩排名后三的省、自治区为宁夏、青海、贵州；18岁汉族女生50m跑成绩排名后三的省为山西、湖北、陕西。

对比2014年、1985年各省、自治区和直辖市排名变化，7岁汉族女生50m跑成绩排名随时间提升的省为青海（18）、广东（17）、辽宁（13）；7岁汉族女生50m跑成绩排名随时间降低的省、自治区为广西（15）、湖北（17）、四川（23）。12岁汉族女生50m跑成绩排名随时间提升的省、直辖市为青海（19）、福建（13）、重庆（13）；12岁汉族女生50m跑成绩排名随时间降低的省、自治区是广西（15）、新疆（18）、四川（22）。18岁汉族女生50m跑成绩排名随时间提升的省是甘肃（23）、河北（14）、福建（10）；18岁女生50m跑成绩排名随时间降低的省、自治区是山东（17）、新疆（20）、内蒙古（24）。

表5-7 1985—2014年中国各省、自治区、直辖市7岁、12岁、18岁汉族男生50m跑均值秩次排名表

省、自治区、直辖市	7岁					12岁					18岁				
	1985年	1995年	2005年	2014年	排名	1985年	1995年	2005年	2014年	排名	1985年	1995年	2005年	2014年	排名
辽宁	1	2	9	16	3	1	1	21	9	5.5	2	1	3	11	1
广东	6	8	7	24	7.5	3	5	10	17	9	1	4	11	5	2
浙江	18	16	5	2	6	11	7	9	2	3	4	3	9	6	3.5
福建	15	28	1	7	13.5	9	17	1	3	4	8	12	1	1	3.5
天津	7	1	3	11	1	4	2	6	20	5.5	13	2	6	9	5
江苏	12	9	2	1	2	13	9	5	1	2	12	10	7	3	6.5
广西	10	4	12	21	9	10	11	8	19	11	3	5	14	10	6.5
上海	14	21	10	3	11	8	19	3	4	8	9	18	2	4	8
重庆	—	—	23	10	17.5	—	—	27	6	17	—	—	4	14	9
北京	5	6	18	18	10	6	3	12	12	7	7	6	15	23	10
内蒙古	25	5	28	5	16	17	4	15	11	10	23	7	20	2	11.5

续表

省、自治区、直辖市	7岁 1985年	7岁 1995年	7岁 2005年	7岁 2014年	7岁 排名	12岁 1985年	12岁 1995年	12岁 2005年	12岁 2014年	12岁 排名	18岁 1985年	18岁 1995年	18岁 2005年	18岁 2014年	18岁 排名
云南	17	18	4	6	7.5	21	16	11	14	16	15	21	8	8	11.5
湖南	21	26	19	14	24	15	27	22	10	21.5	5	23	13	12	13
海南	—	19	13	12	15	—	10	4	5	1	—	16	5	20	14
山东	3	3	16	17	5	5	15	16	13	12	10	14	16	19	15
河北	9	7	11	23	12	12	13	2	27	13	11	15	12	25	16
吉林	2	23	25	25	23	2	8	28	21	14	16	11	10	27	17.5
甘肃	11	10	14	4	4	14	20	18	8	15	6	24	27	7	17.5
新疆	19	11	22	29	25.5	19	6	24	25	21.5	24	8	19	18	19
宁夏	16	15	20	15	17.5	23	23	14	26	26	20	17	17	21	20
安徽	22	25	15	9	22	22	28	19	15	25	18	22	21	16	21.5
山西	8	13	21	28	21	24	14	25	30	27	26	13	25	13	21.5
四川	13	22	8	8	13.5	16	24	13	16	19	19	19	22	22	23
湖北	26	27	27	13	28	25	21	23	7	23	21	25	23	17	24.5
河南	4	14	30	19	19	7	18	29	24	24	14	20	24	28	24.5
江西	23	24	24	26	29	20	12	17	18	18	17	26	18	26	26.5
黑龙江	20	12	6	30	20	18	22	7	23	20	22	9	26	30	26.5
贵州	27	17	26	22	27	27	25	30	29	30	28	28	29	15	28
青海	28	—	29	27	30	28	—	20	28	29	27	—	28	24	29
陕西	24	20	17	20	25.5	26	26	26	22	28	25	27	30	29	30

表5－8　1985—2014年中国各省、自治区、直辖市7岁、12岁、18岁汉族女生50m跑均值秩次排名表

省、自治区、直辖市	7岁 1985年	7岁 1995年	7岁 2005年	7岁 2014年	7岁 排名	12岁 1985年	12岁 1995年	12岁 2005年	12岁 2014年	12岁 排名	18岁 1985年	18岁 1995年	18岁 2005年	18岁 2014年	18岁 排名
浙江	15	15	4	2	5	7	4	7	1	1	3	3	3	2	1
福建	21	23	1	4	13	9	8	1	3	2	4	6	1	1	2

续表

省、自治区、直辖市	7岁 1985年	7岁 1995年	7岁 2005年	7岁 2014年	7岁 排名	12岁 1985年	12岁 1995年	12岁 2005年	12岁 2014年	12岁 排名	18岁 1985年	18岁 1995年	18岁 2005年	18岁 2014年	18岁 排名
广东	6	14	7	20	12	4	5	13	17	8	1	2	9	6	3
江苏	13	10	2	1	1.5	15	7	2	2	4	14	7	4	4	4
广西	7	5	11	17	7.5	13	14	3	21	10	2	5	6	17	5.5
云南	16	11	6	7	7.5	20	17	9	10	14.5	9	10	2	9	5.5
天津	9	2	3	24	6	5	2	4	20	6	18	1	5	10	7
上海	14	21	8	3	11	10	16	6	4	7	11	14	8	3	8
重庆	—	—	21	9	16	—	—	20	7	13	—	—	10	12	9
北京	5	6	9	13	3.5	3	6	11	5	3	8	23	11	8	10
辽宁	1	1	10	14	1.5	1	1	16	9	5	5	4	14	29	11.5
湖南	25	26	18	18	26	17	21	18	14	20	6	20	7	19	11.5
海南	—	25	16	15	21	—	18	19	19	22	—	8	13	20	13
山东	3	3	17	10	3.5	6	10	23	11	9	13	12	15	16	14
四川	8	16	5	12	9	16	23	8	22	19	7	11	18	24	15
江西	27	24	26	23	29	26	11	14	15	18	21	21	12	7	16
内蒙古	19	4	25	6	14	12	3	26	12	11	22	9	23	14	17
新疆	22	18	22	29	27	19	13	21	25	24	28	19	20	5	18
河北	11	9	14	21	15	8	9	10	26	12	10	17	17	30	19
甘肃	10	8	19	5	10	14	12	25	8	16	15	22	29	11	20
安徽	23	27	20	11	25	23	26	17	16	25	17	27	21	13	21.5
宁夏	18	13	23	16	18.5	21	24	24	29	28	19	16	16	27	21.5
吉林	4	17	29	27	23	2	22	15	24	17	16	15	27	23	23
河南	2	12	30	19	17	11	15	28	23	23	12	24	19	28	24
黑龙江	20	7	13	30	18.5	22	27	12	13	21	26	13	24	25	25
青海	28	—	28	26	30	28	—	22	30	29	27	—	22	18	26
贵州	24	20	27	28	28	27	25	30	28	30	25	26	26	15	27
山西	12	19	24	25	24	18	19	29	27	26	23	18	30	22	28
湖北	26	28	12	8	20	25	20	5	6	14.5	20	25	25	26	29
陕西	17	22	15	22	22	24	28	27	18	27	24	28	28	21	30

5.1.2.3 耐力（中长跑）（表5－9、表5－10）

1985—2014年不同省、自治区、直辖市7岁、12岁、18岁汉族男、女学生中长跑成绩下降趋势较明显。

综合1985年、1995年、2005年、2014年不同省、自治区、直辖市7岁汉族男生50m×8往返跑成绩排名的动态变化，7岁汉族男生50m×8往返跑成绩排名前三的省为辽宁、广东、四川；12岁汉族男生50m×8往返跑成绩排名前三的省、自治区为广东、海南、广西；18岁汉族男生1 000m跑成绩排名前三的省为浙江、福建、广东。7岁汉族男生50m×8往返跑成绩排名后三的省为吉林、陕西、青海；12岁汉族男生50m×8往返跑成绩排名后三的省为陕西、云南、青海；18岁汉族男生1 000m跑成绩排名后三的省、自治区、直辖市为新疆、上海、陕西。

对比2014年和1985年汉族男生中长跑成绩，7岁汉族男生50m×8往返跑成绩排名随时间提升的省为江苏（21）、浙江（18）、贵州（18）；7岁汉族男生50m×8往返跑成绩排名随时间降低的省、自治区是新疆（20）、山东（22）、吉林（25）。12岁汉族男生50m×8往返跑成绩排名随时间提升的省为江苏（17）、青海（11）、浙江（10）；12岁汉族男生50m×8往返跑成绩排名随时间降低的省、直辖市是辽宁（21）、吉林（21）、天津（26）。18岁汉族男生1 000m跑成绩排名随时间提升的省、自治区是青海（18）、内蒙古（16）、安徽（14）；18岁汉族男生1 000m跑成绩排名随时间降低的省、自治区是辽宁（16）、广西（23）、山东（26）。

综合1985年、1995年、2005年、2014年不同省、自治区、直辖市7岁汉族女生50m×8往返跑成绩排名的动态变化，排名前三的省、直辖市为辽宁、广东、北京；12岁汉族女生50m×8往返跑成绩排名前三的省、直辖市为广东、重庆、北京；18岁汉族女生800m跑成绩排名前三的省为浙江、福建、云南。7岁汉族女生50m×8往返跑成绩排名后三的省、自治区为山西、内蒙古、青海；12岁汉族女生50m×8

往返跑排名后三的省、自治区为宁夏、山西、青海；18 岁汉族女生 800m 跑成绩排名后三的省、自治区为山西、新疆、黑龙江。

对比 2014 年和 1985 年汉族女生中长跑成绩，7 岁汉族女生 50m × 8 往返跑成绩排名随时间提升的省为江苏（22）、浙江（16）、安徽（14）；7 岁女生 50m × 8 往返跑成绩排名随时间降低的省、自治区是广西（17）、海南（22）、吉林（24）。12 岁汉族女生 50m × 8 往返跑成绩排名随时间提升的省、直辖市为安徽（16）、江苏（15）、上海（13）；12 岁汉族女生 50m × 8 往返跑成绩排名随时间降低的省、直辖市是天津（19）、辽宁（20）、吉林（25）。18 岁汉族女生 800m 跑成绩排名随时间提升的省市是北京（16）、上海（14）、安徽（13）；18 岁汉族女生 800m 跑成绩排名随时间降低的省是吉林（16）、山东（19）、广西（22）。

表 5 – 9　1985—2014 年中国各省、自治区、直辖市 7 岁、12 岁、18 岁汉族男生耐力均值秩次排名表

省、自治区、直辖市	7 岁					12 岁					18 岁				
	1985 年	1995 年	2005 年	2014 年	排名	1985 年	1995 年	2005 年	2014 年	排名	1985 年	1995 年	2005 年	2014 年	排名
浙江	19	15	7	1	5	11	15	2	1	4	5	5	2	2	1
福建	13	27	4	6	11	9	18	6	2	8	10	6	4	1	2
广东	3	5	3	8	2	2	1	4	9	1	2	2	9	11	3
云南	21	26	8	13	20	24	27	19	21	28	11	10	1	6	4
江西	14	25	23	21	26.5	16	28	11	10	15	15	7	3	10	5
广西	7	2	12	27	8	5	4	3	11	3	3	1	6	26	6
甘肃	15	14	5	15	9	19	16	14	16	15	8	8	21	3	7
辽宁	1	1	6	4	1	1	2	8	22	6	7	3	11	23	8
江苏	23	17	2	2	6.5	21	5	13	4	9.5	17	9	5	17	9
四川	4	13	10	12	3	7	20	10	6	9.5	6	15	15	13	10.5
宁夏	18	6	22	18	16	20	9	26	28	26	18	17	7	7	10.5
湖南	10	23	20	17	22	13	26	23	18	25	1	27	10	14	12

续表

省、自治区、直辖市	7岁					12岁					18岁				
	1985年	1995年	2005年	2014年	排名	1985年	1995年	2005年	2014年	排名	1985年	1995年	2005年	2014年	排名
内蒙古	26	18	25	9	24	17	13	18	24	21	20	11	20	4	13
重庆	—	—	19	3	6.5	—	—	12	3	5	—	—	12	16	14
吉林	5	19	30	30	28	8	19	22	29	23.5	12	4	19	25	15
河南	2	10	29	11	12	10	14	17	23	13	13	14	14	20	16
安徽	16	24	13	5	14	22	25	16	13	22	19	18	24	5	17
湖北	22	21	9	19	23	18	11	28	8	15	9	22	22	19	18
海南	—	11	1	25	10	—	3	1	12	2	—	16	13	27	19
北京	8	4	15	14	4	6	6	15	7	7	25	23	16	12	20
河北	11	16	27	26	25	15	17	9	19	12	14	12	27	24	21
黑龙江	20	7	21	16	16	25	21	7	15	19	23	20	8	28	22
天津	12	20	17	20	21	4	7	30	30	20	16	13	29	22	23
青海	28	—	28	22	30	28	—	29	17	30	27	—	25	9	24
贵州	25	8	26	7	18.5	23	10	25	20	23.5	21	25	28	8	25
山东	6	3	18	28	13	3	22	27	14	17	4	26	23	30	26.5
山西	27	9	24	23	26.5	27	12	24	25	27	28	19	18	18	26.5
新疆	9	12	14	29	16	12	8	20	27	18	24	24	17	21	28
上海	17	28	11	10	18.5	14	23	5	5	11	26	28	26	15	29
陕西	24	22	16	24	29	26	24	21	26	29	22	21	30	29	30

注：7、12 岁为 50m×8 往返跑，18 岁为 1 000m 跑。

表 5－10　1985—2014 年中国各省、自治区、直辖市 7 岁、12 岁、18 岁汉族女生耐力均值秩次排名表

省、自治区、直辖市	7岁					12岁					18岁				
	1985年	1995年	2005年	2014年	排名	1985年	1995年	2005年	2014年	排名	1985年	1995年	2005年	2014年	排名
浙江	17	10	7	1	5	8	28	2	1	6.5	2	2	2	1	1
福建	11	24	2	5	8	11	10	5	2	4	6	3	3	8	2

续表

省、自治区、直辖市	7岁					12岁					18岁				
	1985年	1995年	2005年	2014年	排名	1985年	1995年	2005年	2014年	排名	1985年	1995年	2005年	2014年	排名
云南	19	27	8	14	19	20	27	18	13	25	7	15	1	2	3
广东	2	7	3	15	2	2	2	7	10	1	1	5	12	17	4
广西	7	2	28	24	15	7	4	25	15	10	4	1	6	26	5
内蒙古	26	16	27	21	29	16	14	13	26	20	10	10	13	6	6
江西	15	22	14	12	16.5	18	25	16	9	19	18	6	7	9	7
宁夏	23	8	25	23	25	26	9	21	29	28.5	16	7	5	13	8
江苏	24	17	13	2	12.5	21	3	9	6	6.5	22	9	4	10	9
河南	3	13	29	10	11	12	17	14	24	16.5	8	12	11	15	10
甘肃	9	20	11	16	12.5	15	21	19	12	16.5	9	16	23	5	11
四川	4	9	5	13	4	6	24	15	11	12	11	22	10	11	12.5
山东	5	6	17	20	9	4	26	26	22	24	5	17	8	24	12.5
湖南	10	26	23	18	23	10	19	24	14	16.5	3	27	9	16	14
北京	8	5	10	6	3	3	6	10	5	3	19	20	15	3	15
安徽	18	23	18	4	16.5	24	22	12	8	14	17	23	16	4	16
辽宁	1	1	9	7	1	1	1	6	21	5	15	4	18	28	17
湖北	14	25	6	9	10	19	8	20	7	11	12	24	14	19	18
河北	12	14	22	19	18	13	23	11	16	13	13	14	21	23	19
青海	28	—	26	17	30	28	—	29	20	30	25	—	17	12	20
天津	16	21	19	22	24	9	16	30	28	27	23	8	24	20	21
海南	—	4	1	26	7	—	11	1	19	8	—	13	19	25	22
贵州	25	12	24	11	21	25	5	27	17	23	20	26	30	7	23
重庆	—	—	15	3	6	—	—	8	3	2	—	—	25	18	24.5
陕西	21	19	12	28	26	22	18	22	18	26	21	11	27	27	24.5
吉林	6	18	30	30	27	5	13	23	30	22	14	21	22	30	26
上海	20	28	4	8	14	17	20	3	4	9	28	28	20	14	27
山西	27	11	20	27	28	27	7	28	23	28.5	24	18	28	21	28
新疆	13	15	16	29	22	14	12	17	27	21	26	25	26	22	29
黑龙江	22	3	21	25	20	23	15	4	25	16.5	27	19	29	29	30

注：7岁、12岁为50m×8往返跑，18岁为800m跑。

5.2 区域身体素质综合秩次描述与分析

综合7岁、12岁、18岁汉族学生在1985年、1995年、2005年、2014年的同年龄组不同身体素质测试项目的秩次排名，见表5-11至表5-16。

7岁组汉族男生身体素质排名前五名的省、直辖市为辽宁、广东、江苏、北京、浙江；7岁组汉族男生身体素质排名后五位的省为贵州、陕西、吉林、江西、青海。12岁组汉族男生身体素质排名前五位的省、直辖市为海南、广东、辽宁、北京、江苏；12岁组汉族男生身体素质排名后五位的省、自治区为山西、贵州、宁夏、陕西、青海。18岁组汉族男生身体素质排名前五位的省、自治区为广东、浙江、福建、辽宁、广西；18岁组汉族男生身体素质后五位的省为黑龙江、山西、贵州、青海、陕西。

7岁组汉族女生身体素质排名前五名的省、直辖市为辽宁、北京、广东、浙江、江苏；7岁组汉族女生身体素质排名后五位的省、自治区为宁夏、陕西、吉林、山西、青海。12岁组汉族女生身体素质排名前五位的省、直辖市为北京、浙江、广东、辽宁、江苏；12岁组汉族女生身体素质排名后五位的省、自治区为山西、贵州、陕西、宁夏、青海。18岁组汉族女生身体素质排名前五位的省、自治区为浙江、广东、福建、广西、云南；18岁组汉族女生身体素质排名后五位的省为黑龙江、青海、山西、贵州、陕西。

表5-11 1985年、1995年、2005年、2014年中国各省、自治区、直辖市7岁汉族男生身体素质综合秩次表

省、自治区、直辖市	立定跳远	50m跑	50m×8往返跑	综合秩次
辽宁	1	3	1	1
广东	3	7.5	2	2

续表

省、自治区、直辖市	立定跳远	50m 跑	50m×8 往返跑	综合秩次
江苏	4. 5	2	6. 5	3
北京	2	10	4	4
浙江	6	6	5	5
广西	4. 5	9	8	6
山东	8. 5	5	13	7
天津	7	1	21	8
重庆	10	17. 5	6. 5	9
云南	8. 5	7. 5	20	10
四川	20	13. 5	3	11
甘肃	25	4	9	12
福建	15	13. 5	11	13
海南	17	15	10	14
上海	15	11	18. 5	15
河北	11	12	25	16
安徽	15	22	14	17
河南	21	19	12	18. 5
内蒙古	12	16	24	18. 5
黑龙江	24	20	16	20
宁夏	28	17. 5	16	21
新疆	22	25. 5	16	22
湖北	13	28	23	23. 5
湖南	18	24	22	23. 5
山西	19	21	26. 5	25
贵州	26	27	18. 5	26
陕西	23	25. 5	29	27

续表

省、自治区、直辖市	立定跳远	50m 跑	50m×8 往返跑	综合秩次
吉林	27	23	28	28
江西	29	29	26.5	29
青海	30	30	30	30

表5-12　1985 年、1995 年、2005 年、2014 年汉族各省、自治区、直辖市 12 岁汉族男生身体素质综合秩次表

省、自治区、直辖市	立定跳远	50m 跑	50m×8 往返跑	综合秩次
海南	2	1	2	1
浙江	1	3	4	2
广东	3	9	1	3
辽宁	5	5.5	6	4
北京	4	7	7	5
江苏	7	2	9.5	6
福建	8	4	8	7
广西	14	11	3	8
上海	11	8	11	9
天津	6	5.5	20	10
河北	12	13	12	11
重庆	16.5	17	5	12
山东	10	12	17	13
内蒙古	16.5	10	21	14
甘肃	18	15	15	15
四川	22	19	9.5	16
湖北	13	23	15	17
湖南	9	21.5	25	18

续表

省、自治区、直辖市	立定跳远	50m 跑	50m×8 往返跑	综合秩次
河南	19	24	13	19
江西	25.5	18	15	20
云南	15	16	28	21
新疆	20	21.5	18	22
吉林	24	14	23.5	23
黑龙江	25.5	20	19	24
安徽	21	25	22	25
山西	23	27	27	26
贵州	27	30	23.5	27
宁夏	29	26	26	28
陕西	28	28	29	29
青海	30	29	30	30

表 5-13　1985 年、1995 年、2005 年、2014 年中国各省、自治区、直辖市 18 岁汉族男生身体素质综合秩次表

省、自治区、直辖市	立定跳远	50m 跑	1 000m 跑	综合秩次
广东	1	2	3	1
浙江	3	3.5	1	2
福建	4	3.5	2	3
辽宁	2	1	8	4
广西	5	6.5	6	5
江苏	8	6.5	9	6
云南	14	11.5	4	7
湖南	7.5	13	12	8
内蒙古	10	11.5	13	9

续表

省、自治区、直辖市	立定跳远	50m 跑	1 000m 跑	综合秩次
重庆	12	9	14	10
北京	11	10	20	11
海南	13	14	19	12. 5
河北	9	16	21	12. 5
天津	20. 5	5	23	14
山东	7. 5	15	26. 5	15
甘肃	26	17. 5	7	16
安徽	15. 5	21. 5	17	17
四川	20. 5	23	10. 5	18
江西	23	26. 5	5	19
吉林	24	17. 5	15	20
宁夏	27	20	10. 5	21
河南	18	24. 5	16	22
湖北	19	24. 5	18	23
上海	25	8	29	24
新疆	15. 5	19	28	25
黑龙江	17	26. 5	22	26
山西	22	21. 5	26. 5	27
贵州	29	28	25	28
青海	30	29	24	29
陕西	28	30	30	30

表5－14 1985年、1995年、2005年、2014年中国各省、自治区、直辖市7岁汉族女生身体素质综合秩次表

省、自治区、直辖市	跳远	50m 跑	50m×8 往返跑	综合秩次
辽宁	2	1.5	1	1
北京	1	3.5	3	2
广东	4	12	2	3.5
浙江	8	5	5	3.5
江苏	5	1.5	12.5	5
山东	9	3.5	9	6
广西	3	7.5	15	7
四川	13	9	4	8
重庆	6	16	6	9
海南	7	21	7	10
云南	11	7.5	19	11
福建	19	13	8	12.5
湖北	10	20	10	12.5
甘肃	18	10	12.5	14
河南	13	17	11	15
上海	16.5	11	14	16
天津	13	6	24	17
河北	22	15	18	18
内蒙古	15	14	29	19
黑龙江	23	18.5	20	20
湖南	16.5	26	23	21
安徽	24.5	25	16.5	22
贵州	20.5	28	21	23
新疆	20.5	27	22	24

续表

省、自治区、直辖市	跳远	50m 跑	50m×8 往返跑	综合秩次
江西	27	29	16.5	26
宁夏	29	18.5	25	26
陕西	24.5	22	26	26
吉林	26	23	27	28
山西	28	24	28	29
青海	30	30	30	30

表 5－15　1985 年、1995 年、2005 年、2014 年中国各省、自治区、直辖市 12 岁汉族女生身体素质综合秩次表

省、自治区、直辖市	立定跳远	50m 跑	50m×8 往返跑	综合秩次
北京	1	3	3	1
浙江	2	1	6.5	2
广东	4	8	1	3
辽宁	3	5	5	4
江苏	5	4	6.5	5
福建	11	2	4	6
广西	8	10	10	7
重庆	17	13	2	8
上海	19	7	9	9
湖北	10	14.5	11	10
海南	7	22	8	11
天津	9	6	27	12
湖南	6	20	16.5	13
内蒙古	13	11	20	14
山东	12	9	24	15

续表

省、自治区、直辖市	立定跳远	50m 跑	50m×8 往返跑	综合秩次
四川	15	19	12	16
河北	21. 5	12	13	17
甘肃	18	16	16. 5	18
云南	14	14. 5	25	19
安徽	20	25	14	20
江西	23	18	19	21
吉林	21. 5	17	22	22
新疆	16	24	21	23
河南	24	23	16. 5	24. 5
黑龙江	26	21	16. 5	24. 5
山西	25	26	28. 5	26
贵州	27	30	23	27
陕西	28	27	26	28
宁夏	29	28	28. 5	29
青海	30	29	30	30

表 5－16　1985 年、1995 年、2005 年、2014 年中国各省、自治区、直辖市 18 岁汉族女生身体素质综合秩次表

省、自治区、直辖市	立定跳远	50m 跑	800m 跑	综合秩次
浙江	2	1	1	1
广东	1	3	4	2
福建	5	2	2	3
广西	4	5. 5	5	4
云南	10	5. 5	3	5
江苏	11	4	9	6

续表

省、自治区、直辖市	立定跳远	50m 跑	800m 跑	综合秩次
辽宁	3	11. 5	17	7
内蒙古	9	17	6	8
湖南	7	11. 5	14	9. 5
山东	6	14	12. 5	9. 5
北京	8	10	15	11
江西	13	16	7	12
天津	13	7	21	13
四川	15	15	12. 5	14
重庆	13	9	24. 5	15
海南	17	13	22	16
安徽	18	21. 5	16	17. 5
宁夏	26	21. 5	8	17. 5
河南	23	24	10	19
甘肃	27	20	11	20. 5
河北	20	19	19	20. 5
上海	24. 5	8	27	22
新疆	16	18	29	23
湖北	22	29	18	24
吉林	24. 5	23	26	25
黑龙江	19	25	30	26
青海	30	26	20	27
山西	21	28	28	28
贵州	28	27	23	29
陕西	29	30	24. 5	30

5.3 讨论与小结

我国幅员辽阔，区域间地理环境、气候条件、生活习惯、生活水平，以及学校开展体育课情况等方面有差异，因此学生身体形态、身体素质发展存在区域差异（以省、自治区、直辖市为划分标准）。

本研究选取 7 岁、12 岁、18 岁汉族年龄组进行分析。原因如下：体质测试中男、女生耐力项目，7～12 岁男、女生为 50m ×8 往返跑，13～18 岁男、女生分别为 1 000m 跑和 800m 跑。肌力项目，男生 7～12 岁为斜体引体向上，13～18 岁为引体向上，均以 12 岁为分界点进行项目的更换。中国学校教学年龄结构，一般 6～12 岁为小学阶段，13～18 岁是中学阶段。因此，本研究选取小学起点年龄（7 岁）、中学结束年龄（18 岁）和两者之间的衔接年龄（12 岁）为本部分的研究人群。

5.3.1 身体形态

5.3.1.1 身　高

整体分析，1985—2014 年不同省、自治区、直辖市 7 岁、12 岁、18 岁汉族男、女生身高随年龄、时间变化而不断增高。同一省、自治区、直辖市汉族男、女生身高发展趋势相似。不同省、自治区、直辖市 7 岁、12 岁、18 岁汉族男、女生身高存在发展差异。

7 岁、12 岁、18 岁汉族男、女生不同省、自治区、直辖市身高均值处于高位、中位、低位（新疆、青海除外）改变不大。辽宁、天津、黑龙江、北京、上海、山东、新疆、江苏、吉林身高均值排在前列；湖南、海南、广东、广西、四川、贵州男生身高均值处于低位；身高均值排在中位的有山西、内蒙古、吉林、浙江、安徽、福建、江西、河南、湖北、云南、陕西、甘肃、宁夏、陕西、青海。从区域位置分析，身高均值排在高位的多数分布在东部区域，少数（吉林、黑龙江）

属于中部区域，只有新疆位于西部区域；身高均值较低的区域多属于中西部区域（除广东省、海南省）。本研究中身高的全国分布情况与季成叶（2004）的研究基本一致，但新疆在本研究中男、女生身高均值均列在第7位，属于身高均值较高的区域。并且，新疆男、女生的身高动态变化规律与其他省份有所不同，7岁、12岁新疆男、女生在1985—2014年全国排名中较低（例如，男生7岁时身高均值排名为第19位，男生12岁时身高均值排名为第13位；不同年龄新疆女生的身高发展趋势与男生相同），但在18岁组中能够在全国排在第7位。

从身高均值的分布发现，身高均值较高的省、自治区、直辖市多属于社会经济状况发展较好的区域，身高均值较低的区域多属于社会经济发展相对落后的中西部区域。现有研究也表明，经济发达国家，如西欧、澳大利亚和日本等在第二次世界大战后出现显著的生长加速，与都市化进程和生活水平提高密切相关（胡佩瑾，季成叶，2005）。还有研究表明，身高有世代遗传因素，也与所在地区的地理气候条件有关。生活在高纬度、昼夜温差大、日照充裕地区者身高水平高；而生活在温暖湿润、昼夜温差小、降水量多的地区者身高水平相对低（季成叶，等，1992）。这些原因能够解释我国不同区域间儿童、青少年身高水平为什么存在差异。但“生活水平差异导致的环境影响存在时间较短”不足以与遗传和地理生活环境因素这样的长期作用抗衡。广东省生产总值连续28年位列省、自治区、直辖市首位，但是身高均值在全国处于低位，可能是由于遗传和地理生活环境的作用更大一些。

本研究发现，福建省的身高均值变化趋势比较特殊。福建省7岁汉族男生1985年身高均值全国排名第20位，1995年、2005年、2014年分别上升至第16位、第10位、第6位。福建省12岁汉族男生身高全国排名也有同样的提升趋势，但福建省18岁男生从1985年至2014年全国排名稳定在第18位、第19位。从经济发展轨迹分析，改革开放之初，福建省经济总量位居全国20多名，经济基础薄弱。随着经济的快速发展，2014年福建省生产总值位列全国第11位。生活条件的不断改善提高了福建儿童、青少年阶段的身高发育水平，使同年龄组的福建学生身高排名不断提升。但是遗传和地理生活环境的因素，使接近成人身高的福建 18 岁学生总体身高均值在全国排名相对稳定。

5.3.1.2 体 重

1985—2014 年不同省、自治区、直辖市 7 岁、12 岁、18 岁汉族男、女学生体重随时间变化而不断增加。整体上，各省、自治区、直辖市同年龄组汉族学生体重在全国的排名状况与身高排名相似。

分析男生体重排名动态变化，7 岁、12 岁、18 岁汉族学生体重均值排名均靠前的省、直辖市为天津、山东、北京、上海。7 岁汉族学生体重排名后三位的省、直辖市为重庆、青海、贵州；12 岁汉族学生体重排名后三位的省为青海、重庆、贵州；18 岁汉族学生体重排名后三位的省、直辖市为重庆、海南、贵州。不同省、自治区、直辖市 7 岁汉族学生体重排名前三位的省、直辖市为天津、山东、北京；12 岁汉族学生体重排名前三位的省、直辖市为天津、北京、山东；18 岁汉族学生体重排名前三位的省、直辖市为北京、天津、辽宁。7 岁汉族学生体重排名后三位的省为云南、青海、贵州；12 岁汉族学生体重排名后三位的省、直辖市为贵州、重庆、青海；18 岁汉族学生体重排名后三的省、自治区为广东、广西、海南。

在前文研究全国学生体重发展趋势时发现，体重发展趋势与身高发展趋势的不同之处在于，7 ~ 18 岁汉族男、女学生体重均值 2005—2014 年的累积增长量为最高值；而同时期身高的增长量并不是最高值，1985—1995 年身高均值增长量最大。因此，2005—2014 年儿童、青少年的 BMI 值可能会相应增大，超重、肥胖率可能提高。有关中国学龄儿童超重肥胖和腹型肥胖率的研究也与本研究的推测相一致。2004 年、2006 年、2009 年 7 ~ 18 岁汉族学生超重肥胖率分别为 13.2 ± 1.2、14.7 ± 1.4、18.0 + 1.6，全学龄组人群肥胖率不断升高（刘嫚，等，2013）。多方面原因造成超重、肥胖率不断升高，如运动量的减少和高脂食物的过量摄入等。有调查显示，2010 年，全国仅有 20.6% 的汉族学生平均每天体育锻炼 1 小时（中国学生体质与健康研究组，2012）。

CHNS调查分析结果显示，近10年来我国居民的膳食结构发生了显著变化，动物性食品消费量增加的同时，谷类（大米、小麦等）和根茎类（土豆等）食物消费量下降（王陇德，2005）。这些生活习惯、环境因素都增加了超重肥胖的风险。对处于生长发育阶段的儿童、青少年，控制其肥胖应从体育锻炼和营养膳食均衡，减少高脂肪食物的摄入着手，从而降低肥胖的发生率，减少其成年后发生各种与肥胖相关的慢性病风险。

总之，中国7~18岁汉族学生的身高、体重均处于生长长期趋势中。生长长期趋势发端于社会经济进步、生活水平提高、社会福利和公共卫生的改善。长期变化作为生活状况的生物学标准（Biological Standard of Living Condition），可以和国内生产总值、人均收入、期望寿命、婴儿死亡率等并用来反映社会公平性（Waaler，1984）。一面是中国青少年生长长期趋势，另一面是现代青少年总体缺乏锻炼，呼吸、循环机能的发展停滞不前。长此以往，将对成人后的身体健康和生活质量带来严重的不利影响（中国学生体质与健康研究组，2002）。流行病学研究结果证实，成人身高、体重指数与患病率呈“U”形变化趋势。身高分布曲线越偏向右侧，成人期高血压、冠心病、2型糖尿病的患病率和死亡率越高（Waaler，1984），因此，生长期延长虽然是生活质量提高的表现，但也有可能对健康带来隐患。尤其我国是发展中国家，如果青少年不能跟进健康的生活方式，则有可能导致严重的人口问题（胡佩瑾，季成叶，2005）。

5.3.2 身体素质

从运动员选材的角度分析各省、自治区、直辖市汉族学生身体素质状况时，18岁汉族学生成绩具有较强的现实意义。从各省、自治区、直辖市秩次表数据中可以看出，身体素质薄弱的省份7岁、12岁、18岁汉族学生身体素质状况相差不大。但7岁、12岁汉族学生身体素质排名较高的省、自治区、直辖市，在18岁时有可能下降。比如，福建省汉族男生的成绩变化较大，7岁、12岁、18岁立定跳远成绩分别排名第15名、第8名、第4名，与其身高的变化趋势相反。18岁福建省汉族男生从数据分析，身高中等稍偏下（2014，排名第19名），但是腿部爆发力出色，全国排位在第4名；湖南省汉族男生在立定跳远成绩上也有相同的变化趋势，但湖南省汉族男生各年龄组身高均值排位一直较低。

5.3.2.1 爆发力

反映学生腿部爆发力的测试项目是立定跳远。综合1985—2014年18岁汉族男生立定跳远成绩排名前八位的省、自治区为广东、辽宁、浙江、福建、广西、湖南、山东、江苏，表现出较为明显的地理区域特点，除辽宁省以外，其余省、自治区为东南沿海地区；排名后八位的省、自治区、直辖市为江西、吉林、上海、甘肃、宁夏、陕西、贵州、青海，一半省、自治区、直辖市属于西北地区。18岁汉族女生立定跳远成绩前八名的省、自治区、直辖市为广东、浙江、辽宁、广西、福建、山东、湖南、北京，与汉族男生前八名较为相似（男生前八名有江苏，无北京）；排名后八名的省、自治区、直辖市为河南、上海、吉林、宁夏、甘肃、贵州、陕西、青海，与汉族男生后八名也较相似（男生后八名有江西，无河南）。18岁汉族男、女生立定跳远成绩均值在全国的排序性别差异不大。

1985年全国学生体质健康测试报告中研究各地区差异时，采用的指标是7~22岁各年龄组的最高成绩均值进行排序。本研究仅为18岁汉族学生均值成绩排序，因此研究结果有一定差异。1985年报告认为，江西省男生立定跳远的成绩表现出色（中国学生体质与健康研究组，1987）。本研究发现，江西省7岁、12岁、18岁汉族男生立定跳远成绩全国排名分别为第24名、第27名、第16名。江西省1985—2010年汉族女生立定跳远成绩为中下等水平，但18岁汉族女生立定跳远成绩在1985年、1995年、2005年、2014年的排名分别为第24名、第6名、第9名、第6名。结合历史成绩，江西18岁汉族女生没有进入前八名，但立定跳远成绩有显著提升。该报告认为，黑龙江省男生50m跑成绩表现出色，而本研究中黑龙江省 7 岁、12 岁、18 岁汉族男生 50m 跑成绩均值分别排名第 20 名、第 20 名和第 26 名。另一个表现特殊的直辖市是重庆市。重庆市在 2010 年开始进行体质健康测试。2010 年重庆市汉族男、女生立定跳远排名靠后（7 岁、12 岁、18 岁汉族男生排名分别为第 22 名、第 26 名、第 25 名），但 2014 年同年龄组分别提升至第 10 名、第 7 名、第 1 名。

5.3.2.2 速　度

反映学生速度的测试项目是 50m 跑。综合 1985—2014 年 18 岁汉族男生成绩排名前八位的省、自治区、直辖市为辽宁、广东、浙江、福建、天津、江苏、广西、上海。2016 年里约奥运会中国国家田径队 4×100m 接力项目，4 名队员分别来自广东（苏炳添）、福建（汤星强）、浙江（谢震业）、北京（张培萌）。有 3 名队员来自 18 岁 50m 跑均值排名前八位的省、直辖市（北京市排名第 10 位）。学生体质测试的成绩也显示了这些省市在速度项目中强大的群众基础。

男生 50m 跑排名与立定跳远较为相近，这是因为速度和爆发力这两个指标的相关程度较高（中国学生体质与健康研究组，2007）。爆发力出色的人群或个人，也会有较强的速度素质。速度素质排名后八位的省为四川、湖北、河南、江西、黑龙江、贵州、青海、陕西。18 岁汉族女生立定跳远成绩前八位的省、自治区、直辖市为浙江、福建、广东、江苏、广西、云南、天津、上海；排名后八位的省为吉林、河南、黑龙江、青海、贵州、江西、湖北、陕西。汉族男、女生排名前八位的省、自治区、直辖市差别不大，各自仅有 1 个地区不同（云南省男生排名为第 11.5 名；辽宁省女生排名也为第 11.5 名，但在排名中也处于中等偏上的位置，即 18 岁汉族男、女生 50m 跑前八名成绩均值在全国排序的性别差异不大）。

5.3.2.3 耐　力

18 岁汉族男、女学生耐力测试项目分别为 1 000m 跑、800m 跑。

1985—2014 年不同省、自治区、直辖市 7 岁、12 岁、18 岁汉族男、女学生中长跑成绩下降趋势较明显。

汉族男生 1 000m 跑成绩均值排名前八名的省、自治区为浙江、福建、广东、云南、江西、广西、甘肃、辽宁；后八名的省、自治区、直辖市为天津、青海、贵州、山东、山西、新疆、上海、陕西。汉族女生 800m 跑成绩均值前八名的省、自治区为浙江、福建、云南、广东、广西、内蒙古、江西、宁夏；后八名的省、自治区、直辖市为贵州、重庆、陕西、吉林、上海、江西、新疆、黑龙江。各省、自治区、直辖市 18 岁汉族学生耐力素质的表现与爆发力和速度的分布有所不同。耐力素质中汉族男、女生前八名有西北地区的省、自治区（男生前八名有甘肃，女生前八名有宁夏）。

5.3.3 综合评价

综合 7 岁、12 岁、18 岁汉族学生在 1985 年、1995 年、2005 年、2014 年的同年龄组爆发力、速度、耐力素质的秩次排名，7 岁汉族男生身体素质排名前五位的省、直辖市为辽宁、广东、江苏、北京、浙江；12 岁汉族男生身体素质排名前五位的省、直辖市为海南、广东、辽宁、北京、江苏；18 岁汉族男生身体素质排名前五位的省、自治区为广东、浙江、福建、辽宁、广西。

7 岁汉族女生身体素质排名前五位的省、直辖市为辽宁、北京、广东、浙江、江苏；12 岁汉族女生身体素质排名前五位的省、直辖市为北京、浙江、广东、辽宁、江苏；18 岁汉族女生身体素质排名前五位的省、自治区为浙江、广东、福建、广西、云南。

6　7～18岁汉族学生身体形态、身体素质预测分析

6.1　身体形态预测

6.1.1　身高（表6－1、表6－2）

采用ARIMA模型对2019年、2024年中国7～18岁汉族男、女学生身高均值和95%置信区间进行预测。对选择模型参数估计进行统计检验。7岁、18岁模型P值分别为0.004、0.01，其余年龄组$P<0.001$。模型残差均通过白噪声检验（$P>0.05$）。12岁汉族女生身高模型为ARIMA（1，1，1），AR系数检验，$P<0.001$，MA系数检验，$P=0.003$。其他模型P值均小于0.001，残差序列通过白噪声检验。

2019年、2024年中国7～18岁汉族男、女生各年龄组身高均值均继续增加。汉族男生2019年预测身高增长最大年龄为12岁，增长1.90cm；其次为11岁，增长1.71cm；18岁汉族男生预测增长0.38cm。汉族女生2019年预测身高增长最大年龄为11岁，增长1.86cm；其次为10岁，增长1.27cm；18岁汉族女生预测增长0.18cm。

6.1.2　体重（表6－3、表6－4）

18岁汉族男生、10岁汉族女生体重模型，AR系数统计检验，$P=$

0.03、$P=0.004$，其余年龄组统计检验，P 值小于 0.001，均通过白噪声检验。

2019 年、2024 年汉族男、女生体重均值各年龄组均继续增加。2019 年 11～16 岁汉族男生预测体重均值增加较大，分别增加 2.49kg、2.75kg、2.62kg、2.48kg、2.33kg、2.33kg；11 岁、12 岁汉族女生体重均值增加较大，分别为 2.62kg、2.22kg。

表 6－1　2019 年、2024 年中国 7～18 岁汉族男生身高模型参数估计及预测

年龄	ARIMA 模型	AR 系数	t 值	P 值	Box-Ljung Test P 值	2014 年均值	2019 年预测值	95% 置信区间	2024 年预测值	95% 置信区间
7	(1,1,0)	0.769	2.75	0.004	0.44	126.62	127.41↑	125.52～129.31	128.03↑	124.18～131.88
8	(1,1,0)	0.815	3.47	<0.001	0.32	131.97	132.99↑	131.14～134.83	133.83↑	129.98～137.67
9	(1,1,0)	0.880	5.37	<0.001	0.66	137.18	138.40↑	136.80～139.99	139.48↑	136.08～142.88
10	(1,1,0)	0.832	3.78	<0.001	0.42	142.09	143.12↑	140.93～145.37	143.97↑	139.44～148.82
11	(1,1,0)	0.910	7.08	<0.001	0.54	148.08	149.79↑	147.84～151.78	151.37↑	147.15～155.84
12	(1,1,0)	0.862	4.39	<0.001	0.83	154.54	156.44↑	153.33～159.68	158.11↑	151.55～165.29
13	(1,1,0)	0.781	2.64	0.008	0.51	161.40	162.61↑	159.20～166.17	163.56↑	156.67～171.09
14	(1,1,0)	0.834	3.61	<0.001	0.69	166.48	167.50↑	164.85～170.24	168.36↑	162.86～174.26
15	(1,1,0)	0.865	4.60	<0.001	0.30	169.79	170.70↑	168.90～172.54	171.49↑	167.69～175.48
16	(1,2,0)	−0.908	6.88	<0.001	0.31	171.35	172.15↑	171.32～172.98	172.98↑	171.75～174.23
17	(1,2,0)	−0.866	5.13	<0.001	0.09	172.05	172.68↑	171.92～173.44	173.34↑	172.19～174.50
18	(2,1,0)	0.714	2.56	0.01	0.14	172.00	172.38↑	171.56～173.21	172.86↑	171.61～174.13

表 6－2　2019 年、2024 年中国 7～18 岁汉族女生身高模型参数估计及预测

年龄	ARIMA 模型	AR 系数	t 值	P 值	MA 系数	t 值	P 值	Box-Ljung Test P 值	2014 年均值	2019 年预测值	95% 置信区间	2024 年预测值	95% 置信区间
7	(1,1,0)	0.868	4.92	<0.001		—	<0.001	0.39	125.13	126.01↑	124.53～127.53	126.78↑	123.64～130.09
8	(1,1,0)	0.848	4.13	<0.001		—	<0.001	0.55	130.48	131.41↑	129.58～133.29	132.21↑	128.38～136.30

续表

年龄	ARIMA模型	AR系数	t值	P值	MA系数	t值	P值	Box-Ljung Test P值	2014年均值	2019年预测值	95%置信区间	2024年预测值	95%置信区间
9	(1,1,0)	0.870	4.84	<0.001		—	<0.001	0.56	136.30	137.43↑	135.57~139.34	138.43↑	134.49~142.62
10	(1,1,0)	0.900	6.32	<0.001		—	<0.001	0.62	142.64	143.91↑	142.06~145.60	145.08↑	141.09~149.30
11	(1,1,0)	0.862	4.39	<0.001		—	<0.001	0.43	149.34	151.20↑	148.67~153.81	152.84↑	147.48~158.60
12	(1,1,1)	0.999	55.53	<0.001	-0.97	-2.95	0.003	0.90	153.74	154.92↑	151.17~158.85	156.11↑	150.50~162.16
13	(1,1,0)	0.868	3.38	<0.001		—	<0.001	0.84	157.04	157.96↑	156.58~159.37	158.77↑	155.84~161.82
14	(1,1,0)	0.818	3.84	<0.001		—	<0.001	0.09	158.65	159.36↑	158.14~160.61	159.95↑	157.41~162.57
15	(1,1,0)	0.854	4.28	<0.001		—	<0.001	0.14	159.38	160.11↑	159.17~161.05	161.05↑	158.76~162.74
16	(1,1,0)	0.888	6.03	<0.001		—	<0.001	0.29	159.76	160.41↑	159.81~161.03	161.00↑	159.71~162.31
17	(2,1,0)	0.816	3.33	<0.001		—	<0.001	0.08	159.83	160.20↑	159.28~160.59	160.72↑	159.23~161.32
18	(1,1,0)	0.840	4.63	<0.001		—	<0.001	0.40	159.40	159.58↑	159.13~160.03	159.73↑	158.79~160.68

表6-3 2019年、2024年中国7~18岁男生体重模型参数估计及预测

年龄	ARIMA模型	AR系数	t值	P值	Box-Ljung Test P值	2014年均值	2019年预测值	95%置信区间	2024年预测值	95%置信区间
7	(1,1,0)	0.900	6.84	<0.001	0.39	26.58	27.60↑	26.40~28.92	28.59↑	25.96~31.81
8	(2,2,0)	-8.750	-5.78	<0.001	0.08	29.88	31.78↑	31.07~32.59	33.14↑	32.04~34.32
9	(2,2,0)	-0.909	-8.16	<0.001	0.27	33.60	35.97↑	35.36~36.60	37.90↑	36.96~38.88
10	(1,1,0)	0.908	7.41	<0.001	0.21	37.16	38.85↑	36.72~41.24	40.53↑	35.86~46.60

续表

年龄	ARIMA模型	AR系数	t值	P值	Box-Ljung Test P值	2014年均值	2019年预测值	95%置信区间	2024年预测值	95%置信区间
11	(1,1,0)	0.964	18.40	<0.001	0.58	41.93	44.42↑	42.58～46.42	47.11↑	42.80～52.39
12	(1,1,0)	0.923	8.43	<0.001	0.56	46.63	49.38↑	46.07～53.20	52.22↑	44.83～62.53
13	(1,1,0)	0.903	6.50	<0.001	0.69	51.99	54.61↑	51.06～58.69	57.20↑	49.46～67.82
14	(1,1,0)	0.954	14.20	<0.001	0.84	56.22	58.70↑	56.56～61.00	61.27↑	56.40～67.07
15	(1,1,0)	0.964	18.00	<0.001	0.06	59.46	61.79↑	60.33～63.32	64.22↑	60.85～67.99
16	(1,1,0)	0.935	10.20	<0.001	0.68	61.51	63.84↑	62.27～65.49	66.18↑	62.63～70.17
17	(1,1,0)	0.829	4.17	<0.001	0.60	63.29	65.35↑	63.28～67.57	67.17↑	62.75～72.25
18	(1,1,0)	0.672	2.17	0.03	0.42	63.54	65.02↑	62.66～67.56	66.05↑	61.46～71.37

表6－4　2019年、2024年中国7～18岁女生体重模型参数估计及预测

年龄	ARIMA模型	AR系数	t值	P值	Box-Ljung Test P值	2014年均值	2019年预测值	95%置信区间	2024年预测值	95%置信区间
7	(1,1,0)	0.962	<0.001	<0.001	0.52	24.70	25.58↑	24.97～26.22	26.48↑	25.08～28.05
8	(2,2,0)	-0.870	-5.65	<0.001	0.35	27.62	28.91↑	28.41～29.42	29.93↑	29.27～30.62
9	(2,2,0)	-0.891	-7.39	<0.001	0.22	31.27	32.34↑	32.02～32.66	34.19↑	33.83～34.56
10	(2,2,0)	-0.762	-2.91	0.004	0.10	35.50	36.97↑	36.18～37.80	39.06↑	38.12～40.05
11	(1,1,0)	0.930	9.16	<0.001	0.14	40.63	43.25↑	40.96～45.80	46.00↑	40.74～52.81
12	(1,1,0)	0.927	8.66	<0.001	0.84	44.50	46.72↑	44.37～49.33	48.98↑	43.72～55.69
13	(1,1,0)	0.907	7.17	<0.001	0.60	48.00	49.75↑	48.19～51.41	51.45↑	47.99～55.45
14	(3,2,0)	-0.998	-381.89	<0.001	0.22	50.43	52.14↑	52.09～52.19	53.86↑	53.73～53.98
15	(0,2,0)	—	—	—	0.75	51.56	53.08↑	52.42～53.77	54.70↑	53.14～56.36
16	(0,2,0)	—	—	—	0.30	52.66	54.31↑	53.12～55.55	56.06↑	53.31～59.11
17	(0,2,0)	—	—	—	0.07	52.99	54.34↑	53.21～55.54	55.77↑	53.16～58.66
18	(0,3,0)	—	—	—	0.90	52.57	54.20↑	52.33～56.21	56.72↑	50.71～64.33

6.2 身体素质预测

6.2.1 爆发力（表6－5、表6－6）

7～18岁汉族男、女生爆发力素质预测模型均通过了白噪声检验。2019年和2024年7～18岁汉族男女生各年龄组立定跳远均值均呈下降趋势。2019年8～11岁汉族男生下降幅度较大，分别为4.06cm、4.16cm、5.48cm、4.81cm；9～11岁汉族女生下降较多，分别为4.15cm、3.81cm和3.04cm。

6.2.2 速度（表6－7、表6－8）

7～18岁汉族男、女生速度素质预测模型均通过了白噪声检验。2019年、2024年汉族男生除18岁、女生除17岁、18岁外，50m跑成绩均值继续有所提高。2019年预测汉族男女生15岁组50m跑成绩提高最大，男生为0.23s，女生为0.18s。

6.2.3 耐力（表6－9、表6－10）

7～18岁汉族男、女生耐力素质预测模型均通过了白噪声检验。2019年、2024年汉族男、女生耐力素质不同年龄组预测趋势不同。10岁、11岁、12岁、14岁、15岁汉族男生组成绩提高，其余年龄组成绩下降，18岁汉族男生成绩下降幅度最大，为6.81s；汉族女生除7岁、16～18岁组外，其余年龄组成绩均有所提高，13岁汉族女生组成绩提高最大（2.75s），18岁汉族女生降幅最大（4.67s）。

表6－5　2019年、2024年中国7～18岁男生爆发力模型参数估计及预测

年龄	ARIMA模型	Box-Ljung Test *P*值	2014年均值	2019年预测值	95%置信区间	2024年预测值	95%置信区间
7	(0,2,0)	0.34	122.27	118.37↓	110.143～126.60	114.47↓	96.08～132.87
8	(0,2,0)	0.30	133.12	129.06↓	120.84～137.28	125.00↓	106.63～143.37
9	(0,2,0)	0.41	141.03	136.87↓	129.87～143.87	132.71↓	117.07～148.35
10	(0,2,0)	0.19	148.40	142.92↓	134.34～151.50	137.44↓	118.26～156.62
11	(0,2,0)	0.33	156.92	152.11↓	144.35～159.87	147.30↓	129.94～164.66
12	(0,2,0)	0.35	169.44	165.85↓	155.79～175.91	162.26↓	139.77～184.75
13	(0,2,0)	0.19	185.60	182.79↓	173.96～192.56	180.06↓	161.96～202.70
14	(0,2,0)	0.17	198.90	196.15↓	187.34～205.83	193.47↓	175.29～215.86
15	(0,2,0)	0.34	212.22	211.43↓	202.74～220.92	210.66↓	192.28～232.92
16	(0,2,0)	0.80	219.93	216.73↓	206.83～226.63	213.53↓	191.39～235.67
17	(0,2,0)	0.69	224.16	221.29↓	213.94～229.16	218.48↓	203.08～236.42
18	(0,2,0)	0.59	225.84	222.52↓	214.67～230.37	219.20↓	201.66～236.74

表6－6　2019年、2024年中国7～18岁女生爆发力模型参数估计及预测

年龄	ARIMA模型	Box-Ljung Test *P*值	2014年均值	2019年预测值	95%置信区间	2024年预测值	95%置信区间
7	(0,2,0)	0.40	114.32	111.66↓	103.23～120.09	109.00↓	90.156～127.84
8	(0,2,0)	0.29	124.39	122.12↓	116.98～127.26	119.85↓	108.35～131.35
9	(0,2,0)	0.40	131.86	127.71↓	121.27～134.15	123.56↓	109.16～137.96
10	(0,2,0)	0.48	139.90	136.09↓	128.90～143.28	132.28↓	116.20～148.36
11	(0,2,0)	0.32	147.05	144.01↓	137.93～150.09	140.97↓	127.37～154.57
12	(0,2,0)	0.39	152.33	149.50↓	141.59～157.41	146.67↓	128.99～164.35
13	(0,2,0)	0.18	156.72	154.60↓	147.34～161.86	152.48↓	136.25～168.71
14	(0,2,0)	0.58	159.51	158.26↓	151.21～166.01	157.03↓	142.30～175.16
15	(0,2,0)	0.52	164.52	165.78↑	156.53～176.19	167.06↑	147.42～192.73
16	(0,2,0)	0.42	166.00	166.00→	158.90～173.77	166.00→	150.91～184.44
17	(0,2,0)	0.69	166.51	165.66↓	158.55～173.44	164.82↓	149.86～183.09
18	(0,2,0)	0.63	166.16	164.55↓	157.93～171.75	162.98↓	149.13～179.65

表6－7　2019年、2024年中国7～18岁男生50m跑模型参数估计及预测

年龄	ARIMA模型	AR系数	*t*值	*P*值	MA系数	*t*值	*P*值	Box-Ljung Test *P*值	2014年均值	2019年预测值	95%置信区间	2024年预测值	95%置信区间
7	(0,2,0)	—	—	—	—	—	—	0.36	11.07	10.99↑	11.28～10.72	10.91↑	11.57～10.33
8	(0,1,0)	—	—	—	—	—	—	0.60	10.46	10.46→	10.67～10.26	10.46→	10.76～10.17
9	(0,2,0)	—	—	—	—	—	—	0.50	10.06	9.98↑	10.33～9.66	9.90↑	10.70～9.22
10	(0,2,0)	—	—	—	—	—	—	0.71	9.74	9.71↑	10.08～9.37	9.68↑	10.53～8.96
11	(0,2,0)	—	—	—	—	—	—	0.65	9.43	9.36↑	9.67～9.07	9.29↑	10.01～8.67
12	(0,2,0)	—	—	—	—	—	—	0.67	9.03	8.92↑	9.24～8.63	8.82↑	9.53～8.20
13	(0,2,0)	—	—	—	—	—	—	0.25	8.53	8.47↑	8.72～8.24	8.41↑	8.98～7.91
14	(1,2,0)	0.76	2.35	0.019	—	—	<0.001***	0.92	8.15	8.04↑	8.20～7.85	7.86↑	8.34～7.36
15	(1,2,0)	0.754	2.28	0.023	—	—	<0.001***	0.34	7.85	7.62↑	7.78～7.46	7.30↑	7.77～6.83
16	(0,2,0)	—	—	—	—	—	—	0.67	7.71	7.68↑	7.88～7.47	7.65↑	8.11～7.18
17	(1,2,1)	-0.9993	-72.59	<0.001***	0.967	2.95	0.003	0.49	7.63	7.58↑	7.73～7.44	7.59↓	7.91～7.30
18	(0,2,0)	—	—	—	—	—	<0.001***	0.40	7.65	7.70↓	7.85～7.54	7.75↓	8.10～7.39

表6－8 2019年、2024年中国7～18岁女生50m跑模型参数估计及预测

年龄	ARIMA模型	AR系数	t值	P值	MA系数	t值	P值	Box-Ljung Test P值	2014年均值	2019年预测值	95%置信区间	2024年预测值	95%置信区间
7	(0,2,0)	—	—	—	—	—	—	0.63	11.55	11.44↑	11.68～11.20	11.33↑	12.16～10.51
8	(0,2,0)	—	—	—	—	—	—	0.92	10.92	10.40↑	11.84～10.40	10.66↓	11.54～9.78
9	(0,2,0)	—	—	—	—	—	—	0.77	10.49	10.40↑	10.78～10.02	10.31↑	11.16～9.46
10	(0,2,0)	—	—	—	—	—	—	0.69	10.15	10.08↑	10.39～9.79	10.01↑	10.71～9.40
11	(0,2,0)	—	—	—	—	—	—	0.55	9.86	9.77↑	10.08～9.48	9.69↑	10.40～9.06
12	(0,2,0)	—	—	—	—	—	—	0.54	9.70	9.56↑	9.94～9.21	9.43↑	10.29～8.70
13	(1,0,0)	0.528	1.87	0.06	0.1	104	<0.001***	0.20	9.61	9.58↑	9.82～9.34	9.56↑	9.84～9.30
14	(0,2,0)	—	—	—	—	—	—	0.34	9.58	9.48↑	9.80～9.17	9.38↑	10.07～8.69
15	(2,0,0)	-0.887	-7.77	<0.001***	0.11	205	<0.001***	0.54	9.57	9.39↑	9.51～9.28	9.30↑	9.47～9.14
16	(0,2,0)	—	—	—	—	—	—	0.31	9.65	9.64↑	9.96～9.34	9.63↑	10.37～8.99
17	(0,2,0)	—	—	—	—	—	—	0.72	9.65	9.69↓	10.15～9.22	9.73↓	10.77～8.69
18	(0,2,0)	—	—	—	—	—	—	0.63	9.76	9.88↓	10.21～9.55	10.00↓	10.73～9.27

表 6－9　2019 年、2024 年中国 7～18 岁男生耐力模型参数估计及预测

年龄	ARIMA 模型	MA 系数	*t* 值	*P* 值	Box-Ljung Test *P* 值	2014 年均值	2019 年预测值	95% 置信区间	2024 年预测值	95% 置信区间
7	(0,2,0)	—	—	—	0.82	135.65	135.75↓	146.54～126.44	135.85↓	162.63～116.64
8	(0,2,0)	—	—	—	0.61	130.87	131.38↓	141.71～122.46	131.90↓	157.68～113.37
9	(0,2,0)	—	—	—	0.96	126.82	126.82→	133.94～120.48	126.88↓	143.91～113.46
10	(0,1,0)	—	—	—	0.76	122.34	121.82↑	126.33～117.63	121.31↑	131.79～112.38
11	(0,1,2)	0.92	2.1	0.039*	0.75	117.80	117.32↑	120.85～113.81	117.08↑	125.19～109.95
12	(2,2,1)	—	—	—	0.94	114.06	113.22↑	119.53～106.91	112.38↑	126.50～98.26
13	(0,2,0)	—	—	—	0.71	300.44	303.40↓	325.78～283.90	306.41↓	362.67～265.27
14	(0,2,0)	—	—	—	0.75	281.76	281.62↑	300.01～265.36	281.48↑	326.17～247.56
15	(0,2,0)	—	—	—	0.55	269.60	268.03↑	286.33～251.93	266.47↑	310.61～233.33
16	(0,2,0)	—	—	—	0.55	265.68	268.67↓	284.04～253.30	271.66↓	306.04～237.28
17	(0,2,0)	—	—	—	0.6	264.46	269.33↓	286.80～253.81	274.33↓	318.61～240.84
18	(0,2,0)	—	—	—	0.27	263.66	270.47↓	282.74～258.20	277.28↓	304.72～249.84

表 6－10　2019 年、2024 年中国 7～18 岁女生耐力模型参数估计及预测

年龄	ARIMA 模型	Box-Ljung Test *P* 值	2014 年均值	2019 年预测值	95% 置信区间	2024 年预测值	95% 置信区间
7	(0,2,0)	0.76	139.43	139.79↓	151.97～129.42	140.16↓	170.84～118.81
8	(0,2,0)	0.65	134.79	134.77↑	145.70～125.36	135.75↓	161.91～115.39
9	(0,2,0)	0.91	130.60	130.16↑	139.72～121.83	129.73↑	153.06～112.57

续表

年龄	ARIMA 模型	Box-Ljung Test P 值	2014 年均值	2019 年预测值	95% 置信区间	2024 年预测值	95% 置信区间
10	(0,2,0)	0. 88	125. 61	124. 62 ↑	131. 84 ~ 118. 14	123. 64 ↑	140. 74 ~ 110. 24
11	(0,2,0)	0. 91	121. 37	119. 86 ↑	126. 40 ~ 113. 96	118. 38 ↑	133. 65 ~ 106. 25
12	(0,2,0)	0. 80	120. 55	120. 01 ↑	129. 50 ~ 111. 82	119. 48 ↑	142. 76 ~ 102. 73
13	(0,2,0)	0. 84	266. 53	263. 78 ↑	284. 61 ~ 245. 78	261. 08 ↑	311. 56 ~ 224. 68
14	(0,2,0)	0. 70	261. 26	259. 13 ↑	279. 00 ~ 241. 89	257. 02 ↑	305. 27 ~ 211. 95
15	(0,2,0)	0. 68	257. 59	255. 27 ↑	275. 73 ~ 237. 56	253. 00 ↑	302. 76 ~ 217. 28
16	(0,2,0)	0. 40	260. 70	264. 13 ↓	279. 42 ~ 248. 84	267. 56 ↓	301. 74 ~ 233. 38
17	(0,2,0)	0. 51	261. 89	265. 24 ↓	279. 58 ~ 250. 90	268. 59 ↓	300. 64 ~ 236. 54
18	(0,2,0)	0. 49	261. 27	265. 94 ↓	282. 93 ~ 250. 88	270. 78 ↓	313. 67 ~ 238. 21

7 结论与展望

7.1 主要结论与讨论

本研究以中国7~18岁汉族学生为研究人群，对其1985—2014年间7次体质测试中的身体形态指标（身高、体重）、身体素质指标（爆发力、速度、耐力）的时间序列指标进行长期趋势分析；对各省、自治区、直辖市7岁、12岁、18岁汉族学生身体形态、身体素质进行秩次排序分析；并对2019年、2024年7~18岁汉族学生身体形态、身体素质各指标均值进行预测。

本研究的主要结论和讨论如下。

7.1.1 中国汉族学生身体形态和身体素质动态分析

7.1.1.1 身体形态

（1）身高。

1985—2014年，中国7~18岁汉族男、女生同年龄组身高均值随着年份的推移有不断增长的趋势。1985—2014年全学龄汉族男、女生1985—1995年增量最大，分别为3.29cm、2.54cm，1995—2005年分别为2.09cm、1.65cm，2005—2014年分别为2.49cm、2.00cm。对比1995—2005年，2005—2014年身高均值增长量继续提高。城市汉族男、女生身高均值高于乡村汉族男、女生，但随着时间的变化，城乡差距逐渐减小。

（2）体重。

1985—2014 年，中国 7 ~ 18 岁汉族男、女生各年龄组体重均值随时间变化，呈现持续上升趋势。3 个时间（1985—1995 年、1995—2005 年、2005—2014 年）全学龄组体重环比增长均值男生分别为 3.04kg、3.07kg、3.74kg，女生分别为 2.05kg、1.76kg、2.53kg。2005—2014 年汉族男、女生体重增长量最大。同时期，在身高增长量并不为最大的情况下，体重增长量最大，BMI（体重/身高^2）的值相应变大，超重、肥胖的问题则会伴随而出。1985—2010 年城乡汉族男、女体重差距增大，2014 年差距开始缩小。体重性别差异不断增大。

1985—2014 年，中国 7 ~ 18 岁汉族学生身体形态发展存在性别差异，男、女生身高均值差异不断增加。1985 年、1995 年、2005 年、2014 年差值分别为 3.27cm、4.03cm、4.64cm、5.13cm。1985—2014 年，汉族男生体重的最大增量年龄（13 岁）比身高最大增量年龄（12 岁）滞后，男生先纵向发展，后横向发展；女生有所不同，女生身高、体重的最大增量年龄（11 岁）相同，即女生纵向和横向的发展趋势基本吻合，女生的身体形态优于男生。从男、女生身高增长量和增长速度分析，男、女生身高增长速度和增长量与女生的差异进一步增大。

7.1.1.2 身体素质

本研究将爆发力、速度、耐力作为中国 7 ~ 18 岁汉族学生身体素质的研究内容。用立定跳远、50m 跑和中长跑作为研究指标。1985—2014 年，中国 7 ~ 18 岁汉族学生爆发力、速度、耐力素质有不同的变化趋势。

（1）爆发力（立定跳远）。

1985—2014 年，中国 7 ~ 18 岁汉族学生男、女生立定跳远发展趋势有起伏，男、女生均在较高年龄组，男生 12 ~ 18 岁、女生 15 ~ 18 岁立定跳远成绩相对于 1985 年成绩有提高，其余年龄组成绩低于 1985 年成绩。7 次测试结果表明，1991 年男、女生成绩提高幅度较大，发展趋势与身体、体重指标一致。1991—1995年继续上升，但增长幅度低于1991年。2000年开始下降，2005年进一步下降，2010年下降趋势有所缓和，男、女生成绩（除女生7岁外）均值仍高于1985年成绩，在2014年男、女生成绩均值有近一半的年龄组低于1985年成绩。尤其是7～11岁汉族女生和7～14岁汉族男生的爆发力素质降低最明显。这一方面可能与低龄学生的体力活动不足有关，也可能与低龄学生对立定跳远的技术动作掌握不够有关。随着时代的发展，社会经济发展日益提高，体育文娱活动项目不断丰富，学校体育也有较大发展。但是，很多技巧类项目对技术要求较高，对体能要求不高。而20世纪80—90年代学校体育教学内容相对单一，体育课主要练习田径项目，对于学生基础身体素质测试可能有一定帮助。1990年中国北京首次承办亚洲运动会。这是改革开放后，我国首次承办的大型综合型运动会。筹办亚运会期间，对于体育活动的宣传、教育、推广有很大促进作用，体育设施得到了改善，这些因素都极大地促进了全民健身发展。这可能也是1991年中国学生体质与健康测试成绩提升显著的重要原因之一。

1985—2014年，整体分析立定跳远城乡差异结果显示，1985年城市汉族男生成绩高于乡村男生，但差距不断缩小，2014年（2000年城、乡差异不显著）乡村汉族男生首次立定跳远成绩均值高于城市男生。女生也有同样趋势，但乡村女生在2005年立定跳远成绩已超过城市女生。男、女生立定跳远成绩均值差异有增大趋势，但幅度不大。

（2）速度（50m跑）。

1985—2014年，中国7～18岁汉族学生速度素质成绩均值变化幅度不大，2014年男生成绩均值整体有所提高。速度素质发展存在性别和城、乡差异。

1985—2014年，中国7～18岁汉族男生50m跑发展趋势总体为先提高，后下降，再提高的过程。在本研究的3个身体素质测试结果分析中，1985—2014年，汉族男生50m跑的成绩相比1985年成绩（除个别年龄组外）均有提高。汉族女生50m跑成绩发展趋势与男生不同，整体上7～11岁的成绩有提升，但12～18岁的成绩从2000年（其他年龄组环比成绩下降，但累积成绩仍优于 1985 年）开始下降，至 2014 年低于 1985 年成绩均值。

从运动训练学分析，速度素质包括反应速度、动作速度和移动速度。50m 跑属于测试移动速度的指标。在学生身体素质普遍下降的时期，50m 跑成绩没有显著下降，男生成绩虽出现过下降的趋势，但总体成绩环比、累积均表现出提高的趋势。原因可能与身体形态、体脂百分比的改变有一定关系。运动训练学认为身体形态、体脂百分比是移动速度的影响因素之一。另一方面，可能是因为速度素质和基因有一定关系。

对比城乡汉族学生速度素质发展趋势，城市汉族女生速度素质一直高于乡村汉族女生，但是差距在不断缩小；城市汉族男生 50m 跑前 20 年成绩优于乡村汉族男生 50m 跑成绩，2010 年城乡差异不显著，2014 年乡村汉族男生 50m 跑成绩首次超过城市汉族男生 50m 跑成绩。

（3）耐力（中长跑）。

1985—2014 年，中国 7 ~ 18 岁汉族学生耐力测试均值处于全面下滑的趋势。环比和累积均值指标从 1991—2014 年均处于下降状态。

中国 7 ~ 12 岁汉族男、女生测试耐力的指标为 50m × 8 往返跑。男女成绩发展趋势有相似部分。男、女生耐力素质均处于不断下降的状态，但在 2014 年环比成绩均有所提高。女生的环比成绩从 2010 年已显示有提高（累积成绩仍低于 1985 年成绩）。这说明男、女生 50m × 8 往返跑成绩均值虽一直下降，但有下降放缓的趋势。13 ~ 18 岁汉族男生测试 1 000m 跑、女生测试 800m 跑，男、女生成绩均在 2010 年成绩环比均值有所提高，但是 2014 年再次环比成绩下降。

耐力素质存在城、乡差异。仅在 1985 年城市汉族男、女生 50m × 8 往返跑成绩均值优于乡村汉族男、女生，1995 年后，乡村汉族男、女生耐力成绩均值超过城市汉族男、女生。对比城、乡汉族男生 1 000m 跑成绩差异，乡村汉族男生成绩一直优于城市汉族男生，两者差异随时间增加；对比城、乡汉族女生 800m 跑成绩差异，与城乡汉族男生差异不同，乡村汉族女生成绩也一直优于城市汉族女生，但两者的差异在不断缩小。

学生的意志品质对耐力项目的成绩起着重要作用。长跑锻炼是一项既能提高心肺功能，又能培养意志品质的锻炼项目，但有调查显示在校学生不喜欢长跑较多。主观和客观原因造成了学生耐力素质持续下降。

7.1.1.3　身体形态、身体素质总体趋势分析

1985—2014年，中国7～18岁汉族学生身体形态、身体素质的发展趋势可分为快速发展和反向发展两个阶段。发展趋势呈现出不同的城乡模式、性别模式、年龄模式和区域模式。身体形态和身体素质发展宏观上受人口转换、社会经济发展的影响，个体层面受行为模式和生活方式的影响。

7.1.2　不同区域学生身体形态、身体素质动态分析

7.1.2.1　身体形态

（1）身高。

整体分析，1985—2014年不同省、自治区、直辖市7岁、12岁、18岁汉族男、女学生身高随年龄、时间变化而不断增高。从趋势图分析，同一省、自治区、直辖市男、女生身高发展趋势相似。不同区域身高发展存在差异。

7岁、12岁、18岁汉族男、女生身高均值处于高位、中位、低位的省、自治区、直辖市（新疆、青海除外）改变不大。辽宁、天津、黑龙江、北京、上海、山东、新疆、江苏、吉林的身高均值排在高位；湖南、海南、广东、广西、四川、贵州的的身高均值处于低位；排在中位的是山西、内蒙古、吉林、浙江、安徽、福建、江西、河南、湖北、云南、陕西、甘肃、宁夏、陕西、青海。从区域位置分析，身高均值排在高位的省市多数分布在东部区域，少数（吉林、黑龙江）属于中部区域，只有新疆位于西部区域；身高均值处于低估的区域多属

于中西部区域（除广东、海南）。从身高均值的分布发现，身高均值较高的省、直辖市大多属于社会经济状况发展较好的区域，身高均值较低的区域在社会经济发展相对落后的中西部区域。现有研究也表明，经济发达国家，如西欧、澳大利亚和日本等在第二次世界大战后出现显著的生长加速，与都市化进程和生活水平提高密切相关。还有研究表明，身高有世代遗传因素，也与所在地区的地理气候条件有关。生活在高纬度、昼夜温差大、日照充裕地区者身高水平高；而生活在温暖湿润、昼夜温差小，降水量多的地区者身高水平相对低。这些原因能够解释我国不同省、市儿童、青少年身高水平为什么存在差异。但“生活水平差异导致的环境影响存在时间较短”不足以与遗传和地理生活环境因素这样的长期作用相抗衡。广东省 GDP 连续 28 年位列各省首位，但是身高均值在全国处于低位，原因可能是遗传和地理生活环境的作用更大一些。

本研究发现，福建省汉族学生的身高均值变化趋势比较特殊。7 岁福建汉族男生 1985 年身高均值全国排名第 20 名，1995 年、2005 年、2014 年分别上升至第 16 名、第 10 名和第 6 名。12 岁福建汉族男生身高全国排名也有同样的提升趋势，但 18 岁福建汉族男生 1985—2014 年全国排名稳定在第 18 名、第 19 名。从经济发展轨迹分析，改革开放之初，福建经济总量位居全国 20 多名，经济基础薄弱。随着经济的快速发展，2014 年福建国内生产总值位列全国第 11 位。生活条件的不断改善提高了福建儿童、青少年阶段的身高发育水平，使同年龄组的福建学生身高排名不断提升。但是遗传和地理生活环境因素，使接近成人身高的福建 18 岁学生的总体身高在全国排名相对稳定。

（2）体重。

1985—2014 年，各省、自治区、直辖市 7 岁、12 岁、18 岁汉族男、女学生体重随年龄、时间变化而不断增高。整体上，各省同年龄组学生体重在全国排名状况与身高排名相似。

根据男生体重排名秩次表的动态变化，7 岁、12 岁、18 岁汉族男生体重均值排名均靠前的省、直辖市为天津、山东、北京、上海。7 岁汉族男生体重排名后三的省、直辖市为重庆、青海、贵州；12岁汉族男生体重排名后三的省、直辖市为青海、重庆、贵州；18岁汉族男生体重排名后三的省、直辖市为重庆、海南、贵州。根据不同省、自治区、直辖市7岁汉族女生体重排名的动态变化，体重排名前三的省、直辖市为天津、山东、北京；12岁汉族女生体重排名前三的省、直辖市为天津、北京、山东；18岁汉族女生体重排名前三的省、直辖市为北京、天津、辽宁。7岁汉族女生体重排名后三的省为云南、青海、贵州；12岁汉族女生体重排名后三的省、直辖市为贵州、重庆、青海；18岁汉族女生体重排名后三的省、自治区为广东、广西、海南。

体重发展趋势与身高发展趋势的不同之处在于，7～18岁汉族男生2005—2014年的累积增长量为最高值；而同时期身高的增长量并不是最高值，1985—1995年身高均值增长量最大。因此，2005—2014年儿童、青少年的BMI值可能会相应增大，超重、肥胖率可能提高。有关中国学龄儿童超重肥胖和腹型肥胖率的研究也与本研究的推测相一致。2004年、2006年、2009年7～18岁学生超重肥胖率分别为（13.2±1.2）%、（14.7±1.4）%、（18.0+1.6）%，全学龄组人群肥胖率不断升高。

总之，中国7～18岁汉族学生身高、体重均处于生长长期趋势中。生长长期趋势发端于社会经济进步、生活水平提高、社会福利和公共卫生的改善。长期变化作为生活状况的生物学标准（Biological Standard of Living Condition），可以和国民生产总值、人均收入、期望寿命、婴儿死亡率等并用来反映社会公平性。一方面是中国青少年生长长期趋势；另一方面是现代青少年总体缺乏锻炼，呼吸、循环机能的发展停滞不前。长此以往，将对成人后的身体健康和生活质量带来严重的不利影响。流行病学研究结果证实，成人身高、体重指数与患病率呈"U"形变化趋势。身高分布曲线越偏向右侧，成人期高血压、冠心病、2型糖尿病的患病率和死亡率越高，因此，生长期延长虽然是生活质量提高的表现，但也有可能对健康带来隐患。尤其我国是发展中国家，如果青少年不能跟进健康的生活方式，则有可能导致严重的人口问题。

7.1.2.2 身体素质

从运动员选材的角度分析各省、自治区、直辖市学生身体素质状况时，18 岁成绩具有较强的现实意义。

（1）爆发力。

反映学生腿部爆发力的测试项目是立定跳远。综合 18 岁汉族男生 1985—2014 年成绩排名前八位的省、自治区为广东、辽宁、浙江、福建、广西、湖南、山东、江苏。表现出较为明显的地理区域特点：除辽宁以外，其余省、自治区为东南沿海地区；排名后八位的省、自治区为江西、吉林、上海、甘肃、宁夏、陕西、贵州、青海。一半省、自治区属于西北地区。18 岁汉族女生立定跳远成绩前八名的省、自治区、直辖市为广东、浙江、辽宁、广西、福建、山东、湖南、北京，与男生前八名较为相似（男生前八名有江苏，无北京）；排名后八名的省、自治区、直辖市为河南、上海、吉林、宁夏、甘肃、贵州、陕西、青海，与男生后八名也较相似（男生后八名有江西，无河南）18 岁男、女生立定跳远成绩均值在全国的排序性别差异不大。

（2）速度。

反映学生速度的测试项目是 50m 跑，男生 50m 跑排名与立定跳远较为相近。综合 18 岁汉族男生 1985—2014 年成绩排名前八位的省、直辖市为辽宁、广东、浙江、福建、天津、江苏、广西、上海；排名后八位的省为四川、湖北、河南、江西、黑龙江、贵州、青海、陕西。18 岁汉族女生立定跳远成绩前八名的省、自治区、直辖市为浙江、福建、广东、江苏、广西、云南、天津、上海；排名后八位的省为吉林、河南、黑龙江、青海、贵州、江西、湖北、陕西。男、女生排名前八位的省、自治区、直辖市差别不大，各自仅有 1 个地区不同（云南省的男生排名为第 11.5 名；辽宁省的女生排名也为第 11.5 名，但在排名中也处于中等偏上的位置，即 18 岁男、女生 50m 跑前八名成绩均值在全国的排序性别差异不大）。

（3）耐力。

18 岁男、女学生耐力测试项目分别为 1 000m 跑和 800m 跑。1985—2014 年，各省、自治区、直辖市 7 岁、12 岁、18 岁汉族男、女学生中长跑成绩下降趋势较明显。

男生 1 000m 跑成绩均值排名前八名的省、自治区为浙江、福建、广东、云南、江西、广西、甘肃、辽宁；后八名的省、自治区、直辖市为天津、青海、贵州、山东、山西、新疆、上海、陕西。女生 800m 跑成绩均值前八名的省、自治区、直辖市为浙江、福建、云南、广东、广西、内蒙古、江西、宁夏；后八名的省、自治区、直辖市为贵州、重庆、陕西、吉林、上海、江西、新疆、黑龙江。各省、自治区、直辖市 18 岁汉族学生耐力素质的表现与爆发力和速度的分布有所不同。耐力素质中男、女生前八名有西北地区的省、自治区（男生前八名有甘肃，女生前八名有宁夏）。

7.1.2.3 综合评价

综合 7 岁、12 岁、18 岁汉族学生在 1985 年、1995 年、2005 年、2014 年的同年龄组爆发力、速度、耐力素质的秩次排名。

7 岁组汉族男生身体素质排名前五位的省、直辖市为辽宁、广东、江苏、北京、浙江；12 岁组汉族男生身体素质排名前五位的省、直辖市为海南、广东、辽宁、北京、江苏；18 岁组汉族男生身体素质排名前五位的省、自治区为广东、浙江、福建、辽宁、广西。

7 岁组汉族女生身体素质排名前五位的省、直辖市为辽宁、北京、广东、浙江、江苏；12 岁组汉族女生身体素质排名前五位的省、直辖市为北京、浙江、广东、辽宁、江苏；18 岁组汉族女生身体素质排名前五位的省、自治区为浙江、广东、福建、广西、云南。

7.1.3 7～18 汉族学生身体形态、身体素质预测

2019 年、2024 年 7～18 岁环比汉族男、女生身高值，均有所提高。汉族男生 2019 年预测身高增长最大年龄为 12 岁，增长 1.90cm；

11 岁男生，增长 1.71cm；18 岁男生预测增长 0.38cm。汉族女生 2019 年预测身高增长最大年龄为 11 岁，增长 1.86cm；10 岁女生，增长 1.27cm；18 岁女生预测增长 0.18cm。

2019 年、2024 年 7～18 岁汉族男、女生体重均值各年龄组均有所提高。2019 年 11～16 岁汉族男生预测体重均值增加较大，分别增加 2.49kg、2.75kg、2.62kg、2.48kg、2.33kg、2.33kg；女生 11 岁、12 岁体重均值增加较多，分别为 2.62kg、2.22kg。

2019 年和 2024 年 7～18 岁汉族男、女生立定跳远成绩均值均呈下降趋势。2019 年 8～11 岁汉族男生下降幅度较大，分别为 4.06cm、4.16cm、5.48、4.81cm；9～11 岁汉族女生下降较多，分别为 4.15cm、3.81cm 和 3.04cm。

2019 年、2024 年 7～18 岁汉族男生除 18 岁，女生除 17 岁、18 岁外，50m 跑成绩均值继续有所提高。2019 年预测 15 岁组汉族男、女生 50m 跑成绩提高最大，男生提高 0.23s，女生提高 0.18s。

2019 年、2024 年 7～18 岁汉族男、女生耐力素质不同年龄组预测趋势不同。10 岁、11 岁、12 岁、14 岁、15 岁汉族男生组成绩提高，其余年龄组成绩下降，18 岁汉族男生成绩下降幅度最大（6.81s）；女生除 7 岁、16～18 岁组外，其余年龄组成绩均有所提高，13 岁女生组成绩提高最大（2.75s），18 岁女生降幅最大（4.67s）。

7.2 研究主要创新性

本研究对 1985—2014 年全国学生体质与健康监测数据进行了汇总，将多次、非追踪、异构横断面数据对接成数据集，使全国和区域间儿童、青少年身体形态、身体素质发展趋势研究成为可能。

传统的学生体质健康研究多以城乡男、城乡女为研究人群，缺乏对不同性别全国学生整体发展趋势分析。本研究首次以此为专题研究，将中小学生身体形态、身体素质长期趋势划分为快速发展和反向发展两个阶段，并将城乡、性别分别作为单因素进行分析，为体质测试研究开拓了新的思路。本研究发现了身体形态、身体素质发展的不同城乡、性别和年龄模式，并阐释了这些不同变化模式背后的原因。宏观方面是人口、健康转化和社会经济发展的推动，个体层面是不同行为模式和生活方式所致。

以往研究较多分为东、中、西区域对比分析，这种区域划分多以经济、地理环境为依据，而学生身体形态、身体素质发展以省为单位研究，在运动员选材时有较强的现实意义。在中国学生体质健康研究中，全国范围内不同省、自治区、直辖市学生身体形态、身体素质动态分析一直没有专题研究。本研究对各省、自治区、直辖市学生身体形态、身体素质进行分析时，采用了综合排秩次法，动态地分析各省、自治区、直辖市不同时期、不同年龄组、不同性别的身体形态、身体素质的发展变化。将区域发展趋势与经济发展脉络相结合，揭示了不同省市学生身体形态的动态变化趋势与经济发展之间的内在关系；排秩次法量化了不同区域学生身体素质的能力表现，为运动员科学化选材提供了较为可靠的数据支持。

本研究首次采用时间序列分析中的ARIMA模型对学生未来的体质状况进行预测，是对本领域研究的一次积极尝试。预测所发现的学生未来身体形态、身体素质的发展趋势，为教育和体育部门监控和干预中小学生身体和素质发展方向提供坚实的数据支持。中国学生体质与健康测试作为一种制度还将继续进行下去。一方面，本研究方法对中国学生体质与健康测试的数据挖掘进行了积极探索；另一方面，数据在未来不断充实，本研究所采用的方法可能将有更大的发展前景。

7.3 研究不足及展望

本研究对1985—2014年中国7～18岁汉族学生的身体形态、身体素质时间序列进行动态分析，使各项指标的发展规律得以较为完整地呈现；城乡、性别、年龄差异的研究较为深入、清晰；各省、自治区、直辖市7岁、12岁、18岁汉族学生的各项指标动态分析，对于运动员选材可能有一定价值；运用时间序列 ARIMA 模型对学生的各项指标进行了预测。

然而，由于数据局限性，本研究有以下几点不足。

（1）数据来自中国学生体质与健康监测报告，数据的有效性、可靠性有一定程度的损失；用城、乡数据计算全国数据，可能使合并后的全国数据有一定的偏倚。

（2）由于汇总数据中 BMI 数据不完整，无法进行超重、肥胖问题的长期趋势研究。

（3）各省、自治区、直辖市的排秩次法后，动态分析各项指标不同年龄、不同时期的排名变化时，未能建立较为深入的链接，因而研究的深入度不足。所选择的年龄组还可以再扩充至青春期前期、后期年龄。

（4）采用 7 次测试数据进行预测，使模型选择较为困难。身高、体重指标发展趋势较为清晰，而身体素质指标变动起伏较明显，未来研究需要谨慎对待本次研究结果。

在本研究的基础上，对于未来中国学生体质与健康方面的研究将更多地关注：

（1）儿童、青少年超重、肥胖问题。

（2）身体形态与身体素质之间的关系。

（3）拓展研究力量素质、柔韧性素质的动态发展，以及灵敏素质的测试方法。

（4）用数理分析的方式研究儿童、青少年身体素质发展的具体影响因素。

通过更加深入、细致、精准的研究设计与实施，掌握中国儿童、青少年的身体形态、身体素质发展规律，为学生体质与健康监测研究开辟更为广阔、深入的研究思路、研究方法。

参考文献

[1]安康,刘淑娟,杨巧玲,等.北京海淀区1985—2010年中小学生体格发育变化趋势[J].中国学校卫生,2011(11):1301-1303.

[2]蔡丹聃,孙有平,季浏.中外青少年体质测定标准之力量素质评价指标的比较[J].首都体育学院学报,2013(4):371-374.

[3]蔡忠建,袁建国.大学生体质健康指标的权系数及关联分析[J].上海体育学院学报,2009,33(2):74-78.

[4]曾桓辉.新中国成立后推行“劳卫制”的历史研究[J].体育文化导刊,2005(2):74-76.

[5]曾吉,蔡仲林,黄勇前.新中国成立以来我国学生体质健康标准的演变与发展[J].沈阳体育学院学报,2007,108(4):16-18.

[6]陈莉,胡启林.21世纪日本促进学生体质健康的举措及其启示[J].武汉体育学院学报,2013,47(10):23-27.

[7]陈培友,孙庆祝.青少年体质健康促进管理模式的创新[J].体育学刊,2014,21(02):34-39.

[8]陈艳飞,刘成.再论学生体质健康状况持续下降的原因及对策[J].广州体育学院学报,2008,(5):42-45.

[9]杜发强,樊晶晶.我国青少年学生体质健康致因探析[J].体育与科学,2014,35(3):60-67.

[10]范洪彬,孙有平,季浏.体质测评中仰卧起坐测试规格的国际比较[J].北京体育大学学报,2016(4):60-65.

[11]范立仁.总结经验,进一步做好《国家体育锻炼标准》施行工作[J].中国学校体育,1996(2):65-67.

[12]费加明.我国青少年体质健康问题反思[J].中国学校卫生,2014,35(8):

1121 - 1124.

[13]冯晓玲.我国青少年身体素质下降的成因分析与对策研究[D].北京:北京体育大学,2012.

[14]高刚,季浏.试述美国青少年体质健康测试发展及对我国的启示[J].成都体育学院学报,2013,39(6):22 - 26.

[15]关英凝,徐晓阳,谢敏豪."physical fitness"的中译与辨义[J].北京体育大学学报,2012(1):69 - 73.

[16]郭璐,张敏,朱正平,等.Arima模型在南京市梅毒预测中的应用[J].现代预防医学,2015(2):205 - 207.

[17]国家体委群体司.《国家体育锻炼标准手册》[M].北京:人民体育出版社,1982.

[18]胡佩瑾,季成叶.青少年成年身高的长期变化及其影响因素[J].中华预防医学杂志,2005(6):55 - 58.

[19]黄昌林,尚旭亚.Actn3、adra2a、睫状神经营养因子基因多态性与士兵速度、耐力、力量素质的相关性[J].中国组织工程研究与临床康复,2008(37):7341 - 7346.

[20]黄勇前.《学生体质健康标准》出台背景及实施意义[J].体育文化导刊,2006(5):70 - 72.

[21]季成叶.儿童少年卫生学[M].北京:人民出版社,2004.

[22]季成叶.中国不同地区高身材青少年的增长变化[J].疾病控制杂志,2004(1):4 - 8.

[23]季成叶,孙军玲.中国学生超重、肥胖流行现状与15年流行趋势[J].北京大学学报:医学版,2004(2):194 - 197.

[24]季成叶,孙军玲,陈天娇.中国学龄儿童青少年1985—2000年超重、肥胖流行趋势动态分析[J].中华流行病学杂志,2004(2):16 - 21.

[25]季成叶,袁捷,温大英.中国农村青少年生长发育地区差异的环境影响因素浅析[J].体育科学,1992(1):38 - 42.

[26]贾鹏,刘瑞菊,孙瑞萍,等.基于bp神经网络的邮轮旅游需求预测[J].科研管理,2013(6):77 - 83.

[27]李芳,司虎克.国际学生体质健康领域的研究热点与前沿[J].首都体育学院学报,2014,26(1):40 - 45.

[28]李建强.我国学生体质健康标准的演变历程及特征研究[D].苏州:苏州大

学,2009.

[29]李静芳. 2008—2011年大学生体质健康状况的动态分析[D]. 太原:山西师范大学,2012.

[30]李鹏,韩佐生. 人口素质的完善、健康水平的提高与体育[J]. 西北人口,1997(2):40-42.

[31]李志辉,罗平. Spss常用统计分析教程[M]. 北京:电子工业出版社,2015.

[32]廖文科. 中国7~18岁汉族学生体质与健康动态变化与综合评价研究[D]. 长沙:中南大学,2009.

[33]王占春.《国家体育锻炼标准》与学校体育[J]. 中国学校体育,1996(2):68-69.

[34]刘丽娟. 体育课不同运动负荷对小学生体质健康影响的实验研究[D]. 上海:华东师范大学,2015.

[35]马晶瑶.《加利福尼亚体适能测试标准》与《国家学生体质健康标准》的比较研究[D]. 天津:天津师范大学,2015.

[36]马军,吴双胜,宋逸,等. 1985—2005年中国7~18岁学生身高、体重变化趋势分析[J]. 北京大学学报:医学版,2010,42(3):318-322.

[37]马勇志. 2007年度清华大学《国家学生体质健康标准》检测结果与分析[J]. 中国体育科技,2009,45(5):130-134.

[38]毛永明. 体育运动干预对我国中学生体质健康影响的meta分析[D]. 重庆:西南大学,2011.

[39]倪灵子,于可红. 美国、日本学生体质测试的演进与发展[J]. 浙江体育科学,2015(1):56-60.

[40]牛丽丽,郭敏. 2000年以来我国青少年体质健康研究综述[J]. 体育文化导刊,2014(6):59-61.

[41]祁国鹰,张敬军,郭中恺.《学生体质健康标准》的建标依据与内容[J]. 北京体育大学学报,2007(2):226-227.

[42]孙成林,王健,高嵩. 新中国学校体育设施政策发展研究[J]. 北京体育大学学报,2014(5):36-43.

[43]孙忠伟,张冰,马慧敏,等. 中美学生体质健康测试管理系统的比较[J]. 体育学刊,2013,124(3):85-89.

[44]田麦久. 运动训练学[M]. 北京:人民体育出版社,2000.

[45]田麦久,等. 运动心理学[M]. 北京:人民体育出版社,2012.

[46]王凤仙.《国家学生体质健康标准》测试与数据上报存在的主要问题及其解决策略[J].体育学刊,2013,124(3):90-92.

[47]王广涛.1995—2010年河南省学生体质调研数据动态特征分析与变化趋势的研究[D].郑州:郑州大学,2014.

[48]王静.美国德克萨斯州儿童青少年肌肉体质健康状况及影响因素研究[D].上海:华东师范大学,2011.

[49]王陇德.中国居民营养与健康状况调查报告之一:综合报告[M].北京:人民卫生出版社,2005.

[50]王跃生.中国城乡家庭结构变动分析——基于2010年人口普查数据[J].中国社会科学,2013(12):60-77.

附　录

附录 A　身体形态、身体素质指标的测试说明和注意事项

一、身体形态

（一）身　高

由检测队指定专人，两人一组（一人测重，一人记录）进行检测。

测试器材：机械式身高坐高计。根据使用说明，用前应校对 0 点，并用钢尺校准身高坐高计刻度，同时应检查立柱是否垂直，连接处是否紧密，有无晃动，零件有无松脱等情况并及时加以纠正。

测试方法：受检者赤足，背向立柱站立在身高计的底板上，躯干自然挺直，头部正直，两眼平视前方（耳屏上缘与眼眶下缘最低点呈水平位）；上肢自然下垂，两腿伸直；两足跟并拢，足尖分开约 60°；足跟、骶骨部及两肩胛间与立柱相接触，成“三点一线”站立姿势。此时，检测人员单手将水平压板沿立柱向下滑动至受检者头顶；读数时，检测人员双眼与水平压板平面等高。记录以厘米（cm）为单位，精确到小数点后 1 位。测试误差不得超过 0. 5cm。

注意事项：

（1）身高计应选择平坦地面，靠墙放置。

（2）检测人员移动水平压板时，必须手握“手柄”。

（3）严格执行“三点靠立柱”“两点呈水平”的测量要求。

（4）水平压板与头部接触时，松紧要适度，头发蓬松者要压实；妨碍测量的发辫、发结要放开，饰物要取下。

（5）读数完毕，立即将水平压板轻轻推向安全高度，以防碰坏。

（二）体　重

由检测队指定专人进行检测。

测试仪器：电子体重计或杠杆秤。

测试方法：电子体重计，根据使用说明，用前检验其工作状态、准确度和灵敏度。受检者穿短衣裤、赤足，自然站立在体重计量盘中央，保持身体平稳。待显示屏上显示的数值稳定后，检测人员记录显示的数值。记录以千克（kg）为单位，精确到小数点后1位。测试误差不得超过0.1kg。杠杆秤，使用前需检验其准确度和灵敏度。准确度要求误差不超过0.1%，即每100 kg误差小于0.1kg，检验方法是以备用的10kg、20kg、30kg标准砝码（或用等重的标定重物代替）分别进行称量，检查指示读数与标准砝码误差是否在允许范围。

灵敏度的检验方法是置100g重的砝码，观察刻度尺变化。如果刻度尺抬高了3mm，或游标向远移动0.1kg而刻度尺仍维持水平位时，说明达到要求。受检者穿短衣裤、赤足，自然站立在体重称量盘中央，保持身体平稳。检测人员放置适当砝码并移动游码至刻度尺平衡。记录以千克（kg）为单位，精确到小数点后1位。测试误差不得超过0.1kg。

注意事项：

（1）测量时，体重秤应放置在平坦地面上。

（2）受检者应尽量减少着装。

（3）上、下体重计时，动作要轻缓。

（4）测量体重前，应让所有受检者排空大、小便。不要大量喝水，也不要进行剧烈的体育活动和体力劳动。

（5）每天使用杠杆秤前，均需进行校正，避免差错。

二、身体素质

（一）爆发力

爆发力是指人体在克服外界阻力时的输出功率（田麦久，等，2012）。力量是指人体神经肌肉系统在工作时克服或对抗阻力的能力。力量素质根据运动中的不同功能可分为稳定性力量和爆发性力量。稳定力量主要是指在运动中保持肢体肌肉关节的肌肉力量；而爆发力是一个爆发性动作或一组强有力的突然移动过程中发力的能力。本研究选取身体素质中力量素质中的爆发力为研究点，并以中国学生体质健康测试中的立定跳远指标作为爆发力的研究对象。

立定跳远

场地器材：在沙坑（沙面与地面平齐）或土质松软的平地上进行。起跳线至沙坑近端距离不得少于30cm。起跳地面要平坦，不得有凹陷。

测试方法：受检者两脚自然分开站在起跳线后，脚尖不得踩线（最好用线绳做起跳线）。两脚原地同时起跳，不得有垫步或连跳动作。丈量起跳线后缘至最近着地点后缘之间的垂直距离。每人试跳3次，记录最好成绩。以厘米（cm）为单位，不计小数。

注意事项：

（1）发现犯规时，此次成绩无效。3次试跳均无成绩者，再跳至取得成绩为止。

（2）受检者可以赤脚，但不得穿钉鞋、皮鞋、塑料凉鞋进行测试。

（3）受检者起跳前，双脚均不能踩线、过线。

（4）受检者起跳时，不能有垫跳、助跑、连跳等动作。

（二）速　度

速度素质是人体快速运动的能力（田麦久，等，2012）。在运动训练学中，速度素质包括反应速度、动作速度、移动速度。本研究的主要速度研究点为移动速度。移动速度是指人体在特定方向上的位移速度。测定位移速度通常是短距离跑。本研究中速度测试指标为50m跑。

50m跑测试

场地器材：在平坦的地面（地质不限）上画长50m、宽1.22m的直线跑道若干条，设一端为起点线，另一端为终点线；发令旗一面，发令哨一个，秒表若干块。

测试方法：受检者至少两人一组，采用站立式起跑；当听到起跑信号后，立即起跑，全力跑向终点线。发令员站在起点线的侧面，在发出起跑信号的同时，要挥动发令旗。计时员位于终点线的侧面，视发令旗挥动的同时，开表计时；当受检者胸部到达终点线的垂直面时停表。记录以秒（s）为单位，保留小数点后1位。小数点后第2位数按非“0”进“1”的原则进位。

注意事项：

（1）测试前，检测人员明确告诉受检者要全速直线跑，途中不得串道。

（2）起跑前，受检者不能踩、跨起跑线；如抢跑，应将其召回重跑。

（3）测试时，受检者应穿运动鞋或胶鞋，但不能穿钉鞋、皮鞋、塑料凉鞋。

（4）测试时，如有风，一律顺风跑。

（三）耐　力

耐力素质是指机体在一定时间内保持特定强度负荷或动作质量的能力（田麦久，等，2012）。耐力按照生理系统分类，分为肌肉耐力和心血管耐力。心血管耐力分为有氧耐力和无氧耐力。本研究的耐力主要是指心血管耐力，即主要研究有氧耐力和无氧耐力。研究指标选取中长距离跑。7～12岁为50m×8往返跑；13～18岁男生1 000m跑，女生800m跑。

50m×8往返跑

场地器材：在平坦的地面（地质不限）上画长50m、宽1.22m的直线跑道若干条，设一端为起、终点线，另一端为折返线；在起、终点线外3m处画一条目标线，在距起、终点线和折返线0.5m处的跑道中央，各设立一高度为1.2m的标杆；发令旗一面，发令哨一个，秒表若干块。

测试方法：受检者至少两人一组，采用站立式起跑；当听到起跑信号后立即起跑，全力跑向折返线；在到达折返线时，按逆时针方向绕过标杆后跑回起、终点线，再按逆时针方向绕过标杆后跑向折返线，为完成一圈，共跑4圈。折返时不得碰杆或用手扶杆。发令员站在起、终点线侧面发令，在受检者起跑的同时，开表计时。当受检者胸部到达终点线垂直面时停表。测试1次。记录以秒（s）为单位，保留小数点后1位。小数点后第2位数按非“0”进“1”的原则进位。

注意事项：

（1）测试前，检测人员应明确告诉受检者途中不得串道。

（2）起跑前，受检者不能踩、跨起跑线；如抢跑，应将其召回重跑。

（3）测试时，要及时向受检者报告所剩下的重复圈数，以免跑错距离。

（4）测试时，受检者应穿运动鞋和胶鞋，但不得穿钉鞋、皮鞋。

（5）受检者通过起终点线后方可减速。

记录方法：先将成绩依分、秒写入相应横线内；再换算成秒，精确到小数点后1位，填入方格内。

800m（女生）或1 000m（男生）跑

场地器材：地面平坦的田径跑道；发令旗一面，发令哨一个，秒表若干块。

测试方法：受检者至少两人一组，采用站立式起跑；当听到起跑信号后，立即起跑，全力跑向终点线。发令员站在起点线的侧面，在发出起跑信号的同时，要挥动发令旗。计时员位于终点线的侧面，视发令旗挥动的同时，开表计时；当受检者跑完全程，胸部到达终点线的垂直面时停表。测试 1 次。记录跑完全程的时间，以秒（s）为单位，保留小数点后 1 位。小数点后第 2 位数按非“0”进“1”的原则进位。

注意事项：同 50m ×8 往返跑。

附件 B　2014 年不同区域全学龄组汉族学生身体形态、身体素质均值图

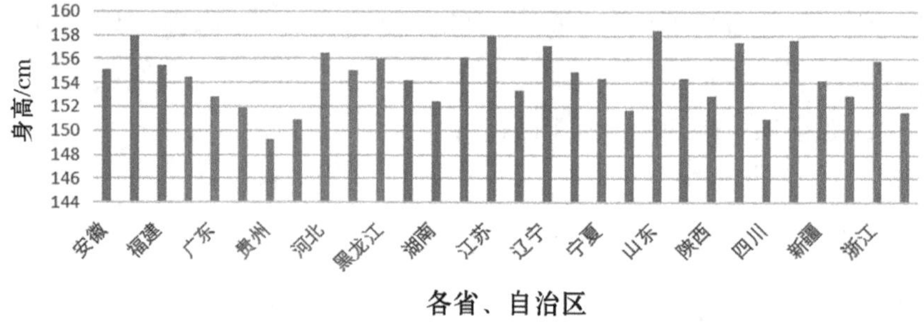

图 B.1　2014 年不同区域全学龄组汉族男生身高均值图

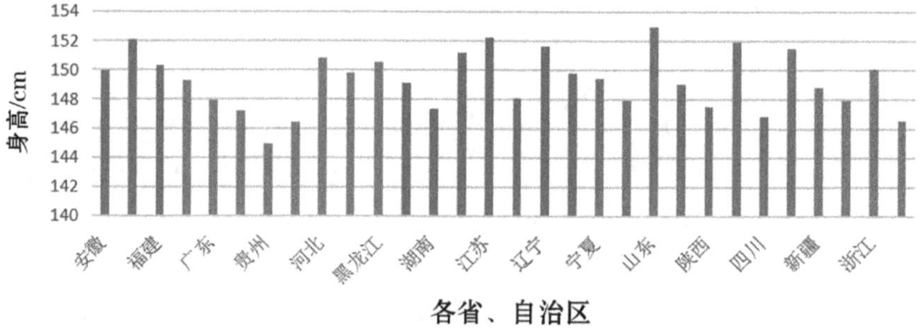

图 B.2　2014 年不同区域全学龄组汉族女生身高均值图

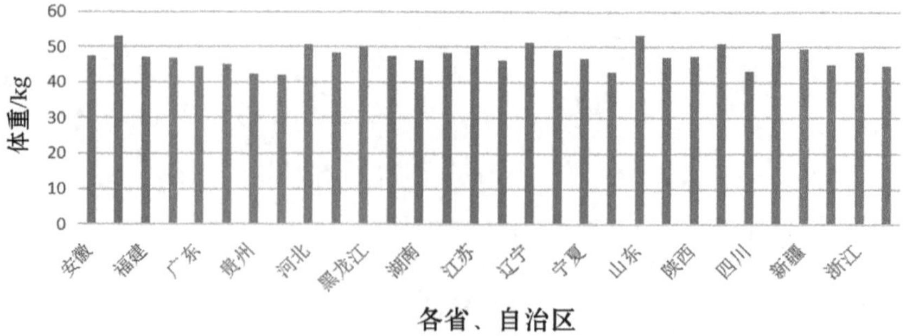

图 B.3　2014 年不同区域全学龄组汉族男生体重均值图

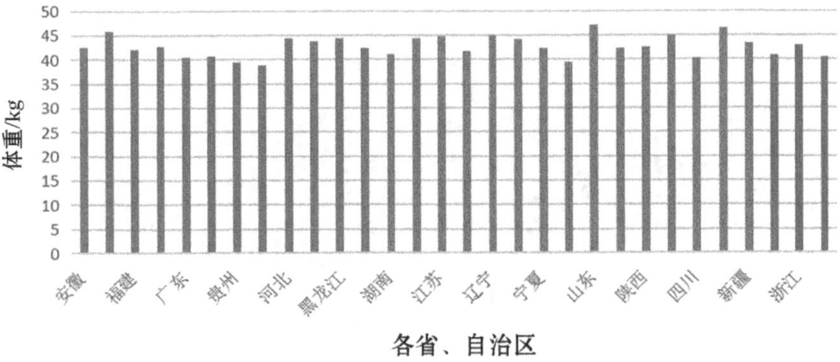

图 B. 4　2014 年不同区域全学龄组汉族女生体重均值图

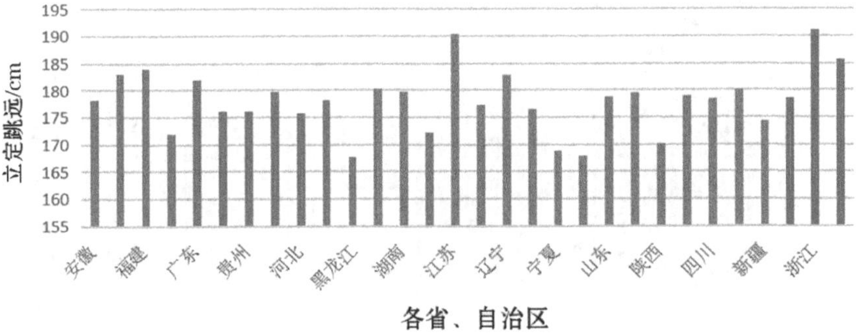

图 B. 5　2014 年不同区域全学龄组汉族男生立定跳远均值图

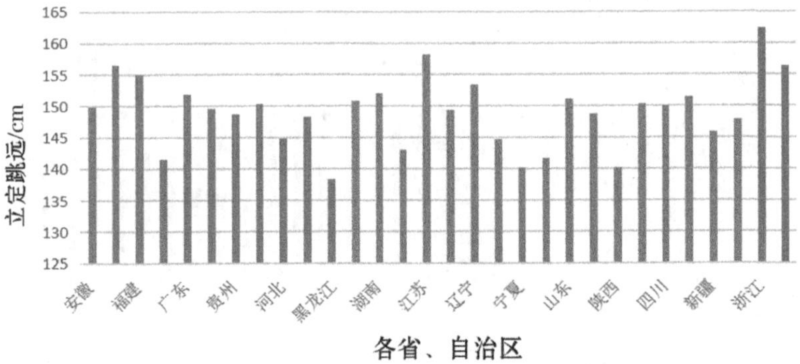

图 B. 6　2014 年不同区域全学龄组汉族女生立定跳远均值图

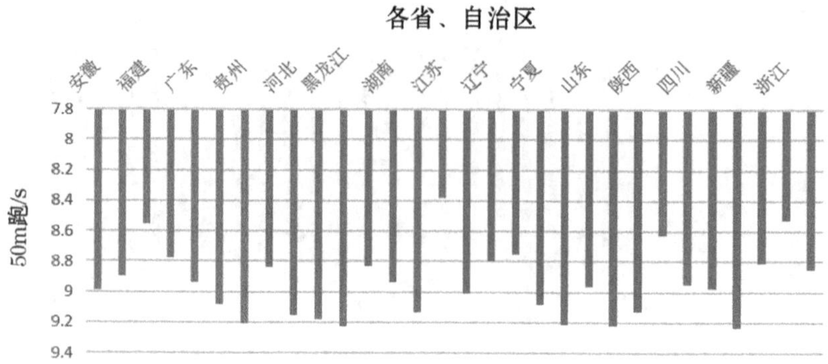

图 B.7　2014 年不同区域全学龄组汉族男生 50m 跑均值图

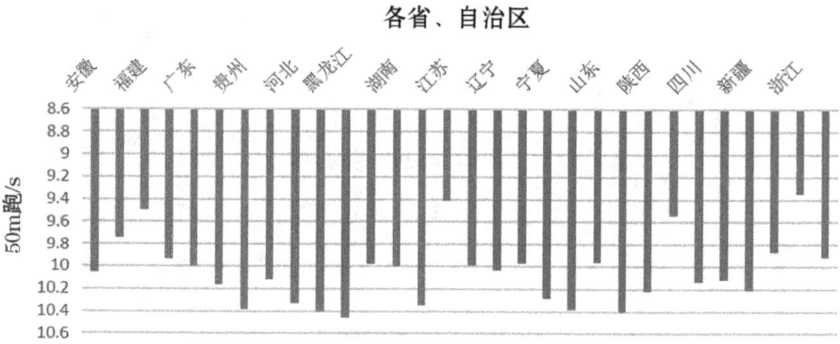

图 B.8　2014 年不同区域全学龄组汉族女生 50m 跑均值图

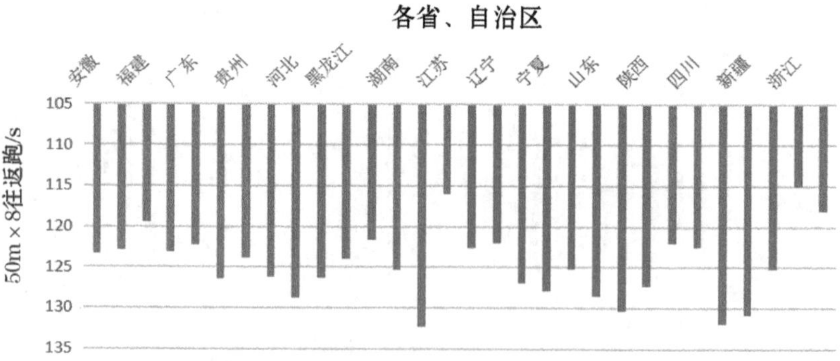

图 B.9　2014 年不同区域 7～12 岁组汉族男生 50m×8 往返跑均值图

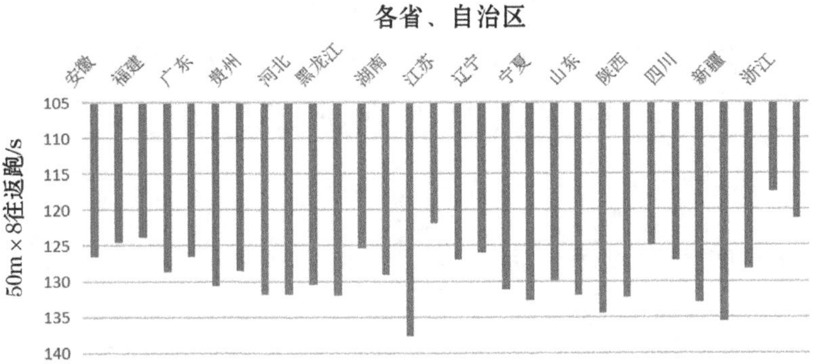

图 B. 10　2014 年不同区域 7～12 岁组汉族女生 50m×8 往返跑均值图

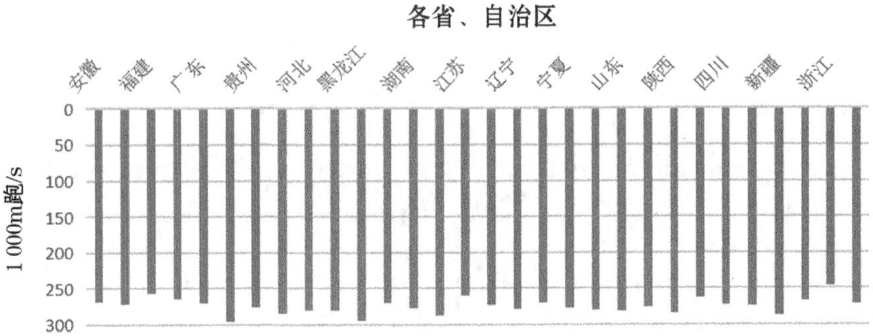

图 B. 11　2014 年不同区域 13～18 岁组汉族男生 1 000m 跑均值图

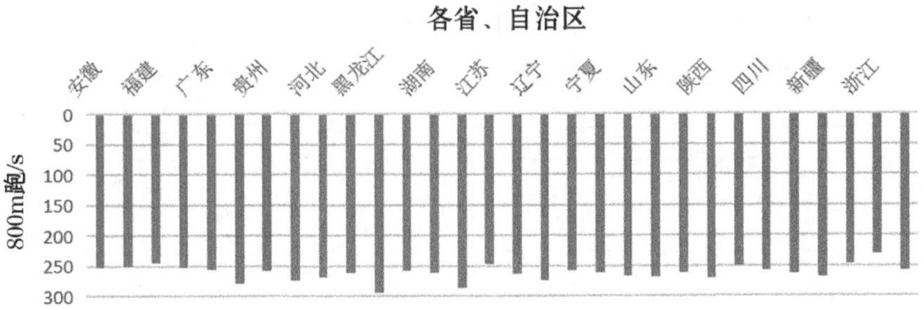

图 B. 12　2014 年不同区域 13～18 岁组汉族女生 800m 跑均值图

附件C　7～18岁汉族学生预测指标差分后ACF和PACF图

身高时间序列差分后自相关、偏相关图

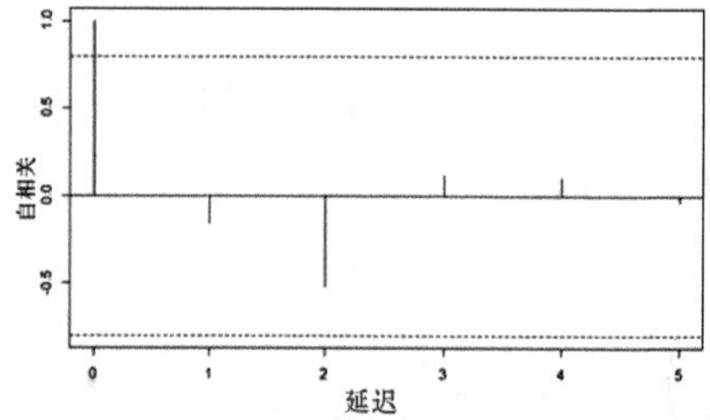

图C.1(a) 7岁男生身高序列1次差分后ACF图

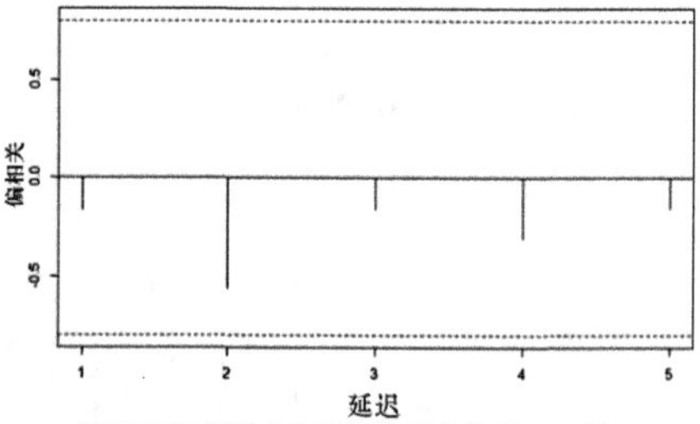

图C.1(b) 7岁男生身高序列1次差分后PACF图

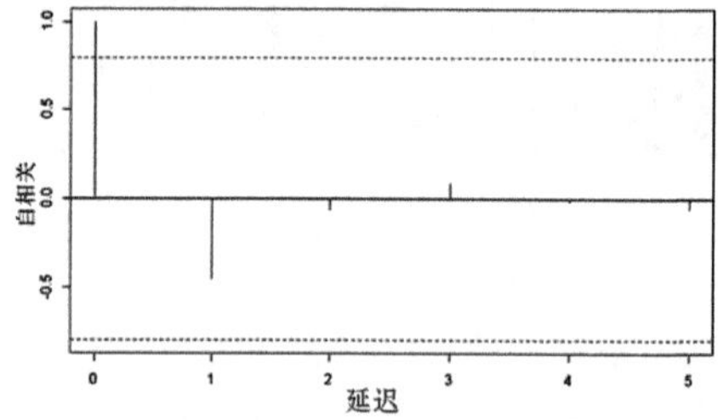

图C.2(a) 8岁男生身高序列1次差分后ACF图

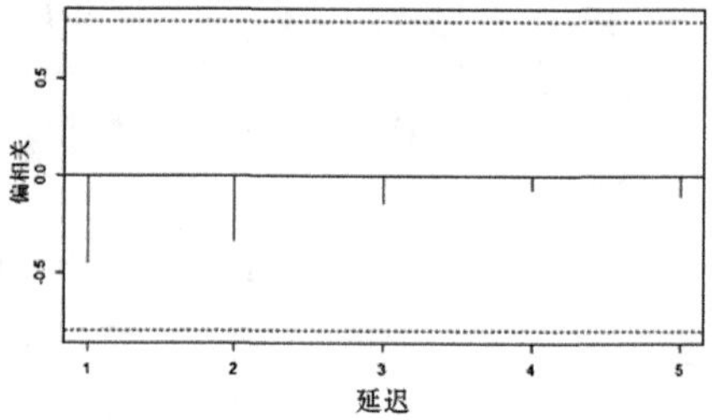

图C.2(b) 8岁男生身高序列1次差分后PACF图

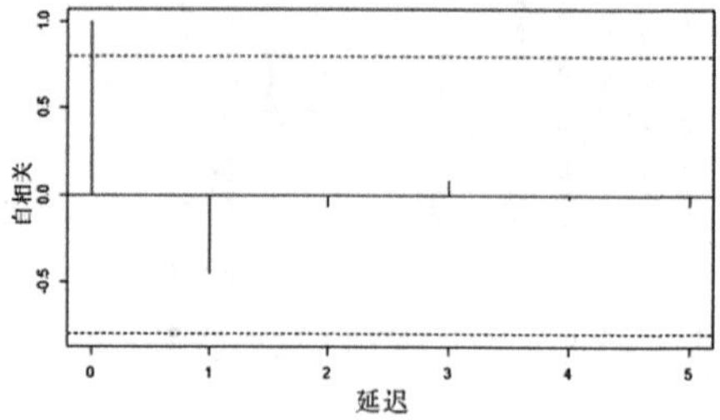

图C.3(a) 9岁男生身高序列1次差分后ACF图

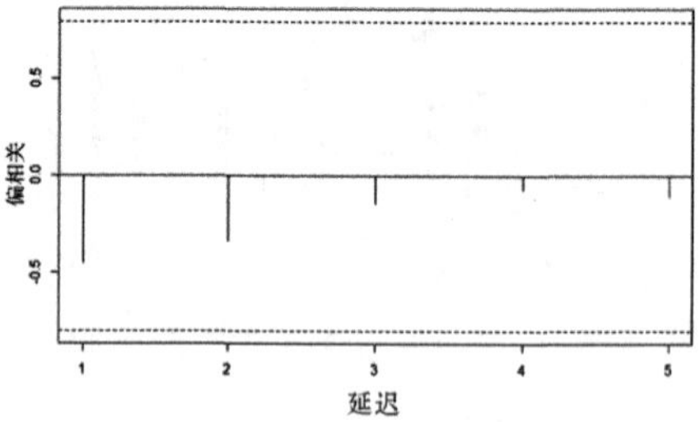

图C.3(b) 9岁男生身高序列1次差分后PACF图

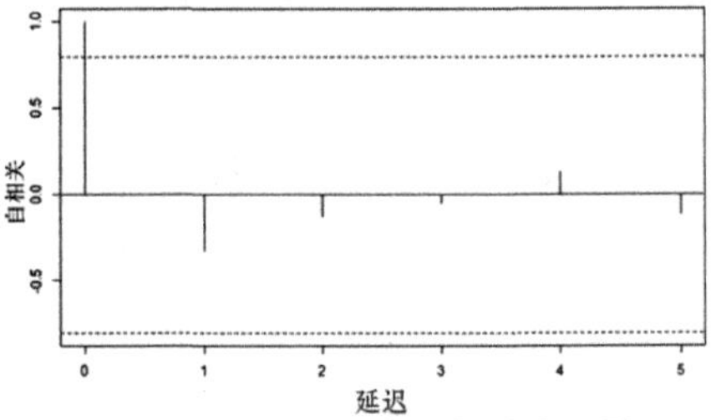

图C.4(a) 10岁男生身高序列1次差分后ACF图

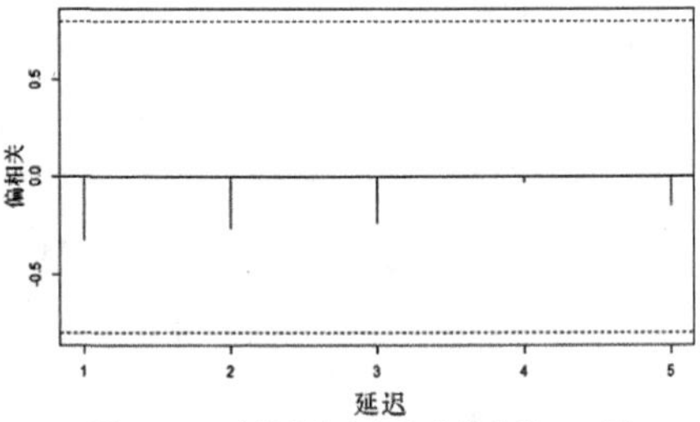

图C.4(b) 10岁男生身高序列1次差分后PACF图

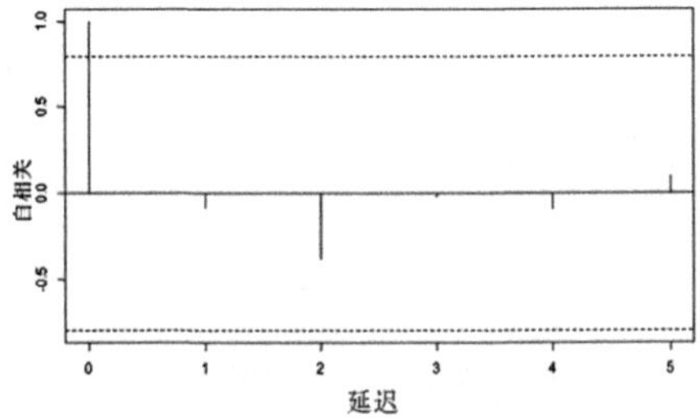

图C.5(a) 11岁男生身高序列1次差分后ACF图

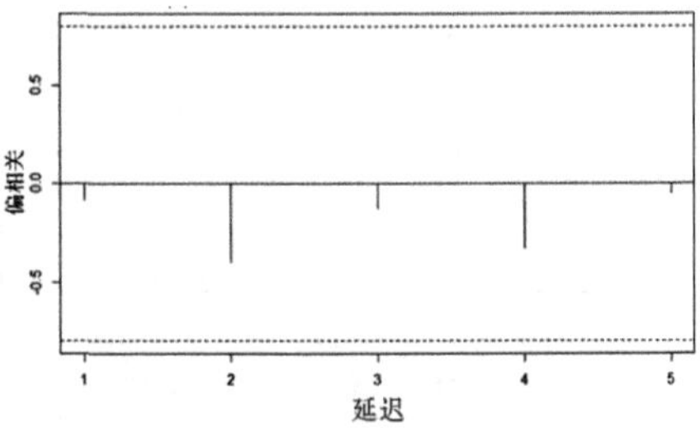

图C.5(b) 11岁男生身高序列1次差分后PACF图

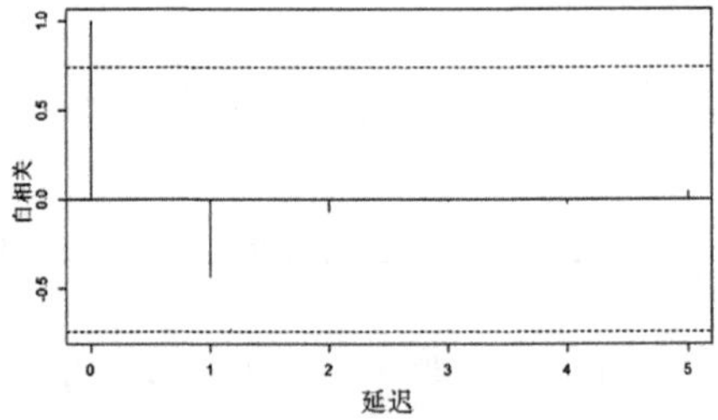

图C.6(a) 12岁男生身高序列1次差分后ACF图

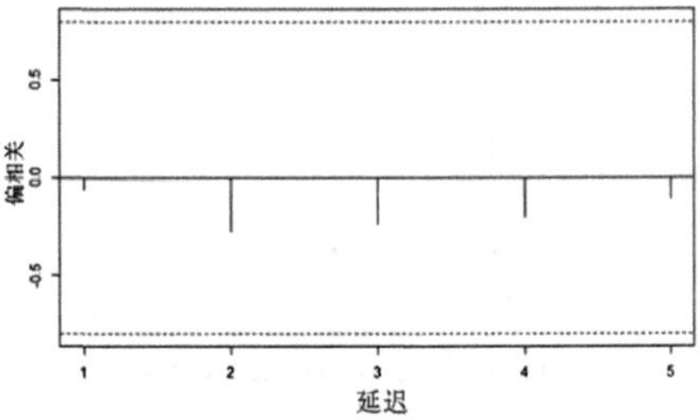

图C.6(b) 12岁男生身高序列1次差分后PACF图

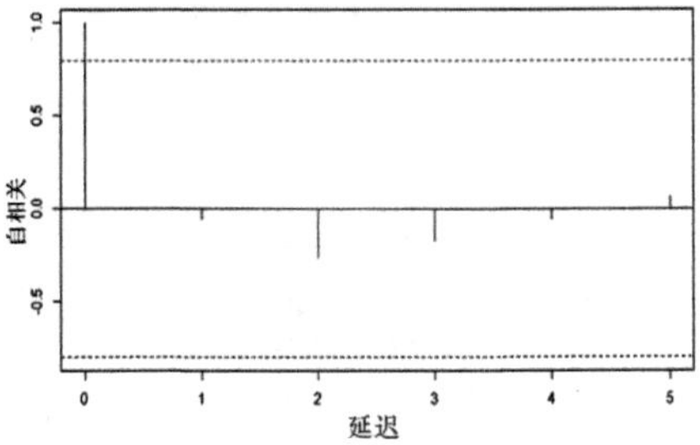

图C.7(a) 13岁男生身高序列1次差分后ACF图

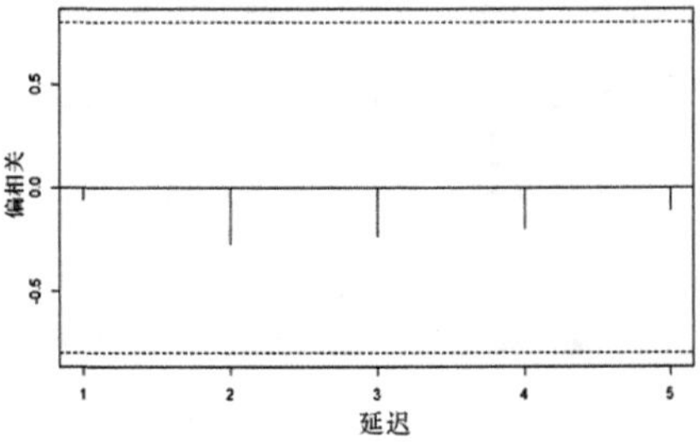

图C.7(b) 13岁男生身高序列1次差分后PACF图

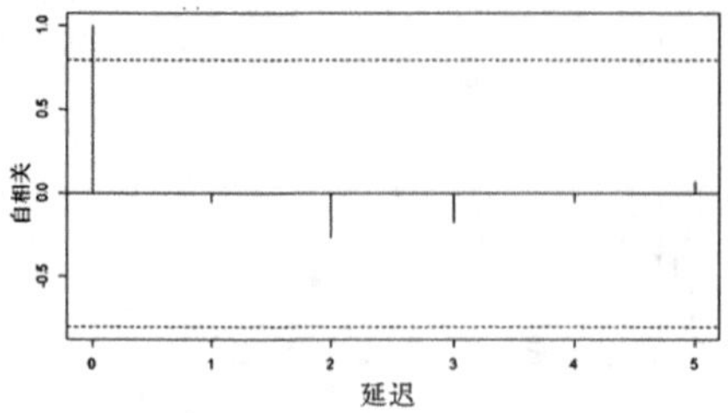

图C.8(a) 14岁男生身高序列1次差分后ACF图

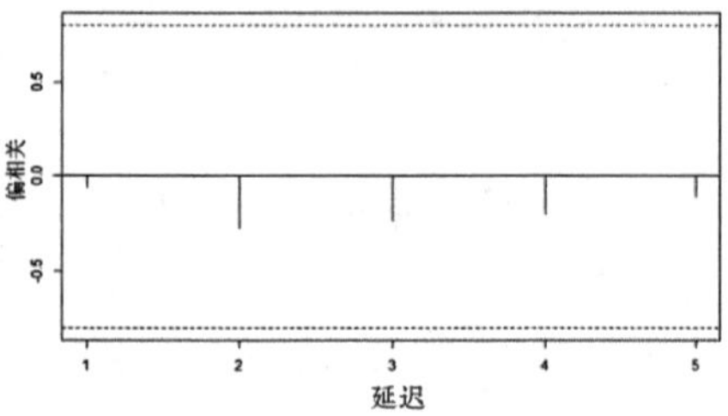

图C.8(b) 14岁男生身高序列1次差分后PACF图

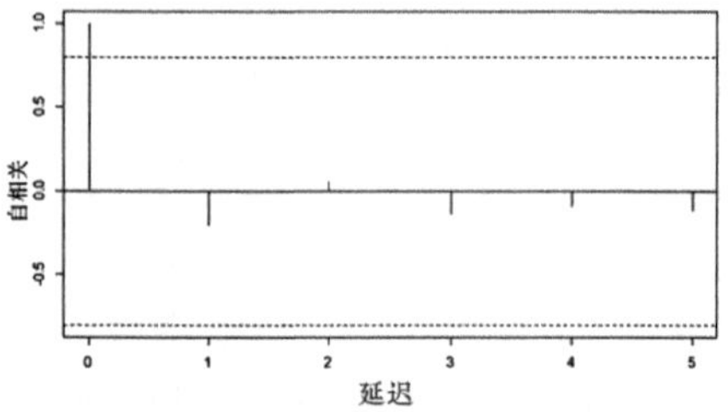

图C.9(a) 15岁男生身高序列1次差分后ACF图

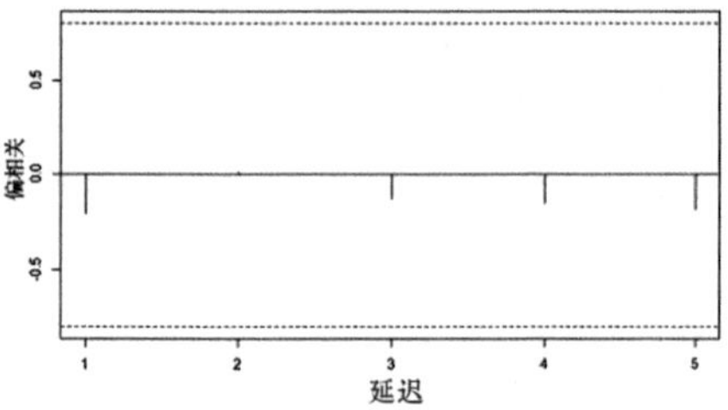

图C.9(b) 15岁男生身高序列1次差分后PACF图

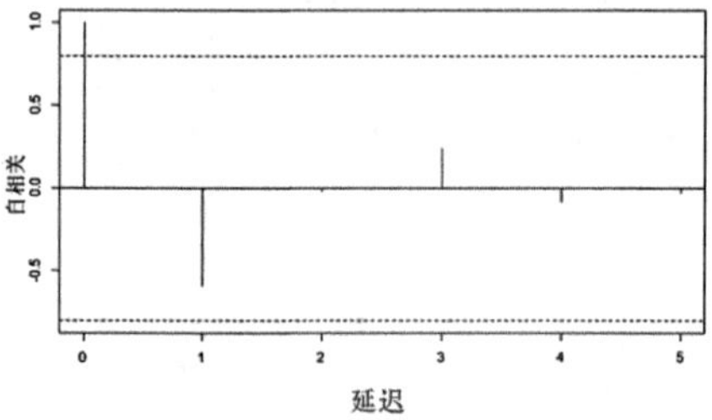

图C.10(a) 16岁男生身高序列2次差分后ACF图

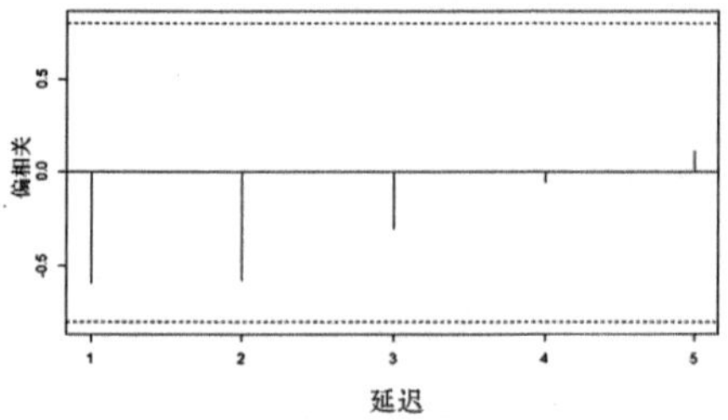

图C.10(b) 16岁男生身高序列2次差分后PACF图

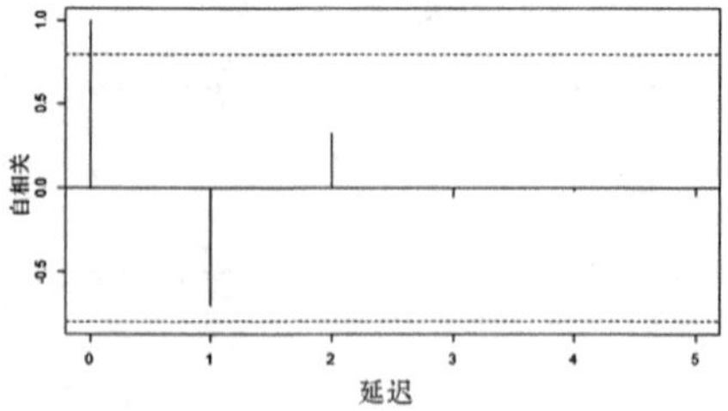

图C.11(a) 17岁男生身高序列2次差分后ACF图

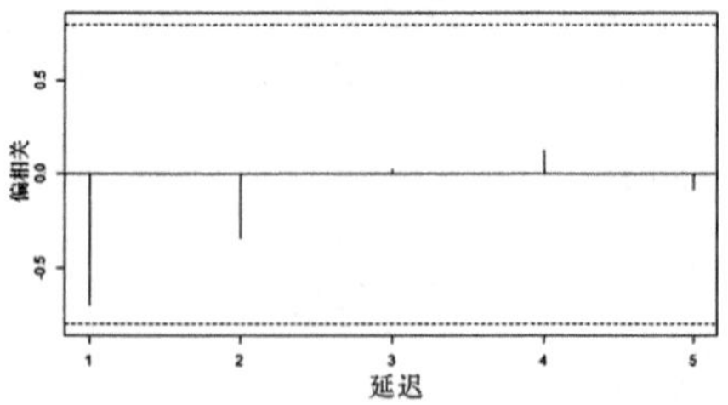

图C.11(b) 17岁男生身高序列2次差分后PACF图

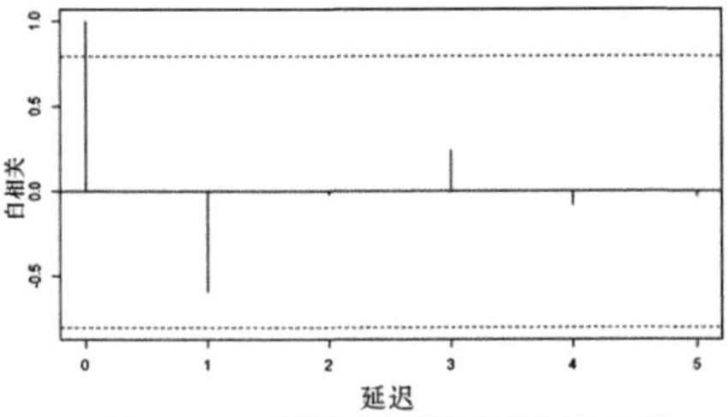

图C.12(a) 18岁男生身高序列1次差分后ACF图

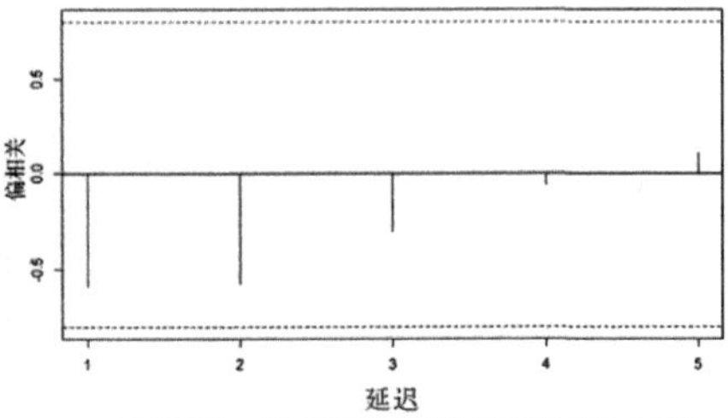

图C.12(b) 18岁男生身高序列1次差分后PACF图

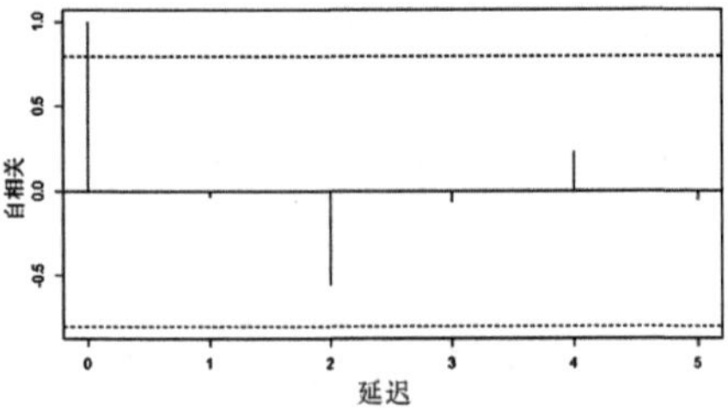

图C.13(a) 7岁女生身高序列1次差分后ACF图

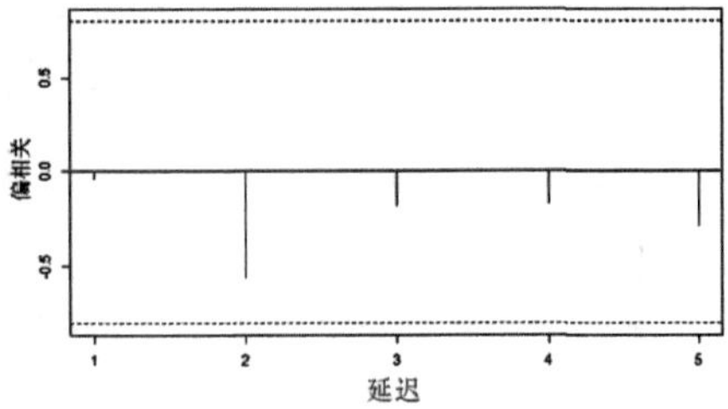

图C.13(b) 7岁女生身高序列1次差分后PACF图

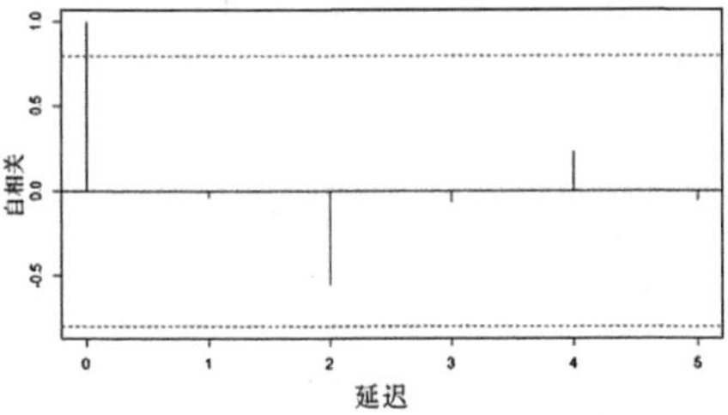

图C.14(a) 8岁女生身高序列1次差分后ACF图

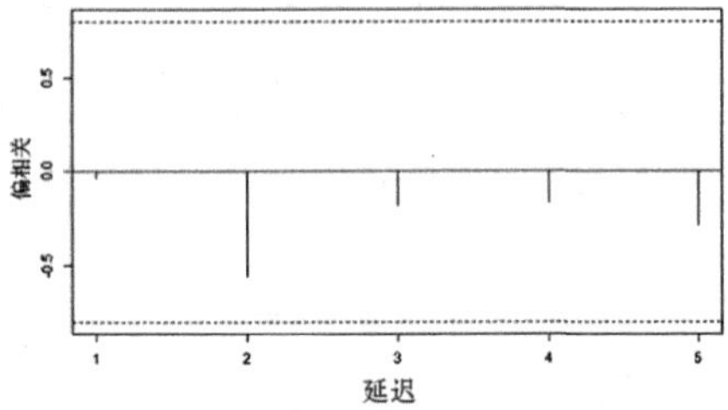

图C.14(b) 8岁女生身高序列1次差分后PACF图

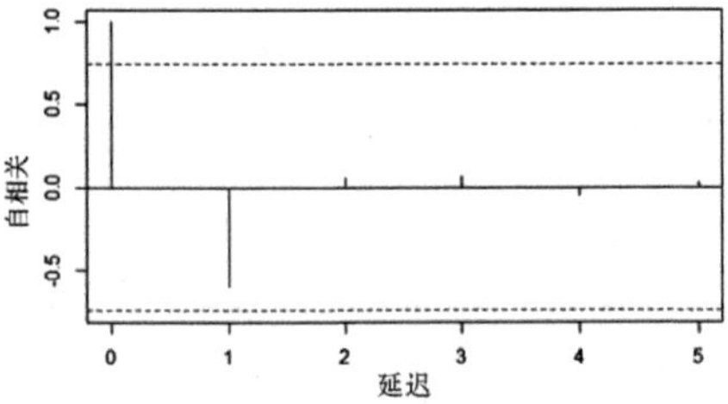

图C.15(a) 9岁女生身高序列1次差分后ACF图

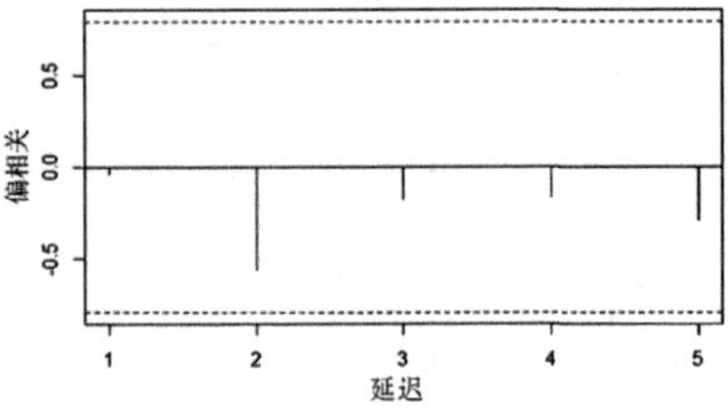

图C.15(b) 9岁女生身高序列1次差分后PACF图

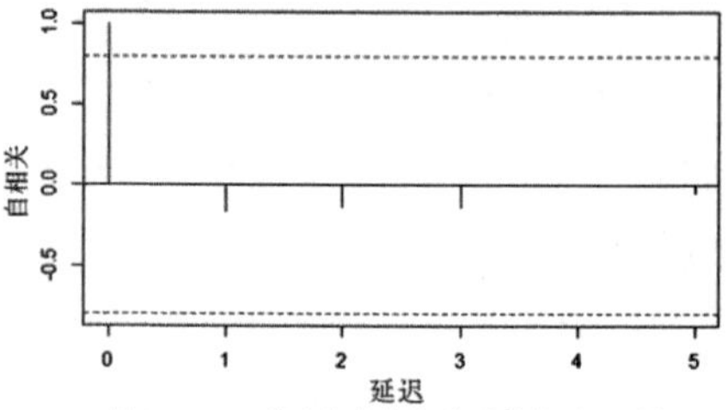

图C.16(a) 10岁女生身高序列1次差分后ACF图

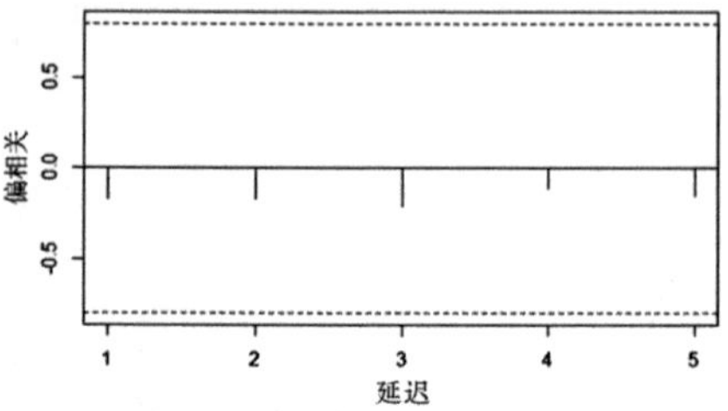

图C.16(b) 10岁女生身高序列1次差分后PACF图

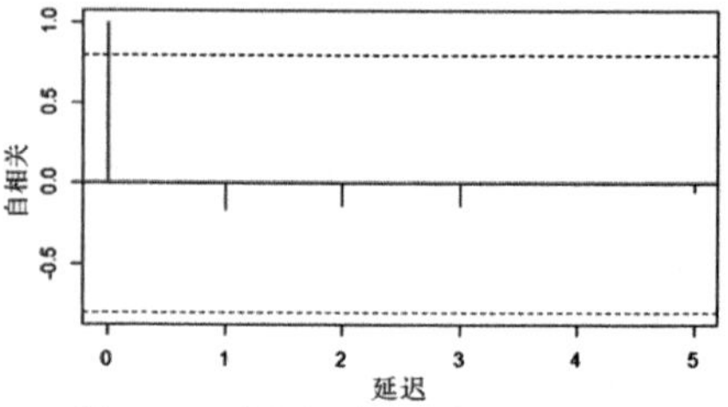

图C.17(a) 11岁女生身高序列1次差分后ACF图

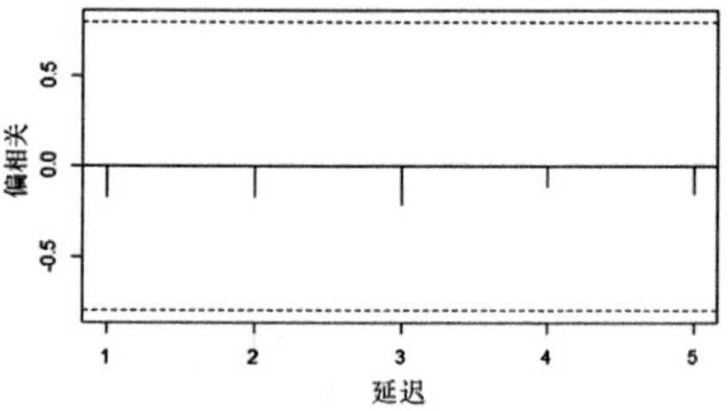

图C.17(b) 11岁女生身高序列1次差分后PACF图

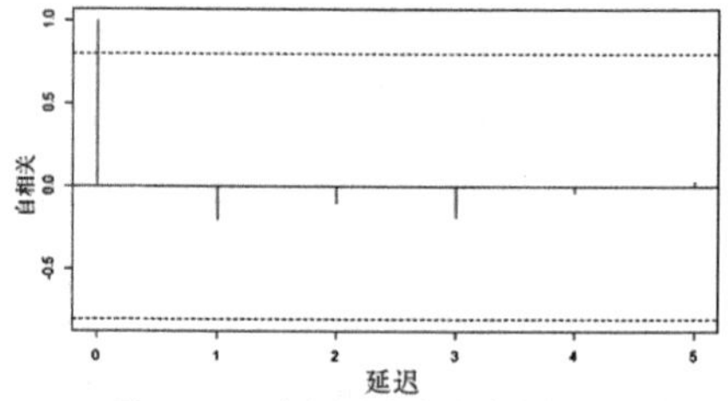

图C.18(a) 12岁女生身高序列1次差分后ACF图

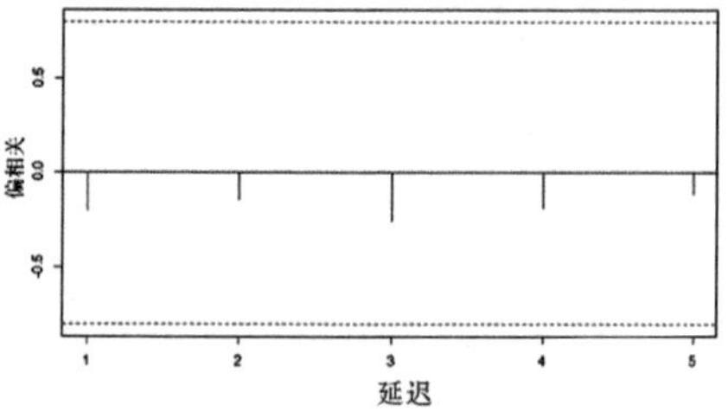

图C.18(b) 12岁女生身高序列1次差分后PACF图

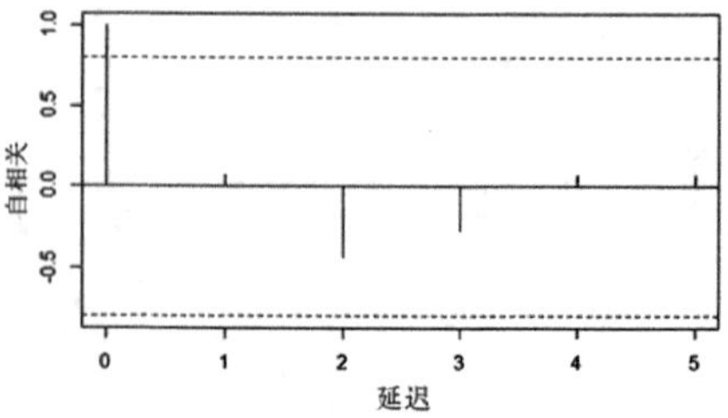

图C.19(a) 13岁女生身高序列1次差分后ACF图

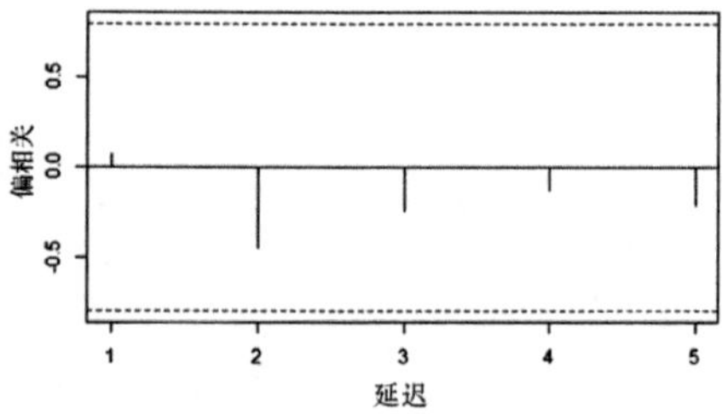

图C.19(b) 13岁女生身高序列1次差分后PACF图

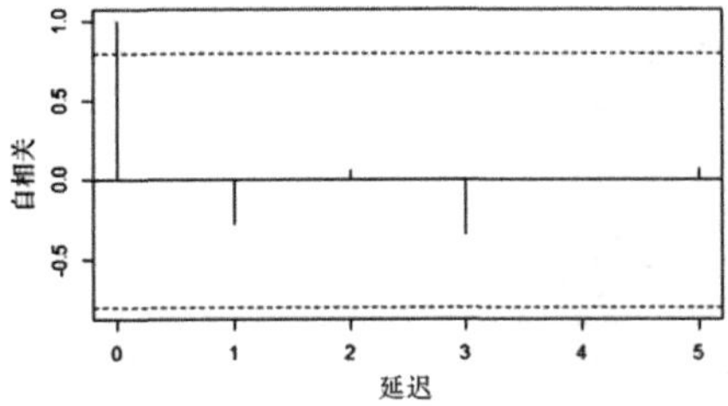

图C.20(a) 14岁女生身高序列1次差分后ACF图

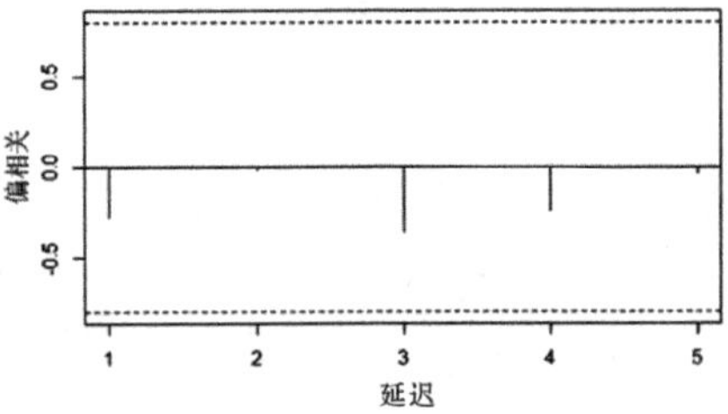

图C.20(b) 14岁女生身高序列1次差分后PACF图

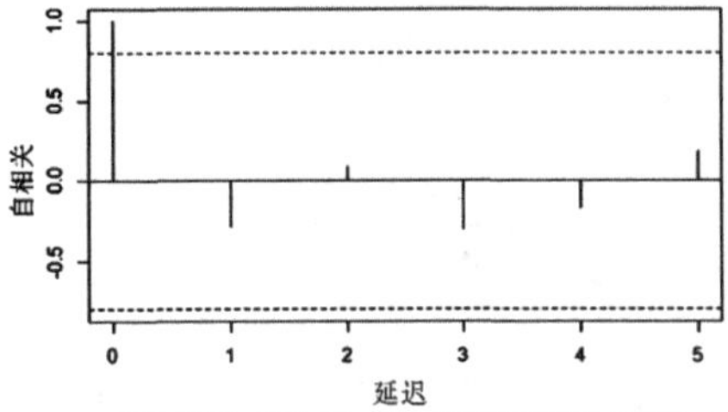

图C.21(a) 15岁女生身高序列1次差分后ACF图

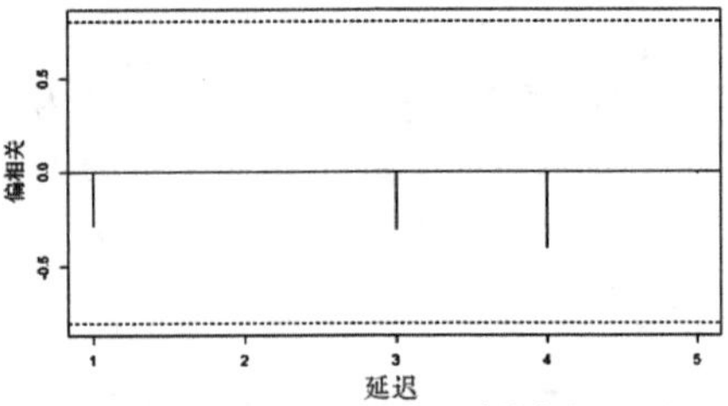

图C.21(b) 15岁女生身高序列1次差分后PACF图

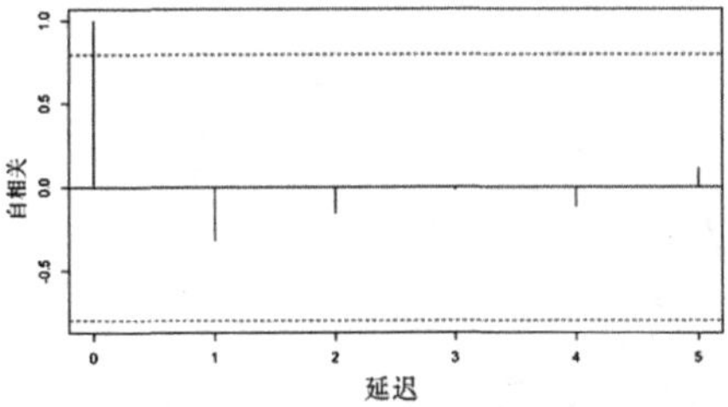

图C.22(a) 16岁女生身高序列1次差分后ACF图

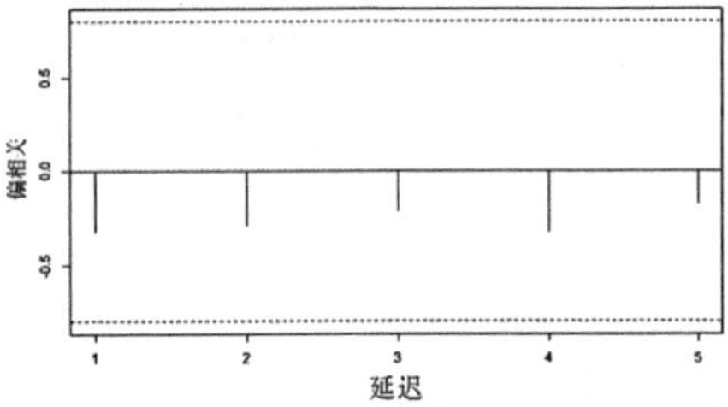

图C.22(b) 16岁女生身高序列1次差分后PACF图

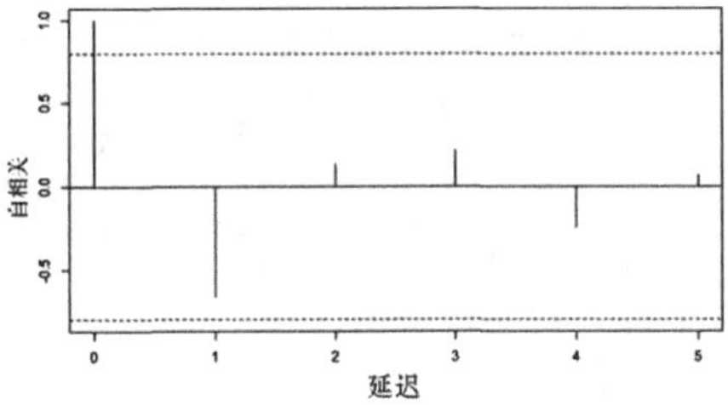

图C.23(a) 17岁女生身高序列1次差分后ACF图

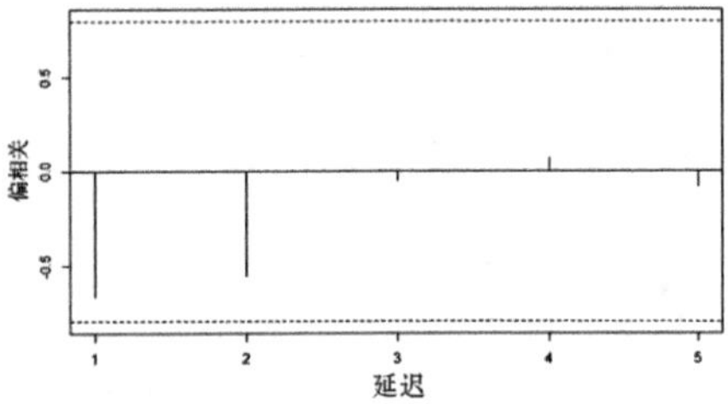

图C.23(b) 17岁女生身高序列1次差分后PACF图

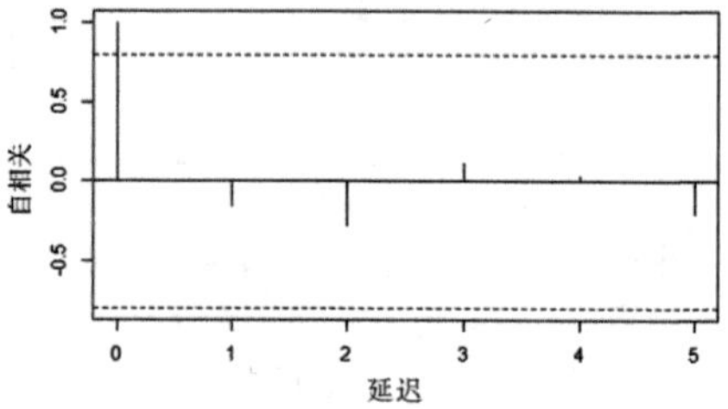

图C.24(a) 18岁女生身高序列1次差分后ACF图

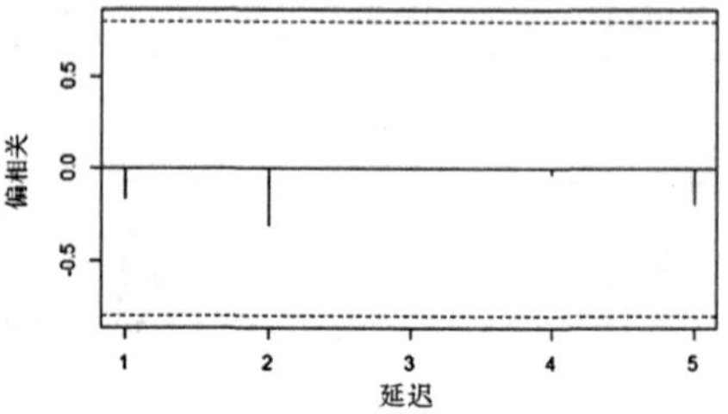

图C.24(b) 18岁女生身高序列1次差分后PACF图

体重时间序列差分后自相关、偏相关图

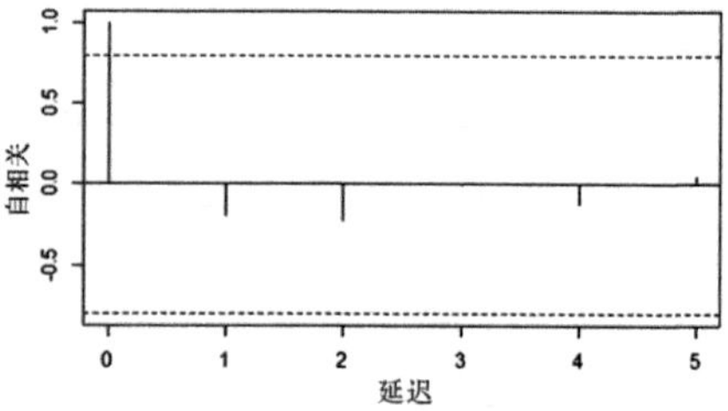

图C.25(a) 7岁男生体重序列2次差分后ACF图

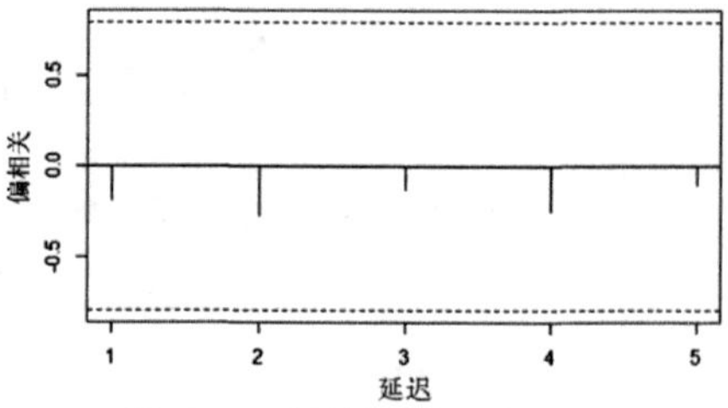

图C.25(b) 7岁男生体重序列2次差分后PACF图

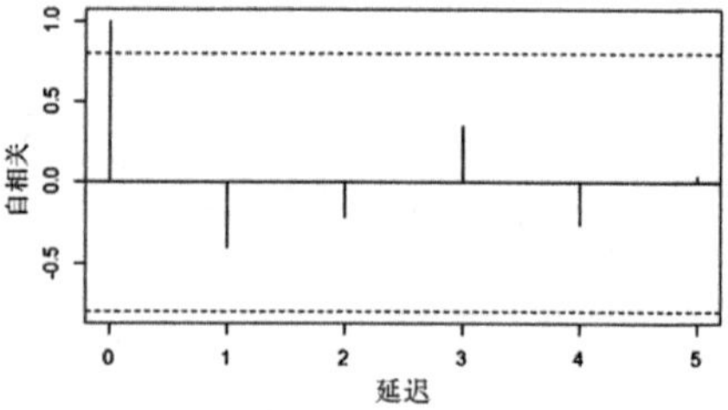

图C.26(a) 8岁男生体重序列2次差分后ACF图

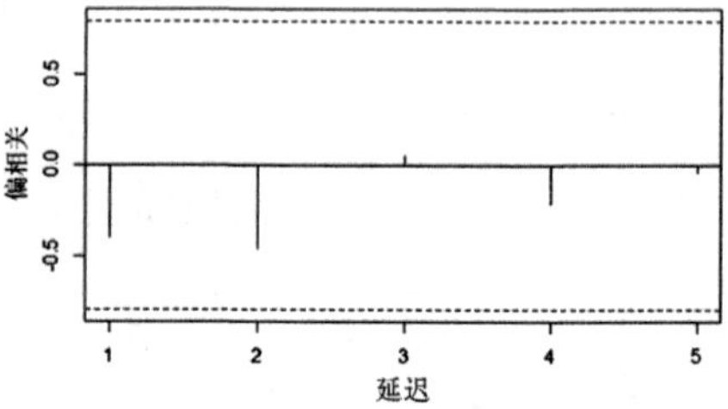

图C.26(b) 8岁男生体重序列2次差分后PACF图

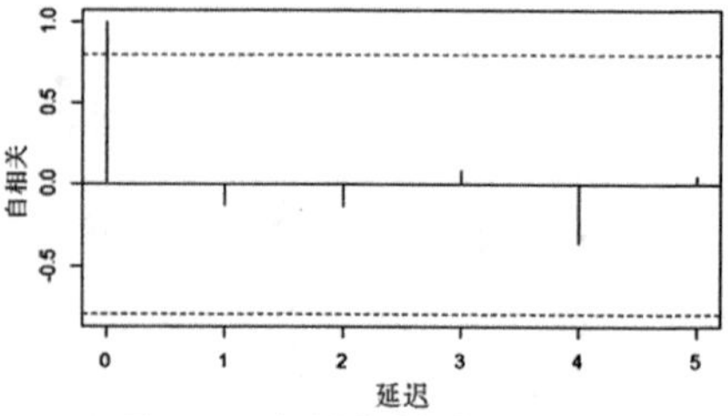

图C.27(a) 9岁男生体重序列2次差分后ACF图

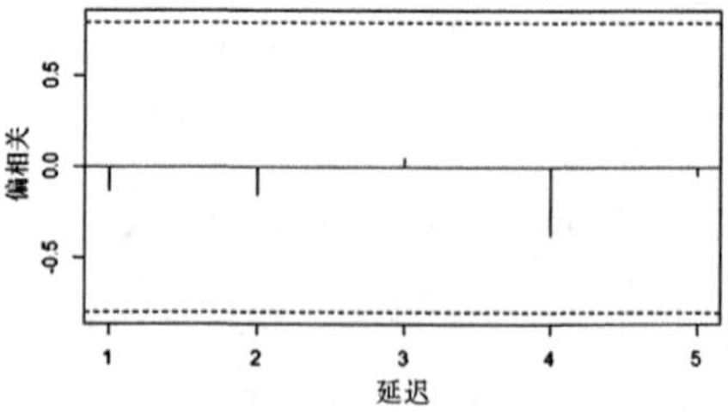

图C.27(b) 9岁男生体重序列2次差分后PACF图

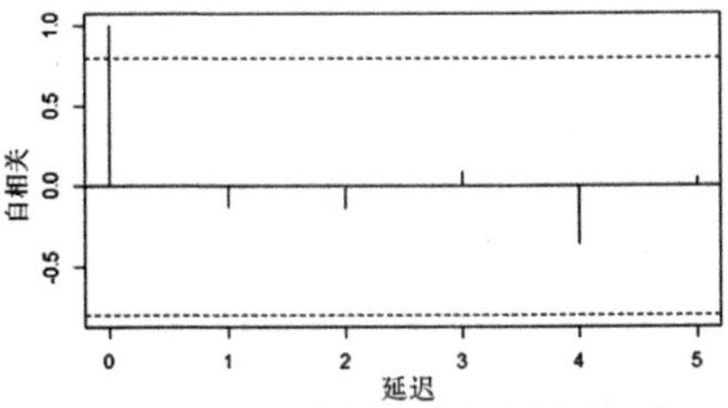

图C.28(a) 10岁男生体重序列1次差分后ACF图

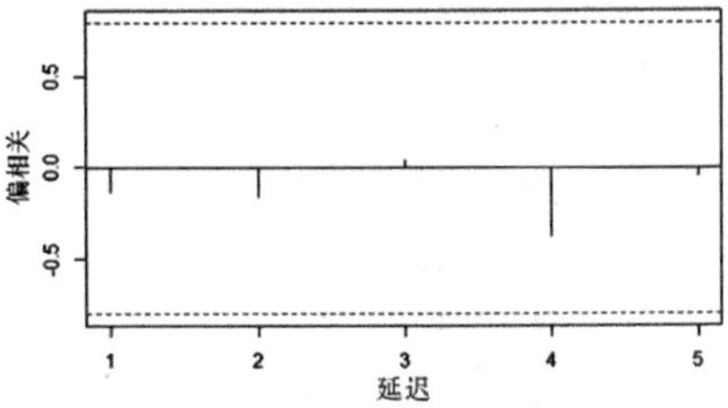

图C.28(b) 10岁男生体重序列1次差分后PACF图

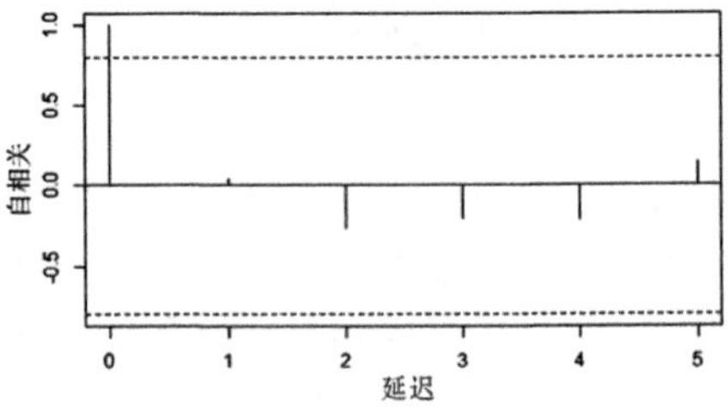

图C.29(a) 11岁男生体重序列1次差分后ACF图

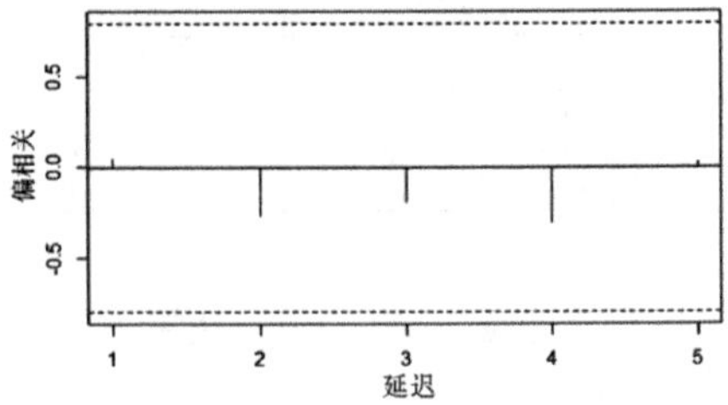

图C.29(b) 11岁男生体重序列1次差分后PACF图

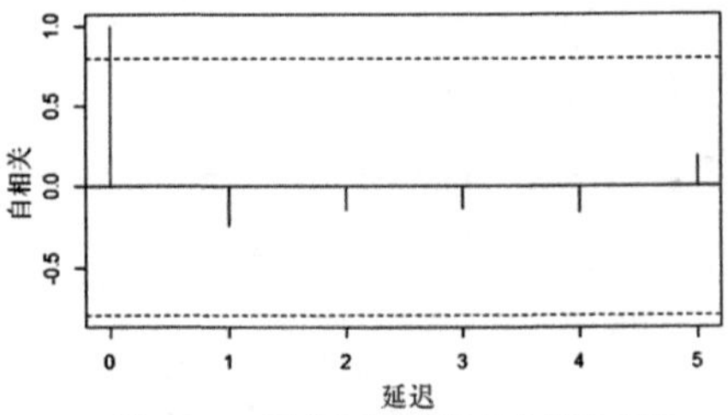

图C.30(a) 12岁男生体重序列1次差分后ACF图

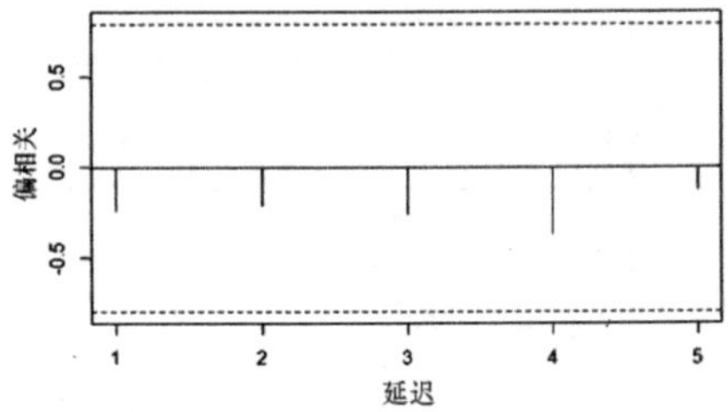

图C.30(b) 12岁男生体重序列1次差分后PACF图

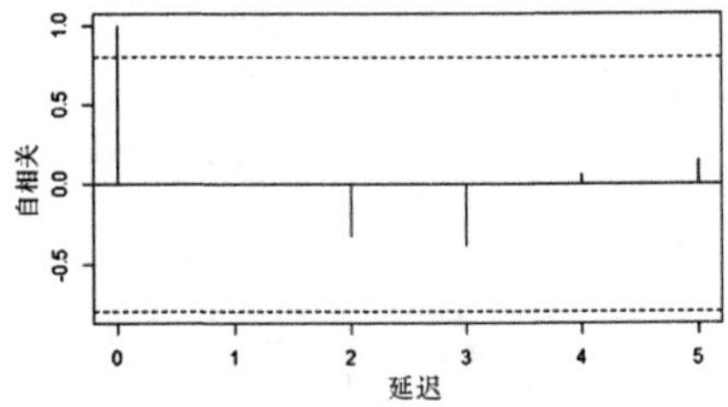

图C.31(a) 13岁男生体重序列1次差分后ACF图

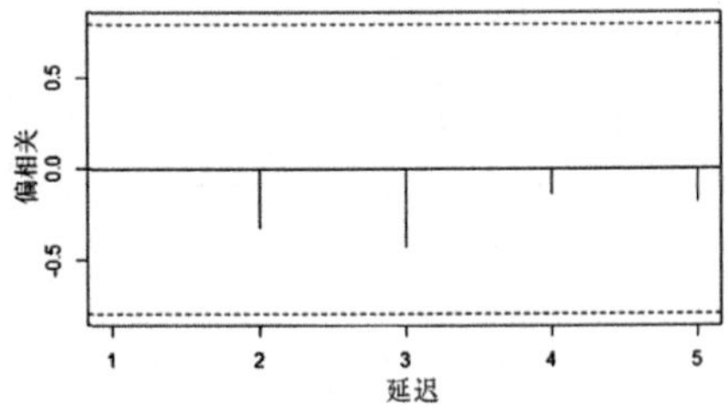

图C.31(b) 13岁男生体重序列1次差分后PACF图

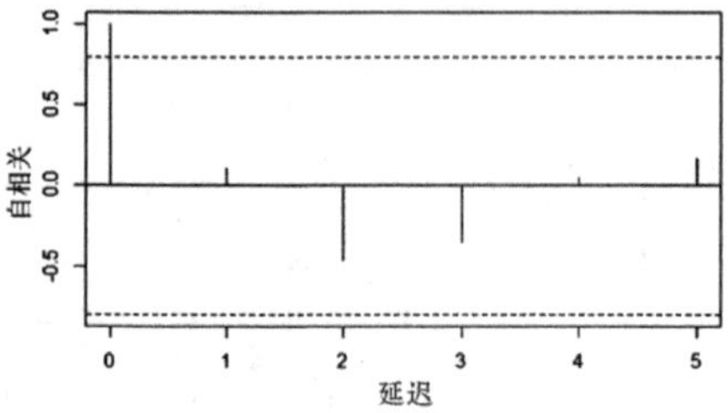

图C.32(a) 14岁男生体重序列1次差分后ACF图

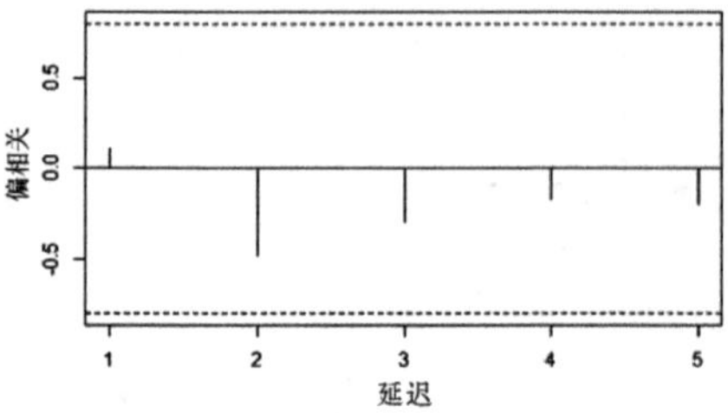

图C.32(b) 14岁男生体重序列1次差分后PACF图

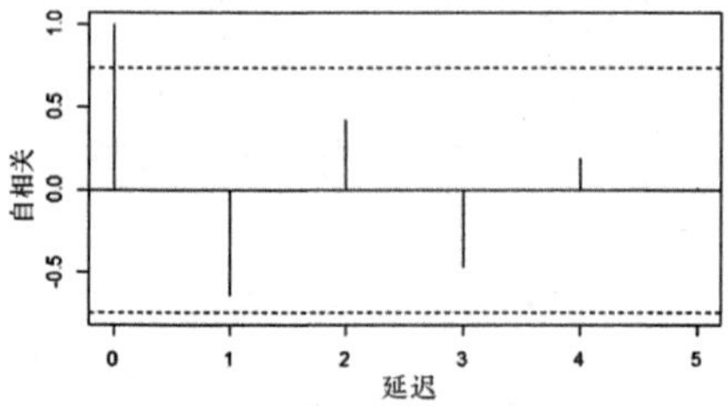

图C.33(a) 15岁男生体重序列1次差分后ACF图

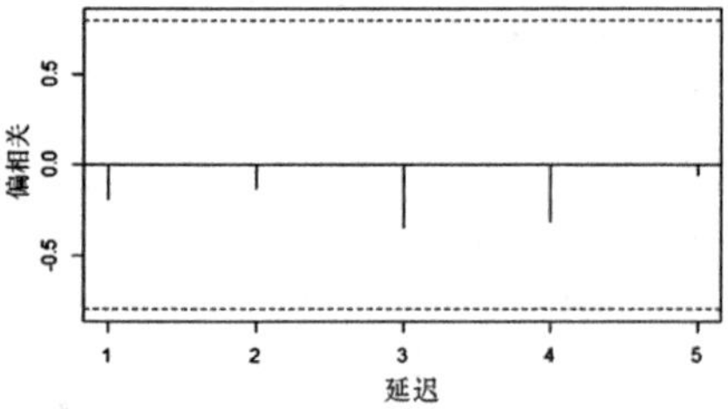

图C.33(b) 15岁男生体重序列1次差分后PACF图

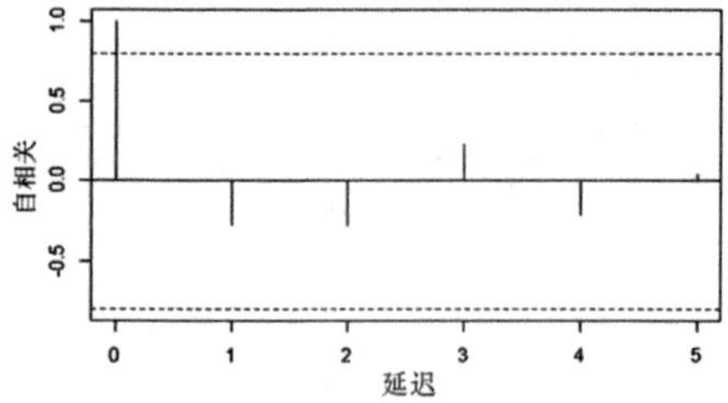

图C.34(a) 16岁男生体重序列1次差分后ACF图

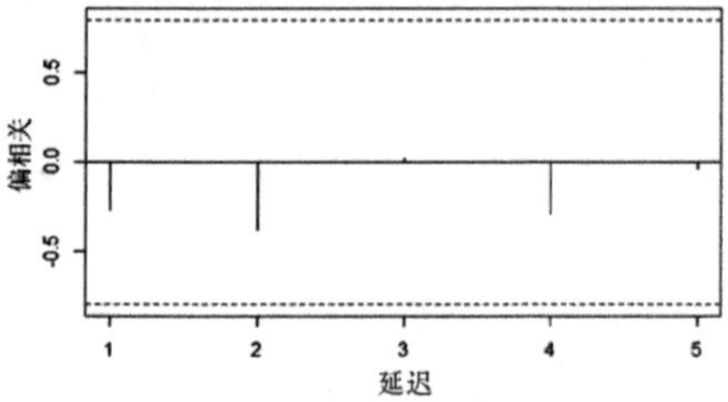

图C.34(b) 16岁男生体重序列1次差分后PACF图

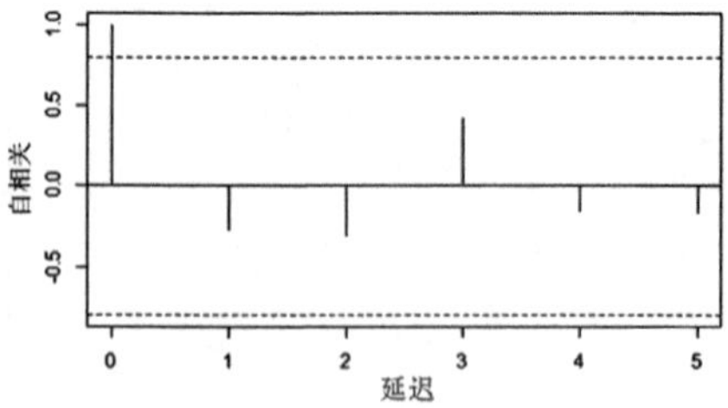

图C.35(a) 17岁男生体重序列1次差分后ACF图

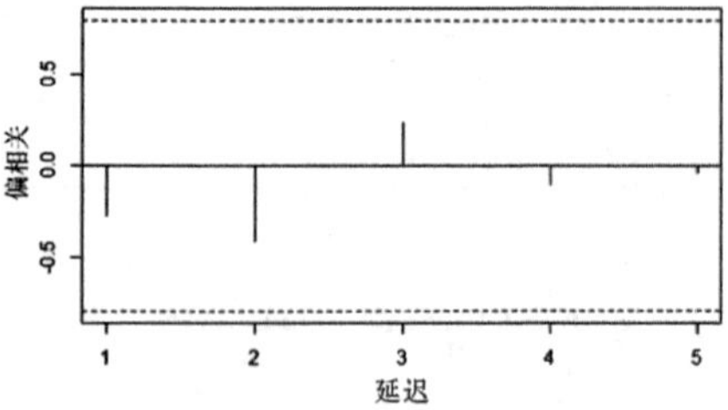

图C.35(b) 17岁男生体重序列1次差分后PACF图

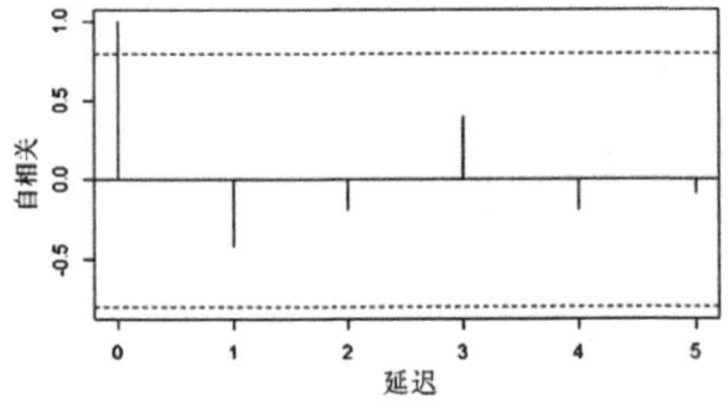

图C.36(a) 18岁男生体重序列1次差分后ACF图

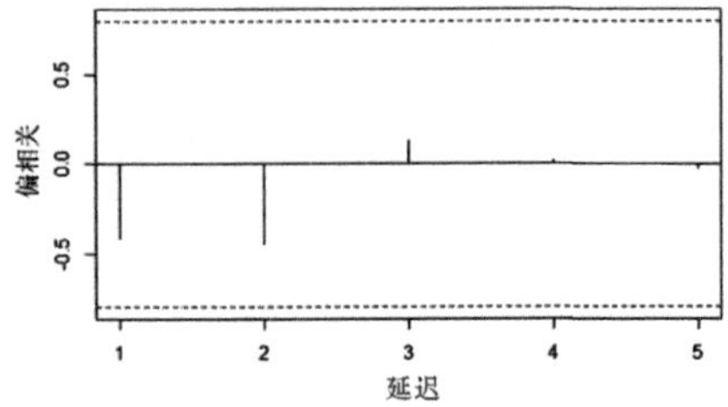

图C.36(b) 18岁男生体重序列1次差分后PACF图

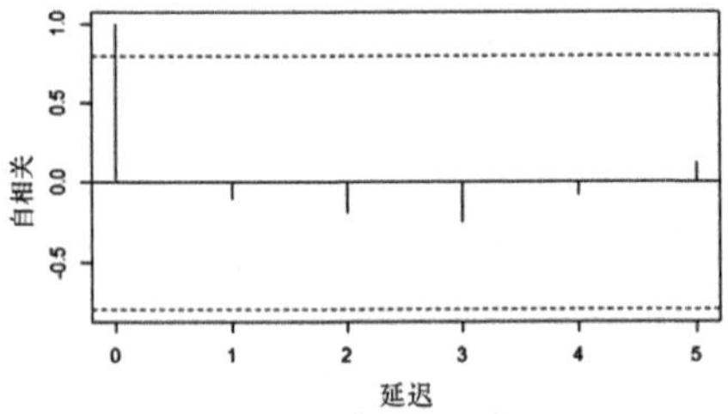

图C.37(a) 7岁女生体重序列1次差分后ACF图

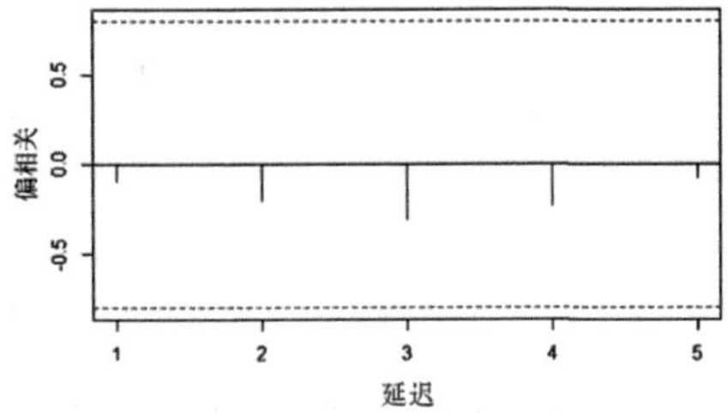

图C.37(b) 7岁女生体重序列1次差分后PACF图

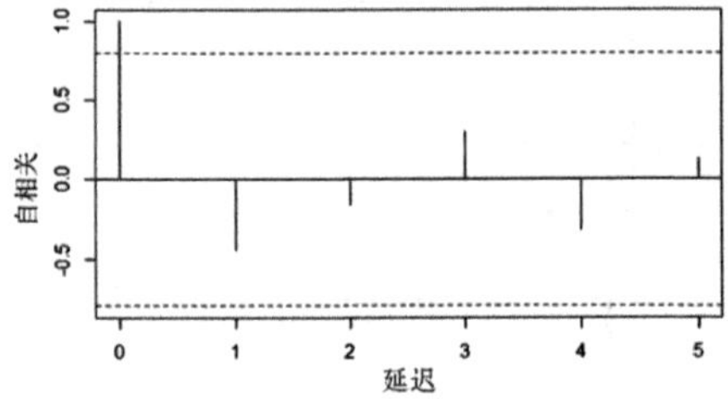

图C.38(a) 8岁女生体重序列2次差分后ACF图

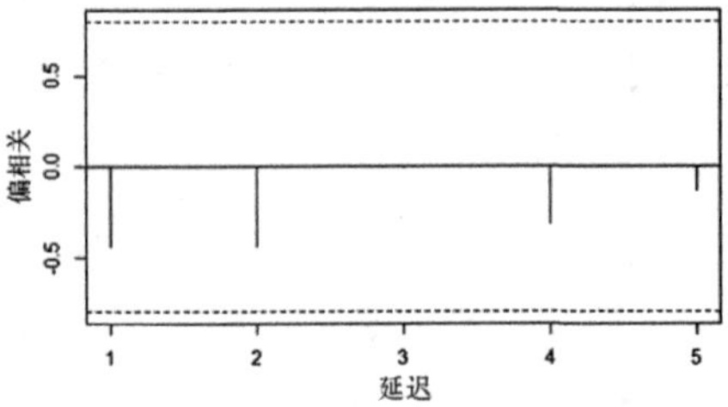

图C.38(b) 8岁女生体重序列1次差分后PACF图

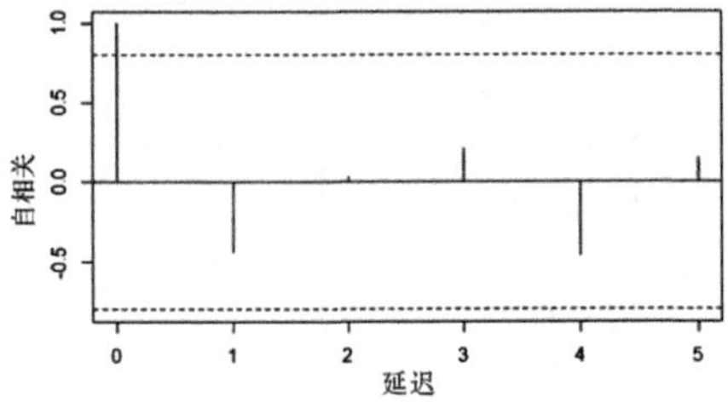

图C.39(a) 9岁女生体重序列2次差分后ACF图

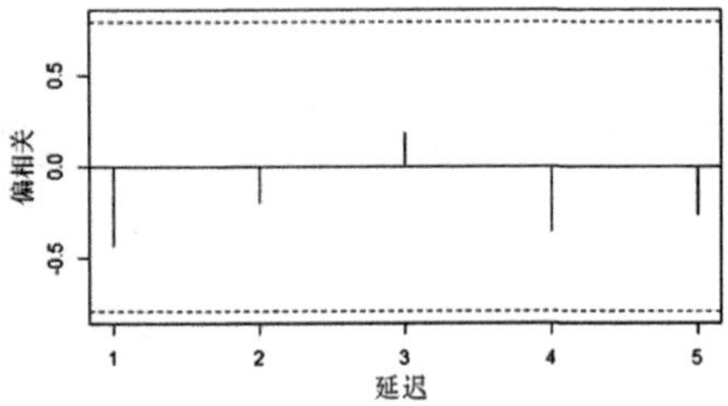

图C.39(b) 9岁女生体重序列2次差分后PACF图

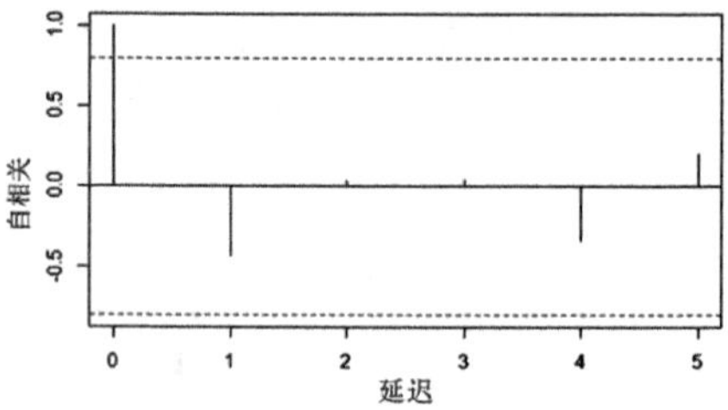

图C.40(a) 10岁女生体重序列2次差分后ACF图

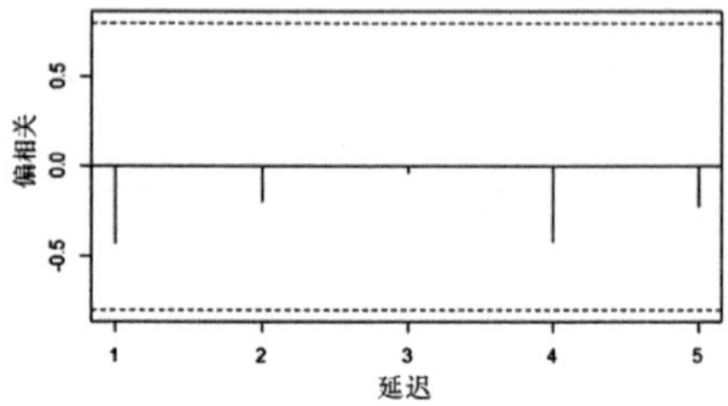

图C.40(b) 10岁女生体重序列2次差分后PACF图

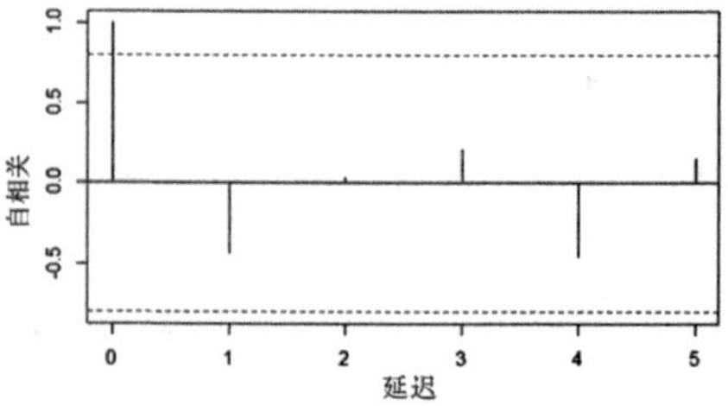

图C.41(a) 11岁女生体重序列1次差分后ACF图

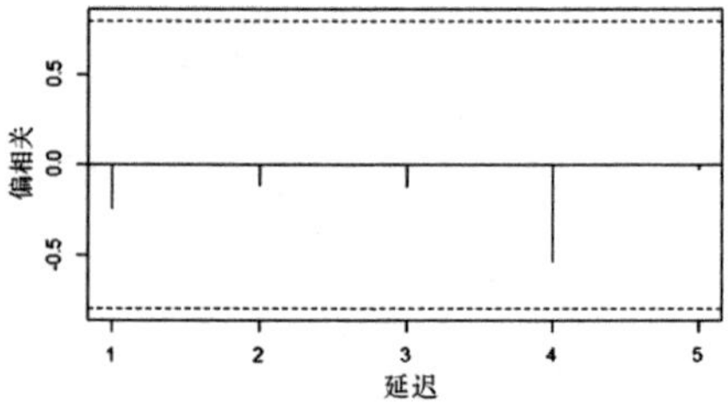

图C.41(b) 11岁女生体重序列1次差分后PACF图

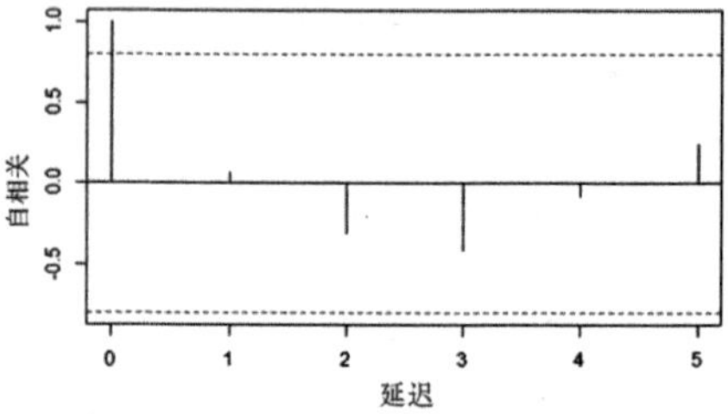

图C.42(a) 12岁女生体重序列1次差分后ACF图

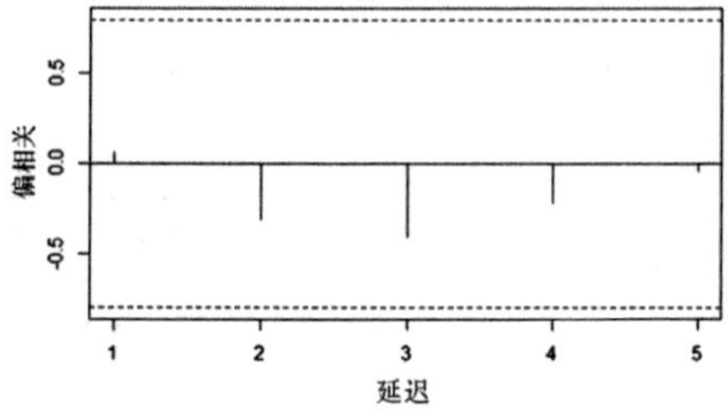

图C.42(b) 12岁女生体重序列1次差分后PACF图

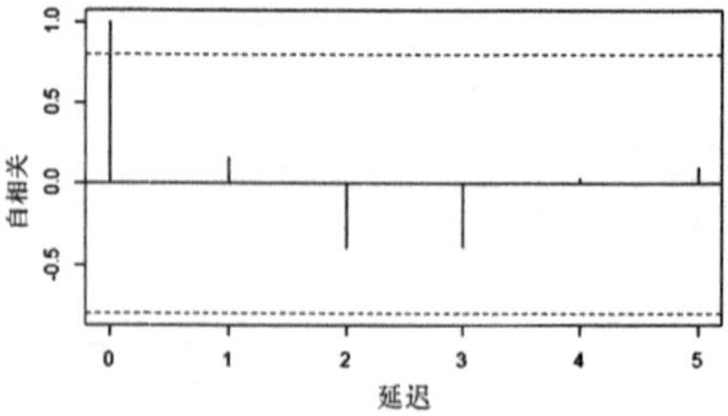

图C.43(a) 13岁女生体重序列1次差分后ACF图

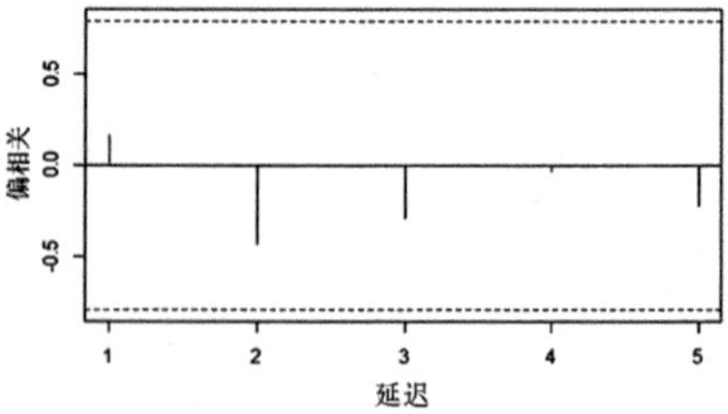

图C.43(b) 13岁女生体重序列1次差分后PACF图

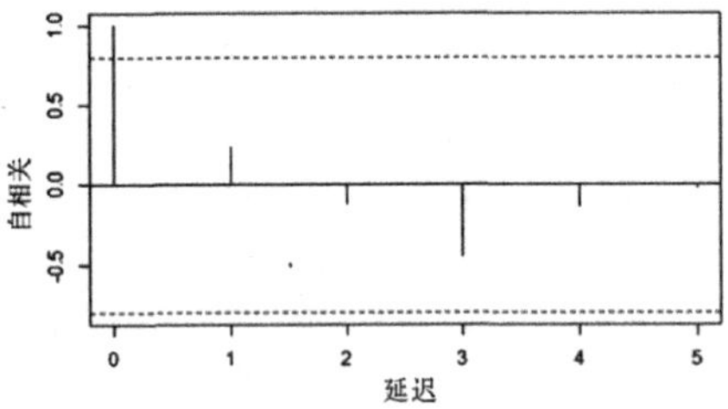

图C.44(a) 14岁女生体重序列2次差分后ACF图

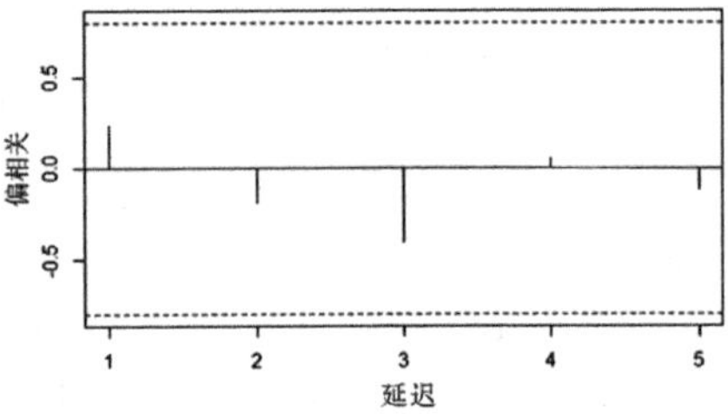

图C.44(b) 14岁女生体重序列2次差分后PACF图

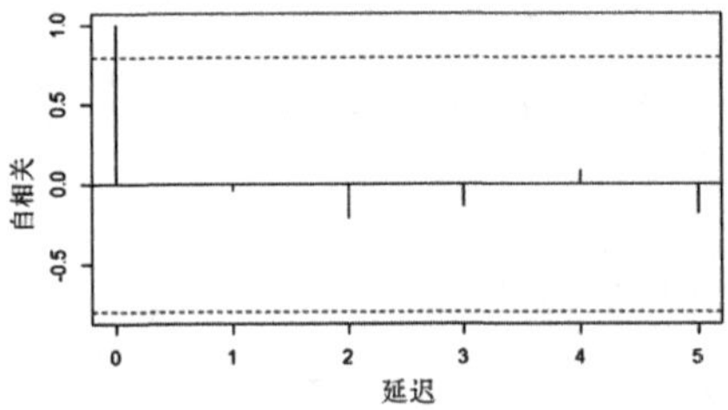

图C.45(a) 15岁女生体重序列2次差分后ACF图

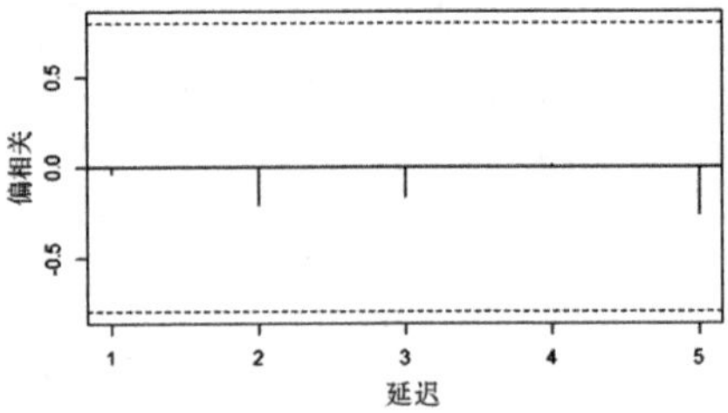

图C.45(b) 15岁女生体重序列2次差分后PACF图

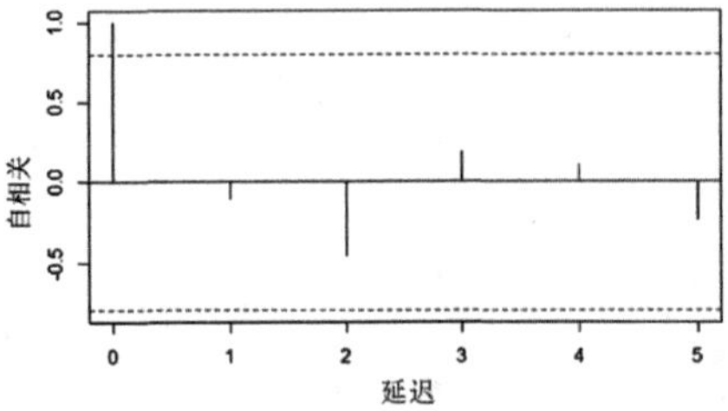

图C.46(a) 16岁女生体重序列2次差分后ACF图

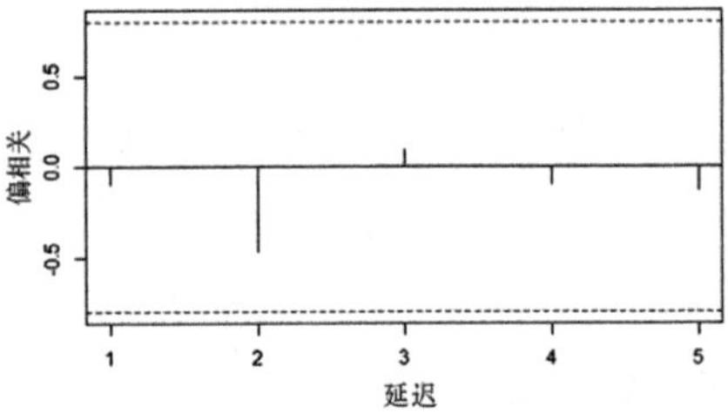

图C.46(b) 16岁女生体重序列2次差分后PACF图

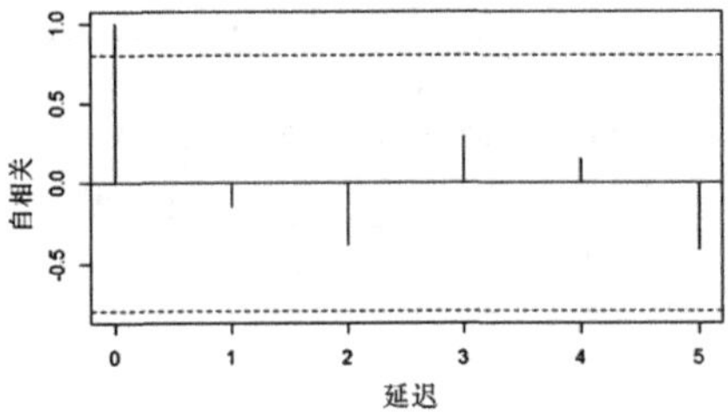

图C.47(a) 17岁女生体重序列2次差分后ACF图

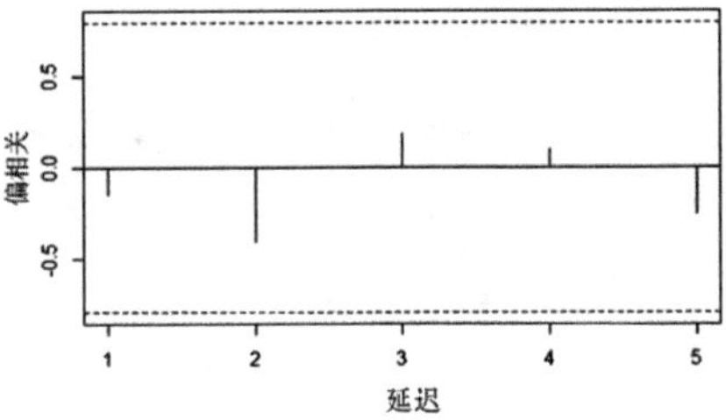

图C.47(b) 17岁女生体重序列2次差分后PACF图

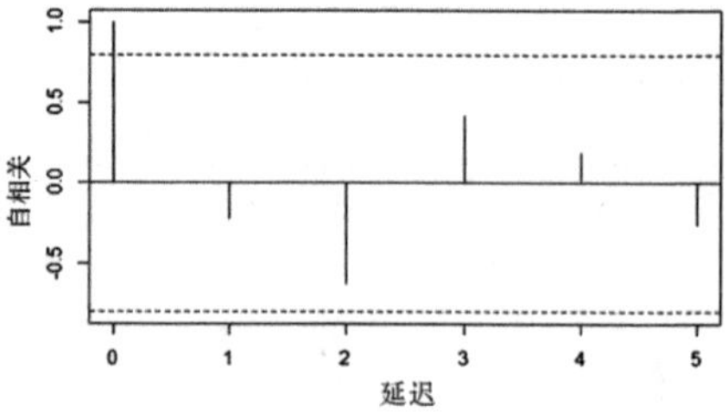

图C.48(a) 18岁女生体重序列3次差分后ACF图

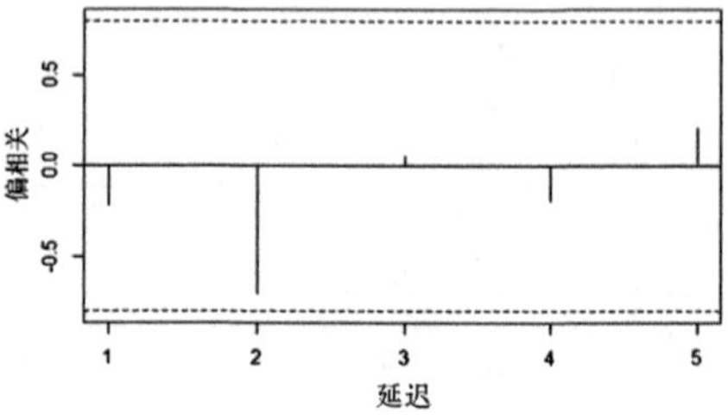

图C.48(b) 18岁女生体重序列3次差分后PACF图

立定跳远时间序列差分后自相关、偏相关图

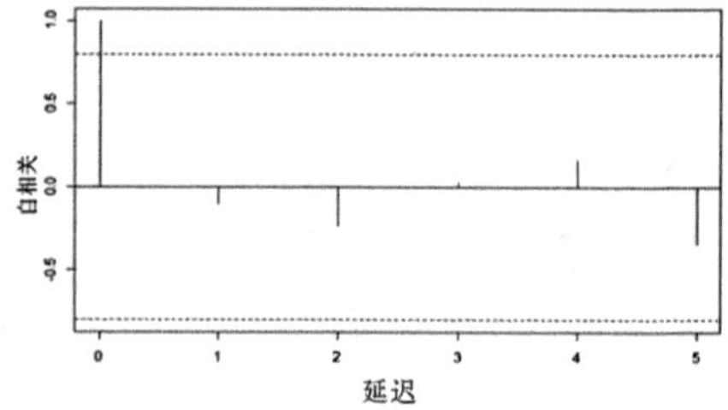

图C.49(a) 7岁男生立定跳远序列2次差分后ACF图

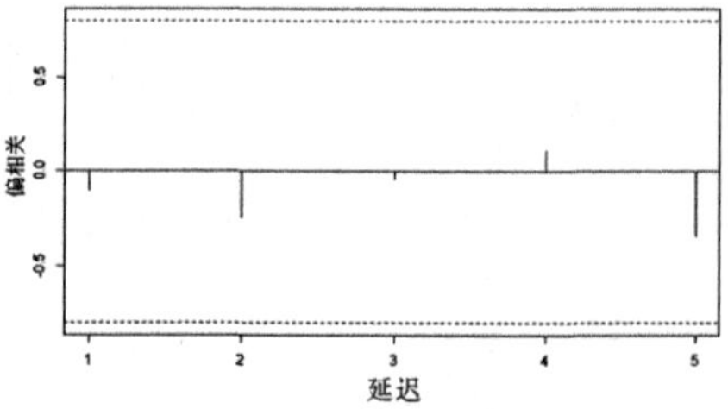

图C.49(b) 7岁男生立定跳远序列2次差分后PACF图

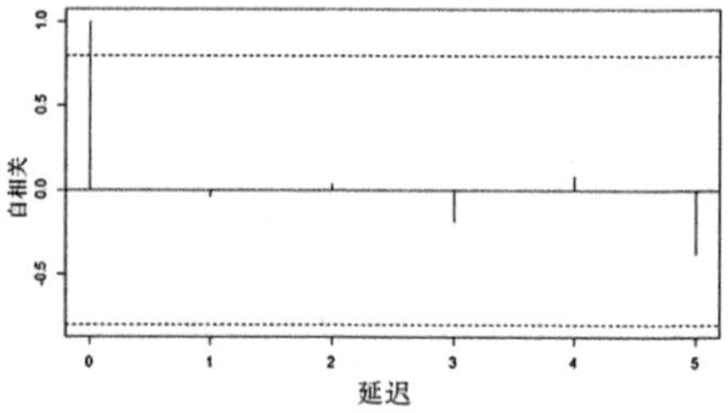

图C.50(a) 8岁男生立定跳远序列2次差分后ACF图

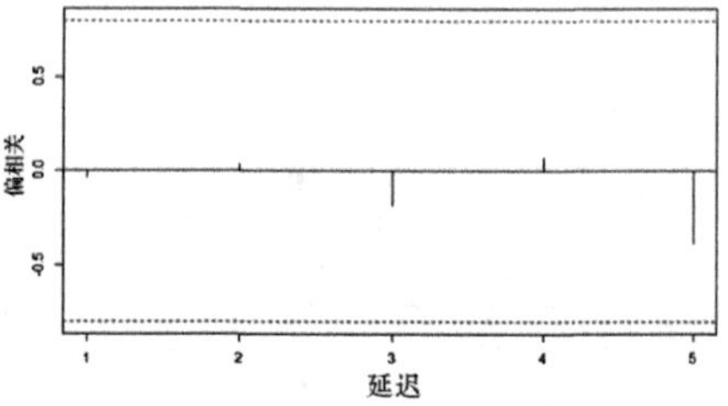

图C.50(b) 8岁男生立定跳远序列2次差分后PACF图

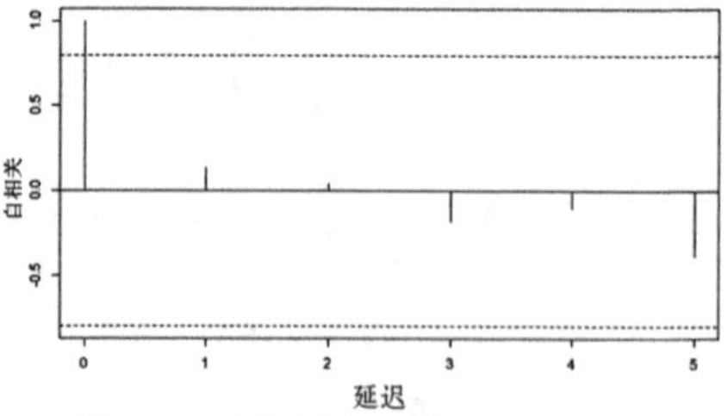

图C.51(a) 9岁男生立定跳远序列2次差分后ACF图

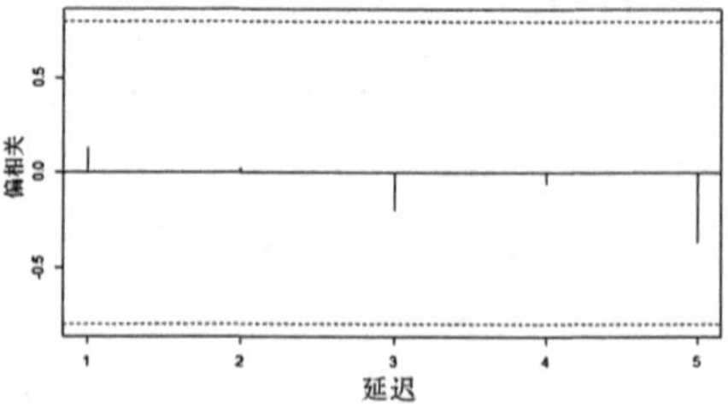

图C.51(b) 9岁男生立定跳远序列2次差分后PACF图

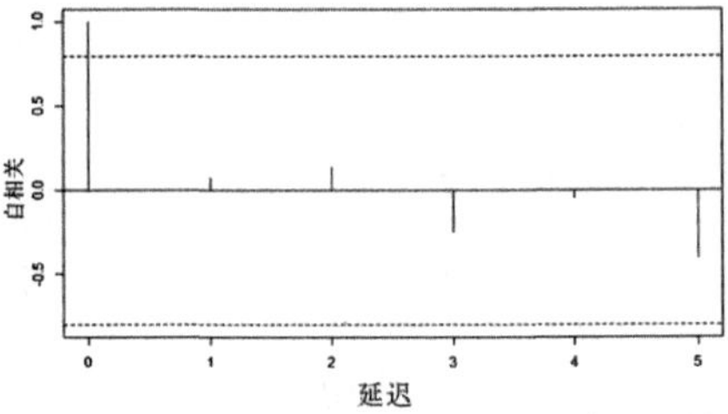

图C.52(a) 10岁男生立定跳远序列2次差分后ACF图

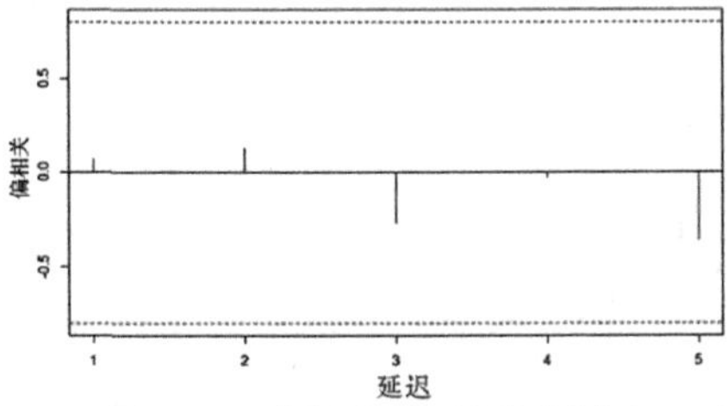

图C.52(b) 10岁男生立定跳远序列2次差分后PACF图

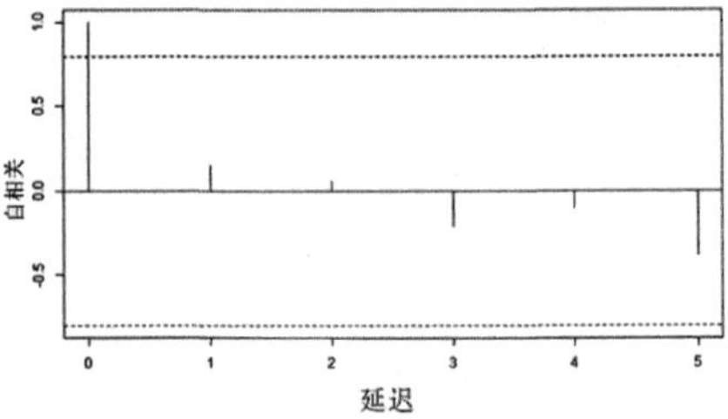

图C.53(a) 11岁男生立定跳远序列2次差分后ACF图

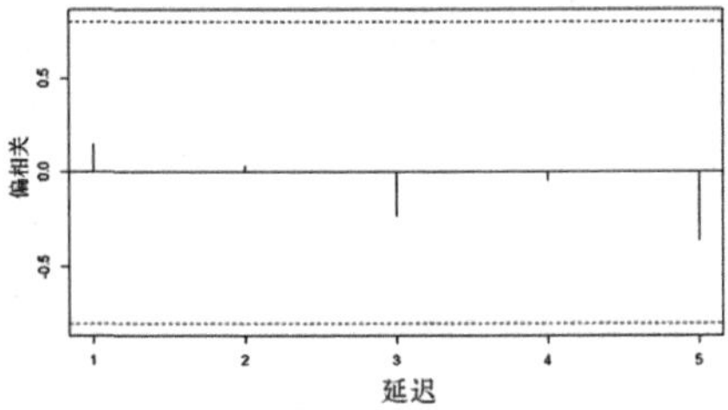

图C.53(b) 11岁男生立定跳远序列2次差分后PACF图

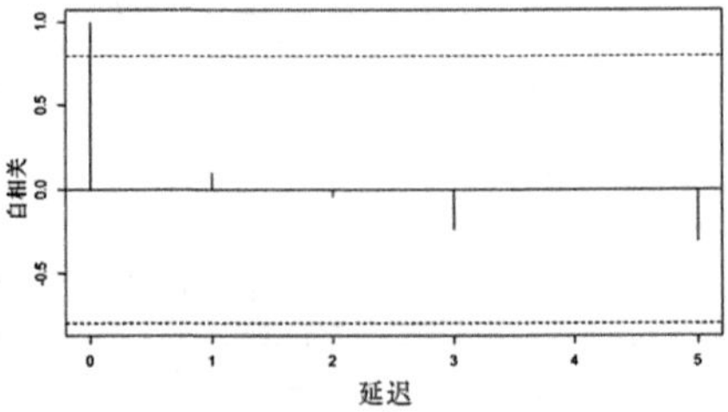

图C.54(a) 12岁男生立定跳远序列2次差分后ACF图

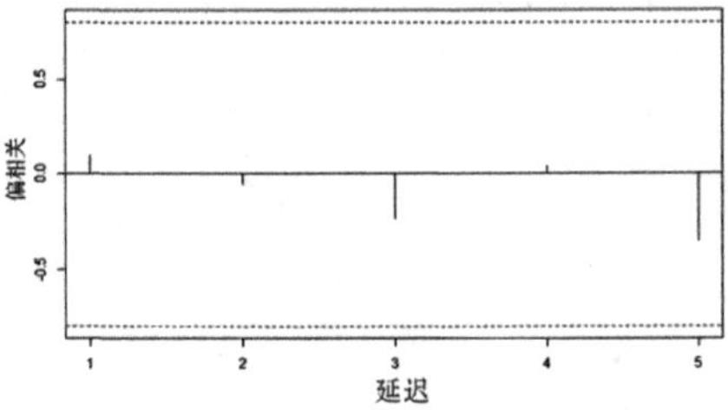

图C.54(b) 12岁男生立定跳远序列2次差分后PACF图

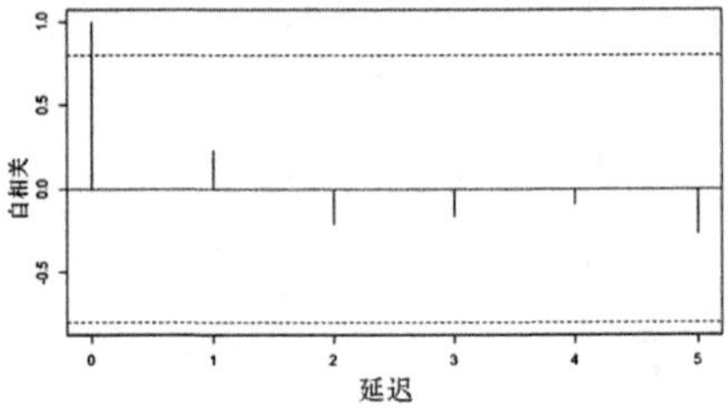

图C.55(a) 13岁男生立定跳远序列2次差分后ACF图

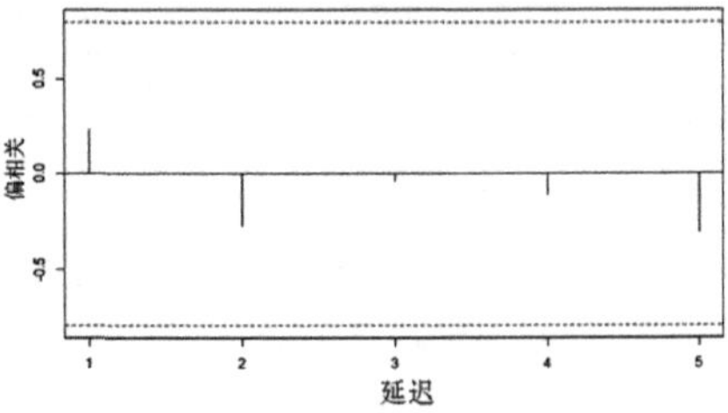

图C.55(b) 13岁男生立定跳远序列2次差分后PACF图

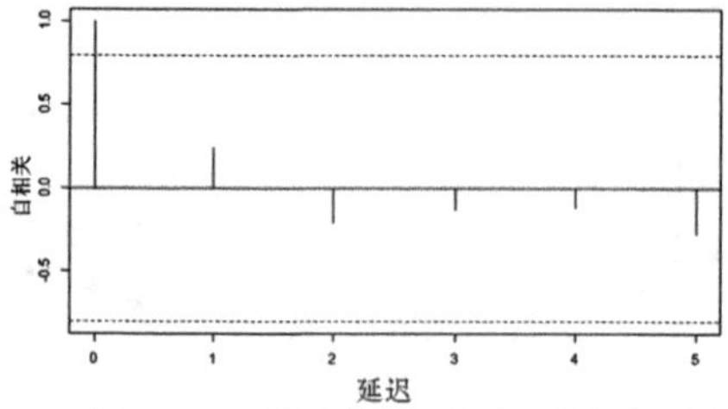

图C.56(a) 14岁男生立定跳远序列2次差分后ACF图

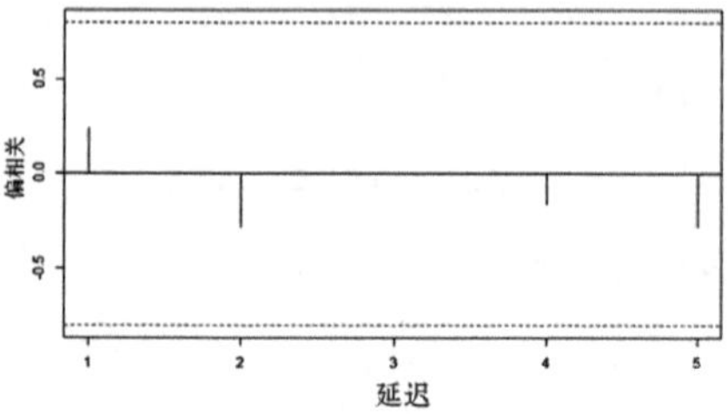

图C.56(b) 14岁男生立定跳远序列2次差分后PACF图

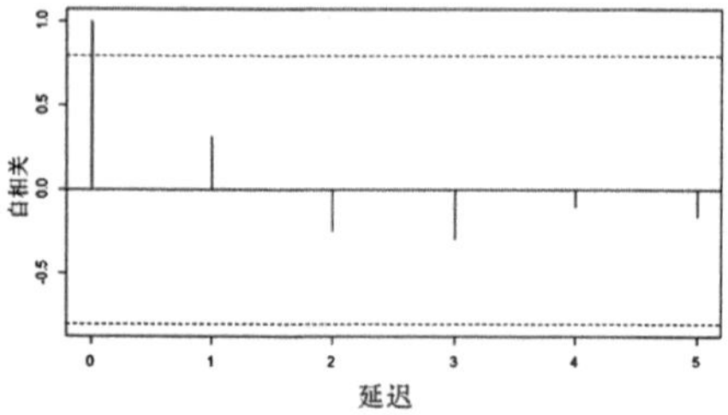

图C.57(a) 15岁男生立定跳远序列2次差分后ACF图

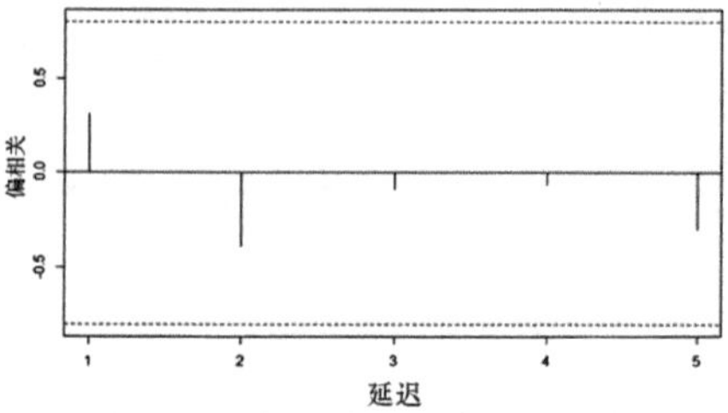

图C.57(b) 15岁男生立定跳远序列2次差分后PACF图

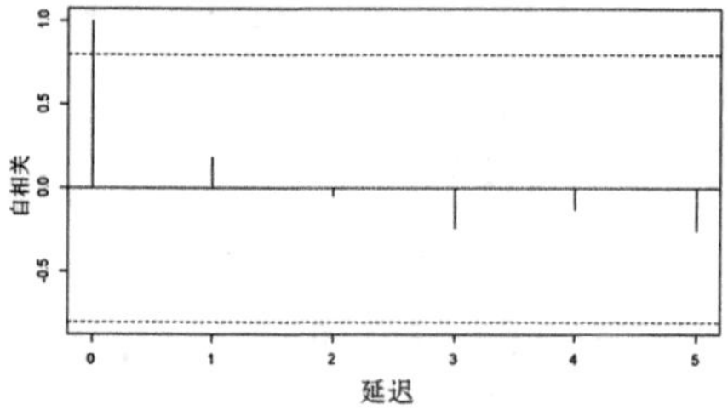

图C.58(a) 16岁男生立定跳远序列2次差分后ACF图

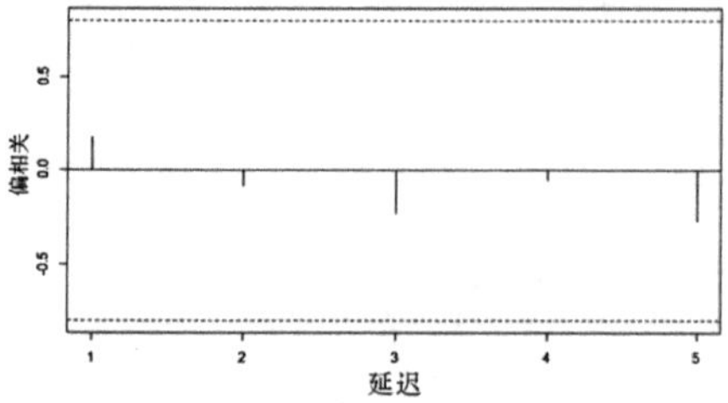

图C.58(b) 16岁男生立定跳远序列2次差分后PACF图

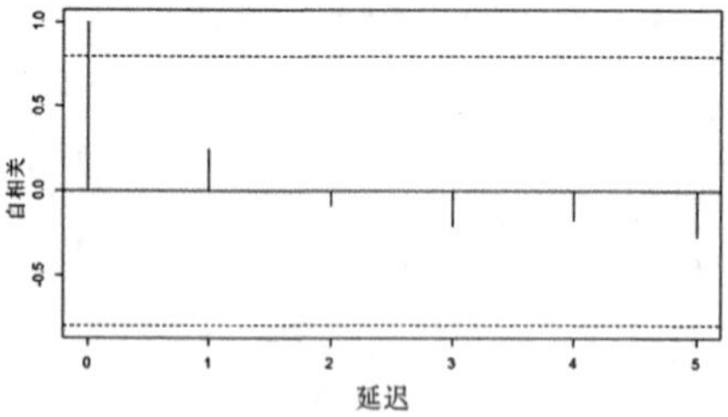

图C.59(a) 17岁男生立定跳远序列2次差分后ACF图

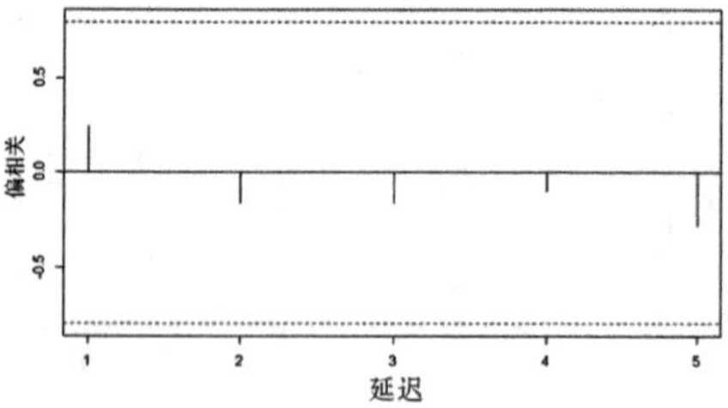

图C.59(b) 17岁男生立定跳远序列2次差分后PACF图

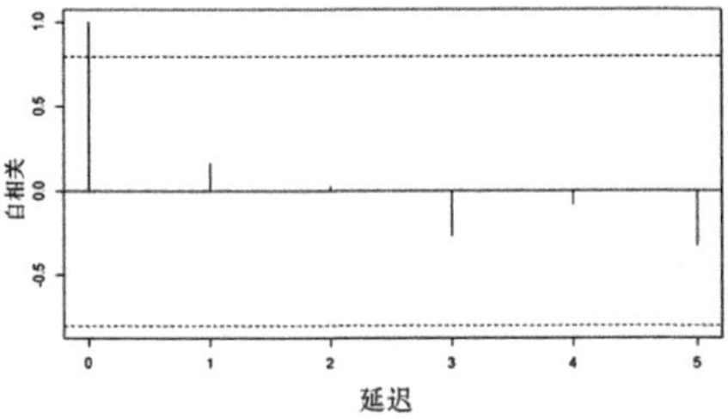

图C.60(a) 18岁男生立定跳远序列2次差分后ACF图

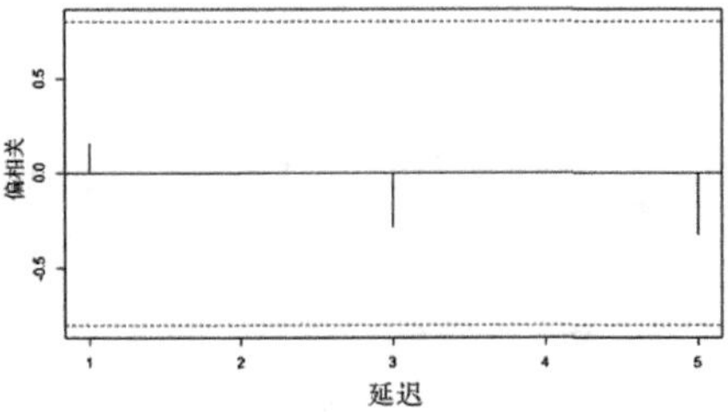

图C.60(b) 18岁男生立定跳远序列2次差分后PACF图

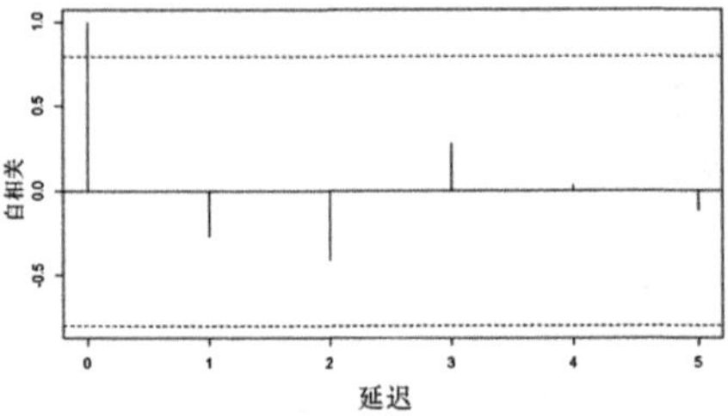

图C.61(a) 7岁女生立定跳远序列2次差分后ACF图

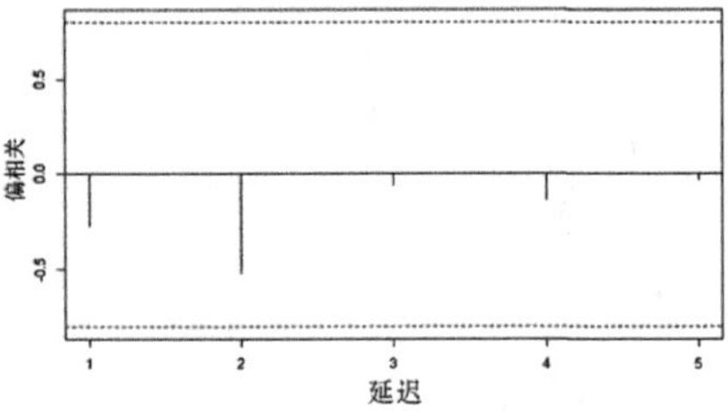

图C.61(b) 7岁女生立定跳远序列2次差分后PACF图

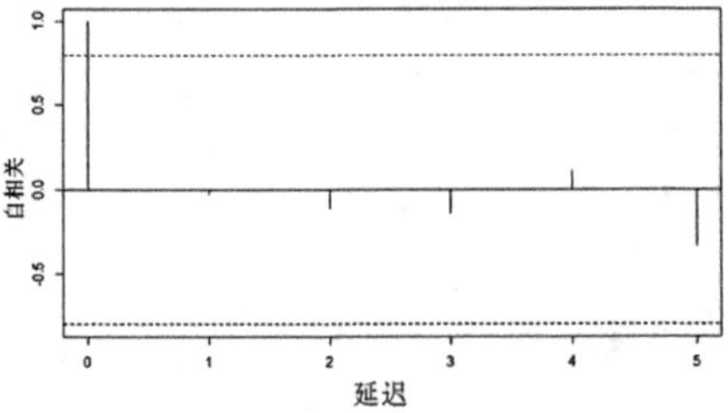

图C.62(a) 8岁女生立定跳远序列2次差分后ACF图

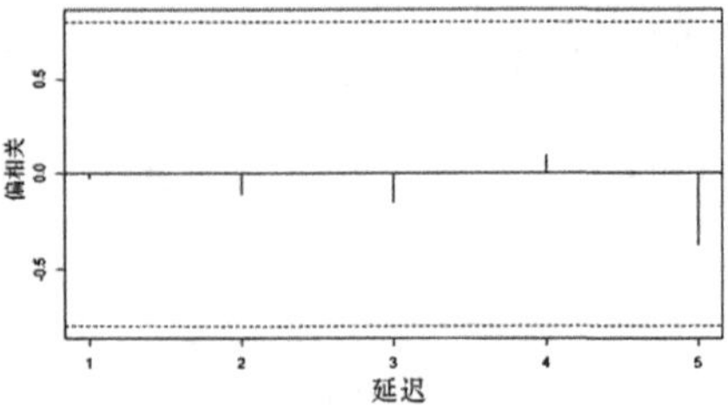

图C.62(b) 8岁女生立定跳远序列2次差分后PACF图

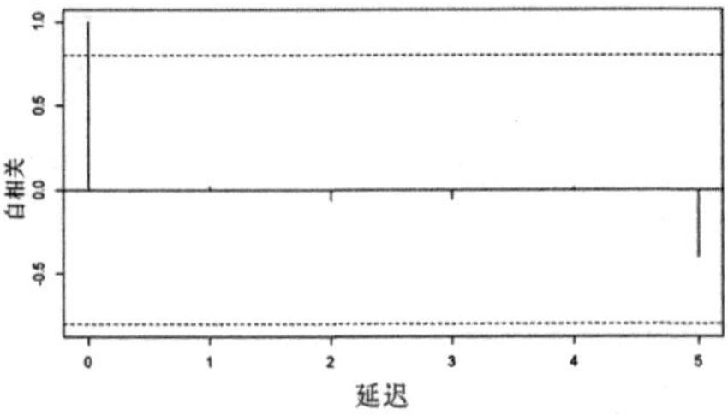

图C.62(a) 8岁女生立定跳远序列2次差分后ACF图

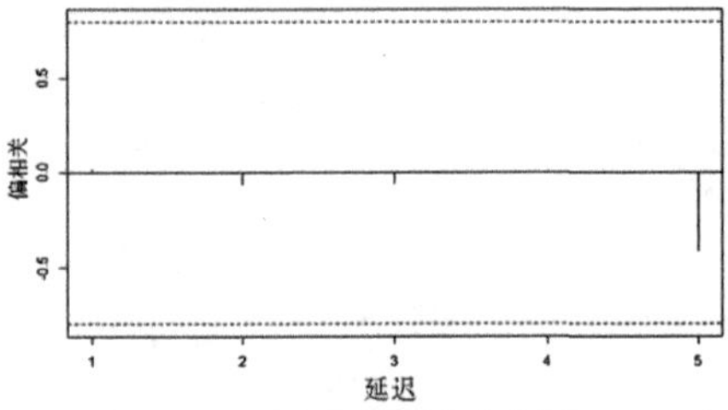

图C.62(b) 8岁女生立定跳远序列2次差分后PACF图

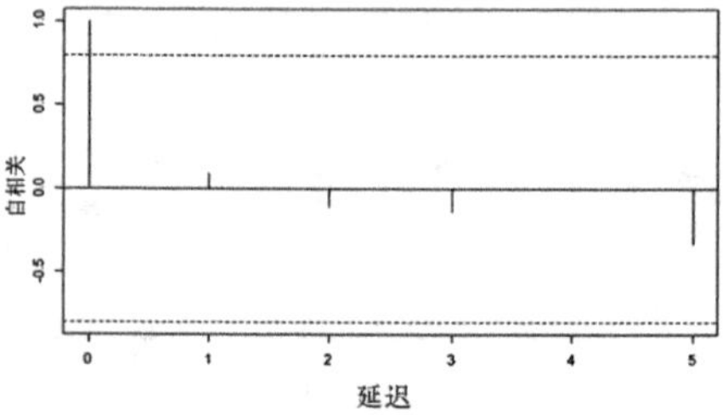

图C.64(a) 10岁女生立定跳远序列2次差分后ACF图

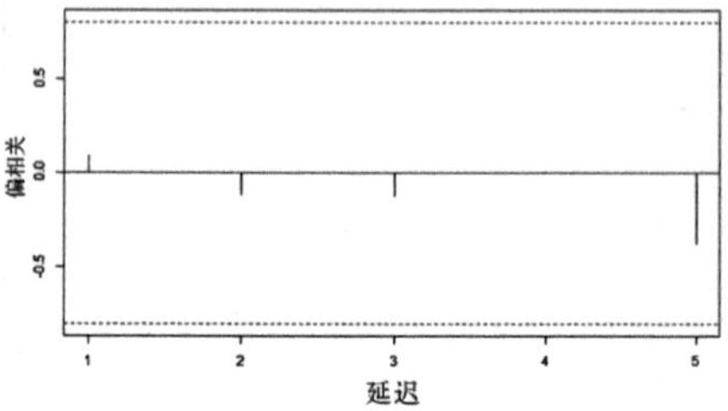

图C.64(b) 10岁女生立定跳远序列2次差分后PACF图

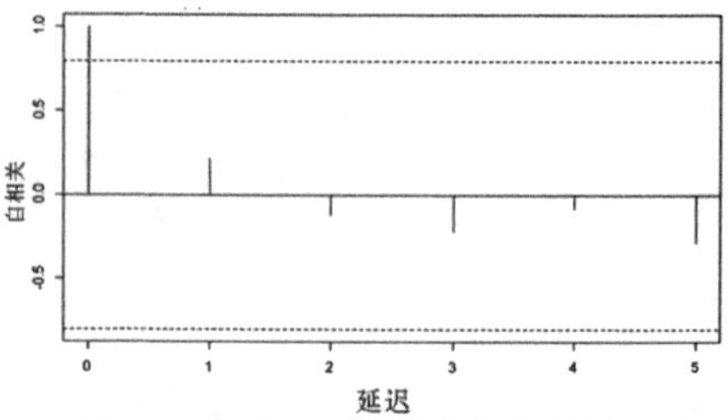

图C.65(a) 11岁女生立定跳远序列2次差分后ACF图

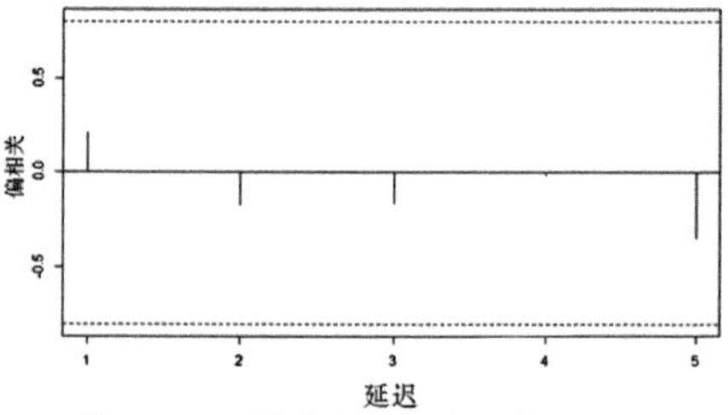

图C.65(b) 11岁女生立定跳远序列2次差分后PACF图

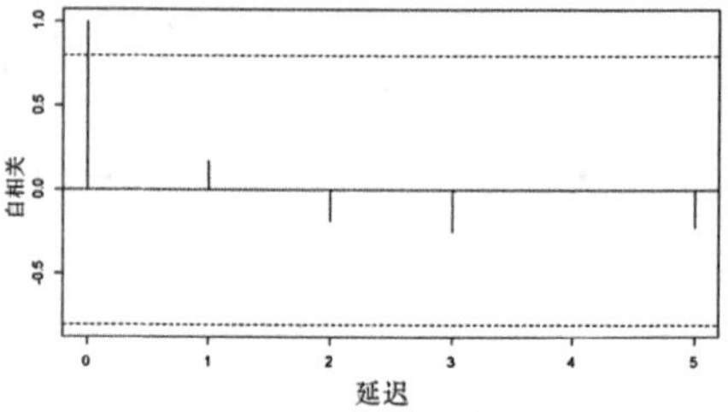

图C.66(a) 12岁女生立定跳远序列2次差分后ACF图

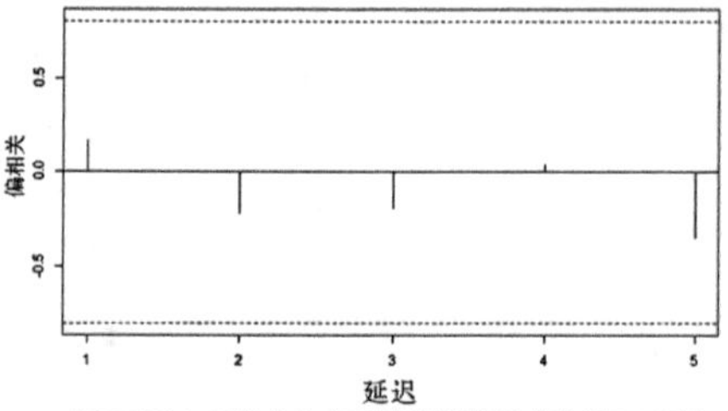

图C.66(b) 12岁女生立定跳远序列2次差分后PACF图

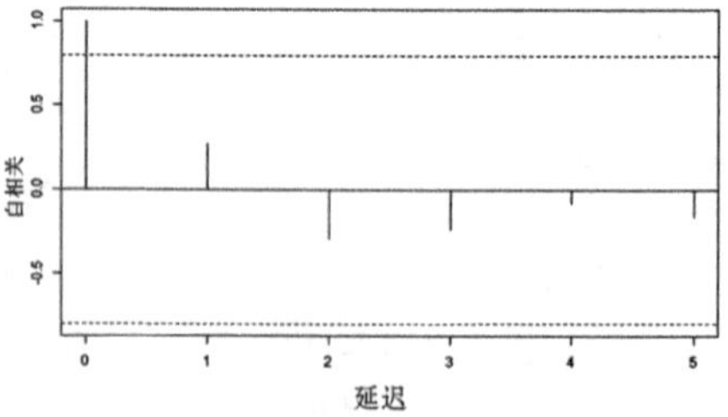

图C.67(a) 13岁女生立定跳远序列2次差分后ACF图

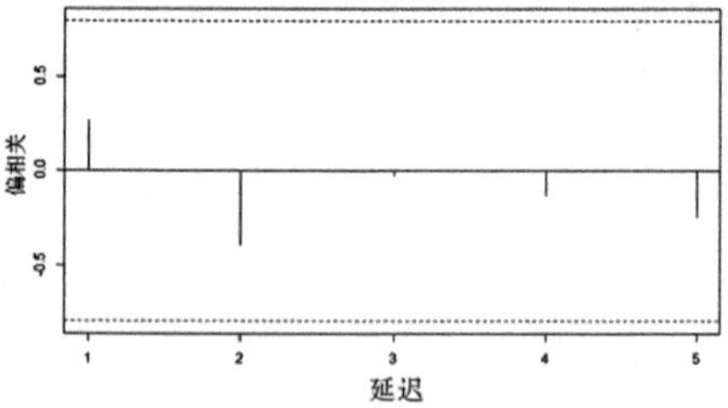

图C.67(b) 13岁女生立定跳远序列2次差分后PACF图

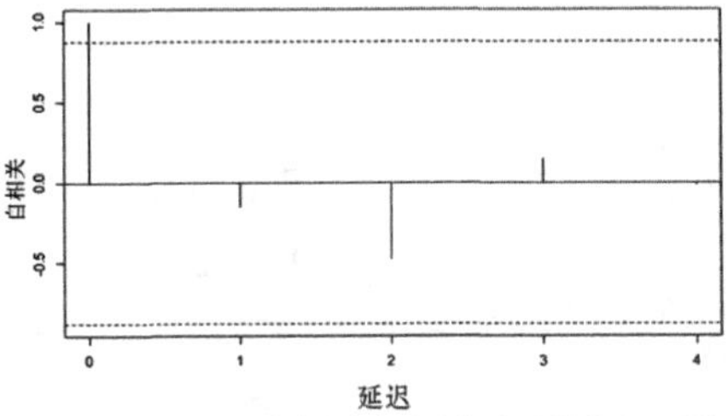

图C.68(a) 14岁女生立定跳远序列2次差分后ACF图

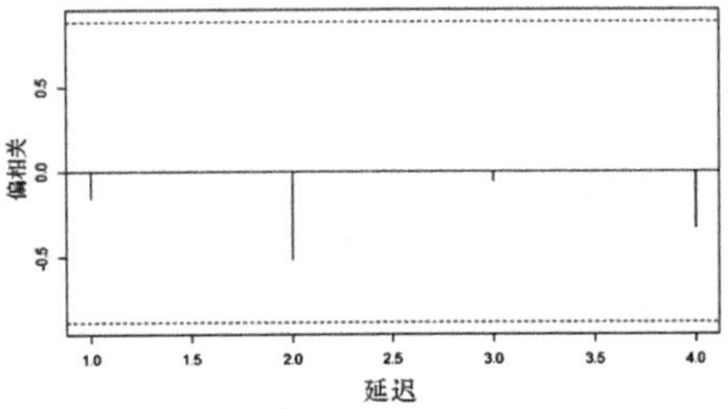

图C.68(b) 14岁女生立定跳远序列2次差分后PACF图

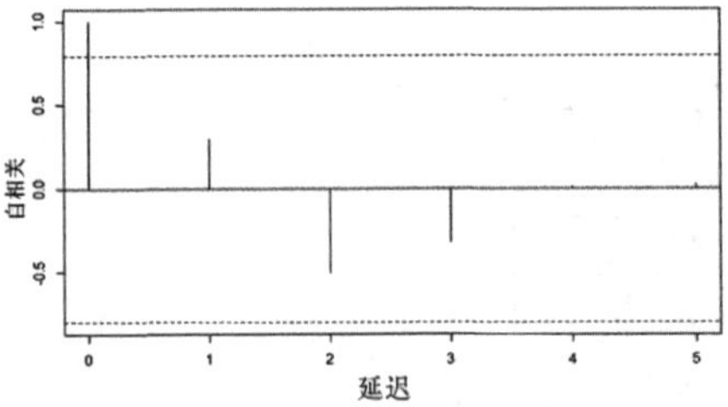

图C.69(a) 15岁女生立定跳远序列2次差分后ACF图

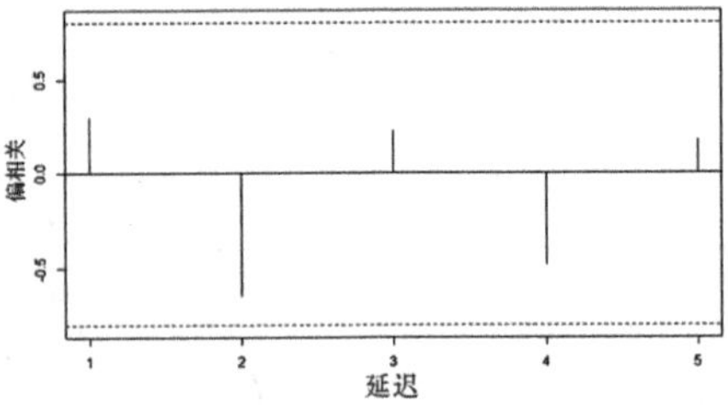

图C.69(b) 15岁女生立定跳远序列2次差分后PACF图

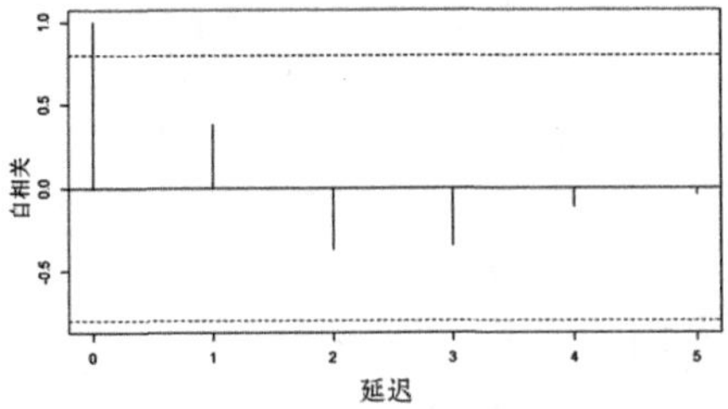

图C.70(a) 16岁女生立定跳远序列2次差分后ACF图

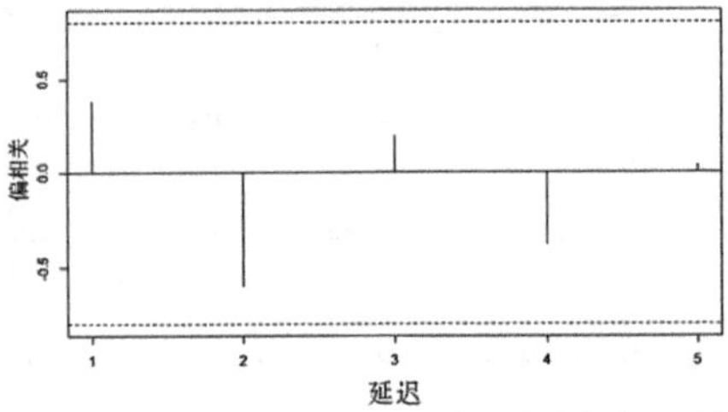

图C.70(b) 16岁女生立定跳远序列2次差分后PACF图

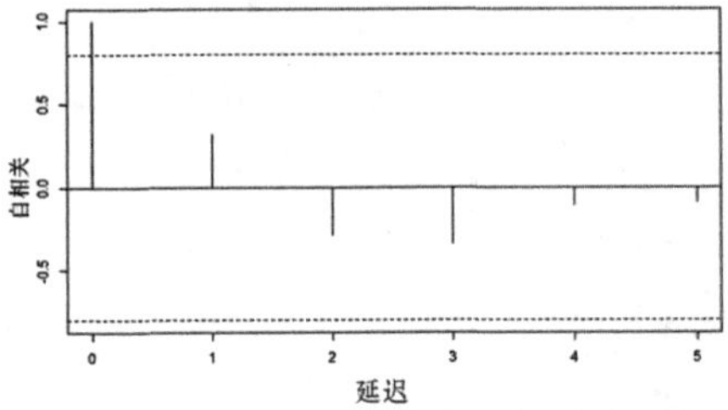

图C.71(a) 17岁女生立定跳远序列2次差分后ACF图

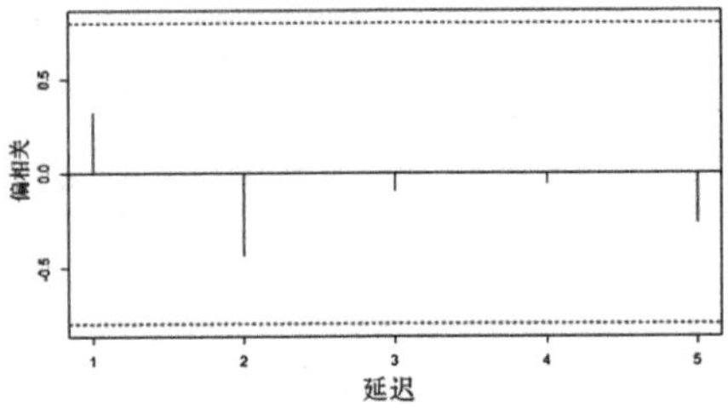

图C.71(b) 17岁女生立定跳远序列2次差分后PACF图

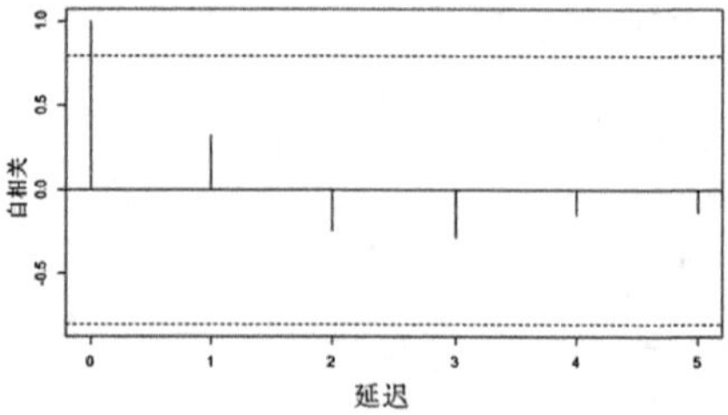

图C.72(a) 18岁女生立定跳远序列2次差分后ACF图

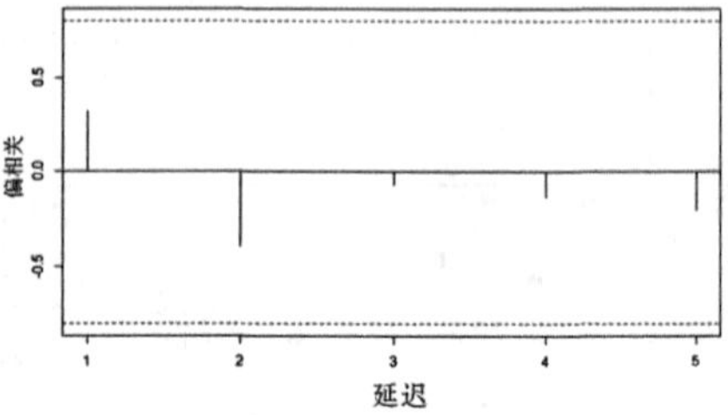

图C.72(b) 18岁女生立定跳远序列2次差分后PACF图

50m跑时间序列差分后自相关、偏相关图

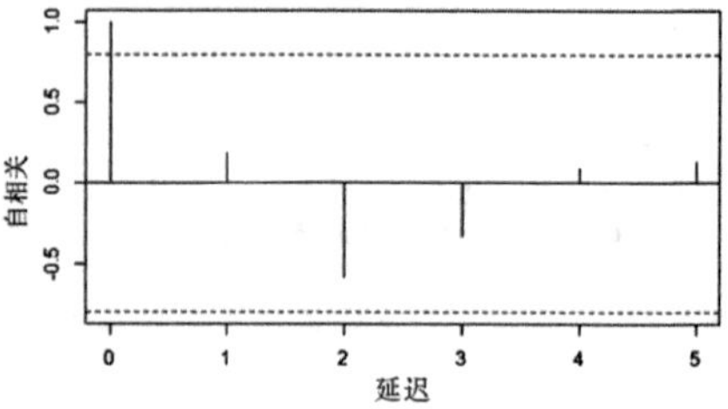

图C.73(a) 7岁男生50m跑序列2次差分后ACF图

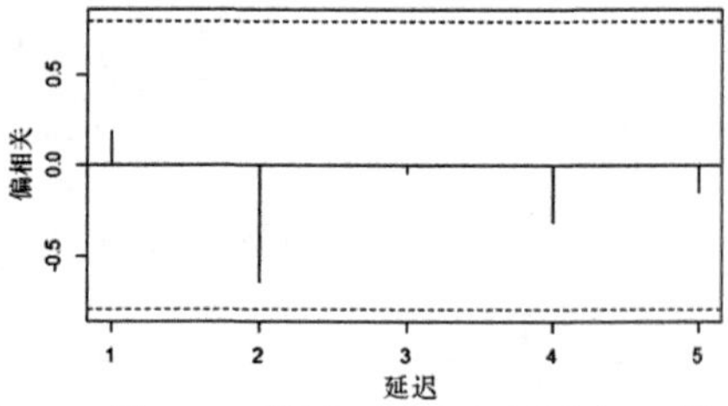

图C.73(b) 7岁男生50m跑序列2次差分后PACF图

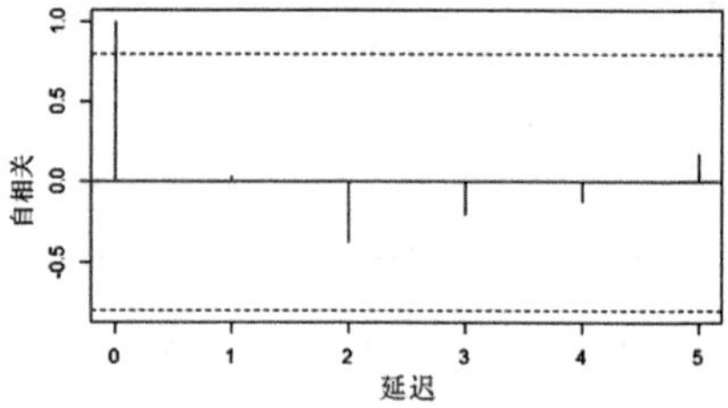

图C.74(a) 8岁男生50m跑序列1次差分后ACF图

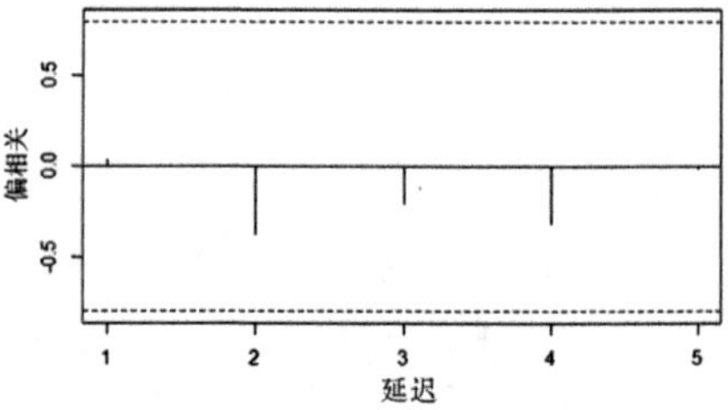

图C.74(b) 8岁男生50m跑序列1次差分后PACF图

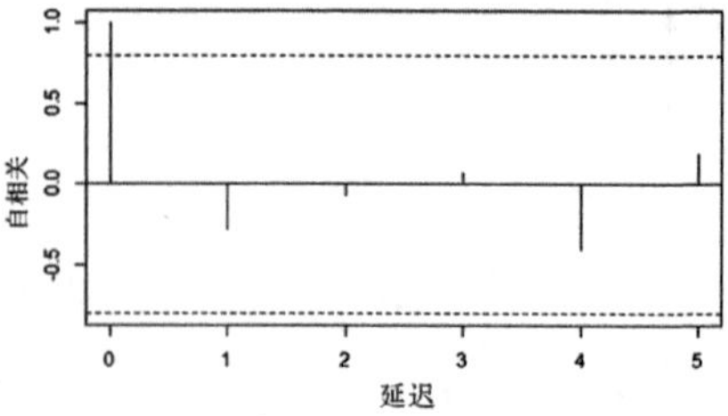

图C.75(a) 9岁男生50m跑序列2次差分后ACF图

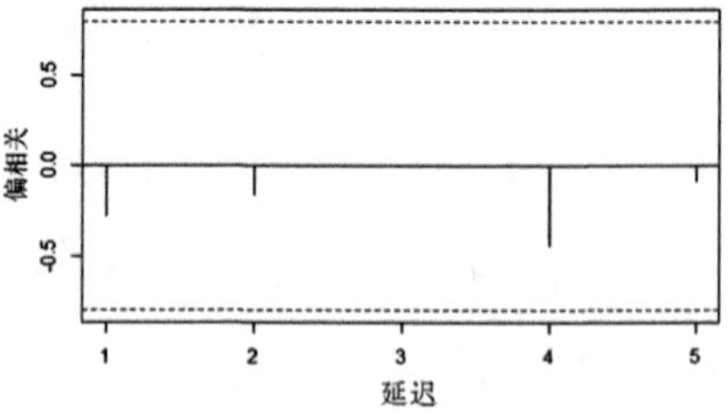

图C.75(b) 9岁男生50m跑序列2次差分后PACF图

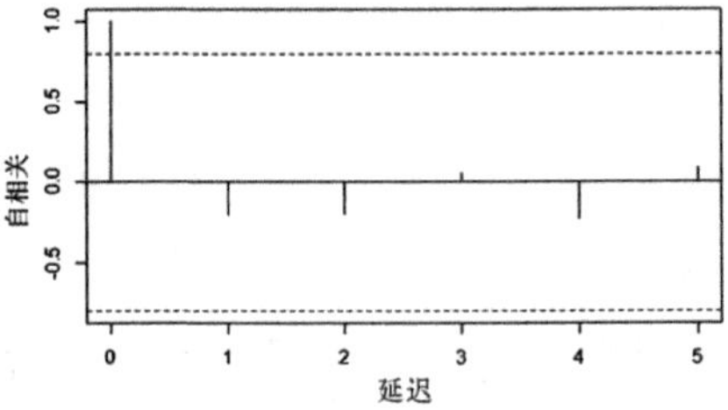

图C.76(a) 10岁男生50m跑序列2次差分后ACF图

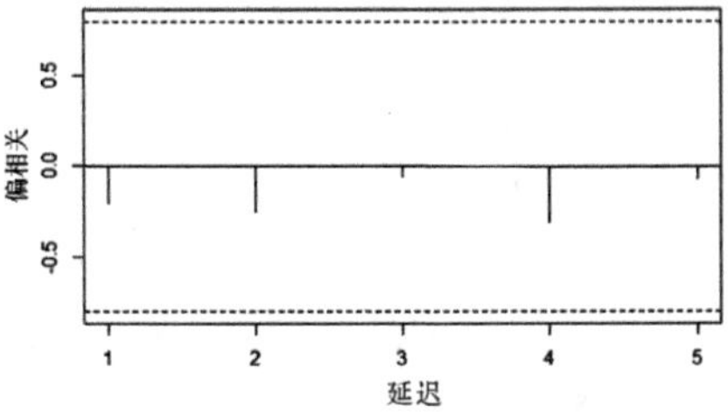

图C.76(b) 10岁男生50m跑序列2次差分后PACF图

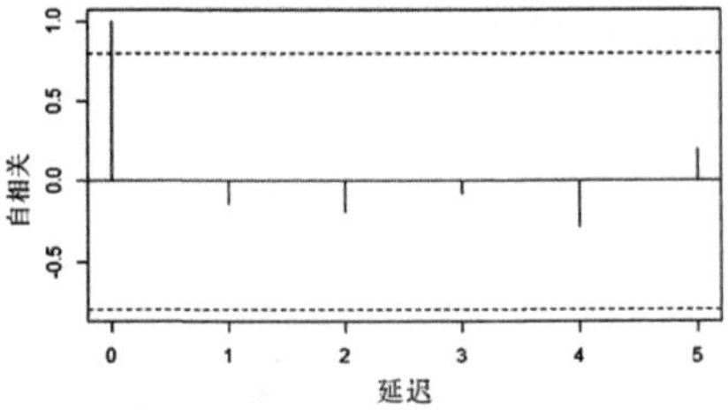

图C.77(a) 11岁男生50m跑序列2次差分后ACF图

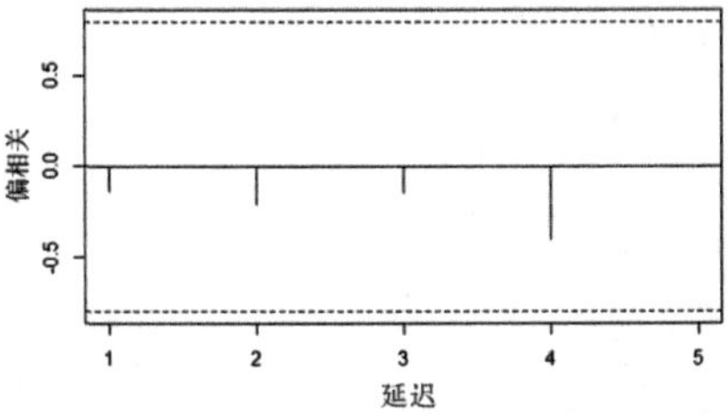

图C.77(b) 11岁男生50m跑序列2次差分后PACF图

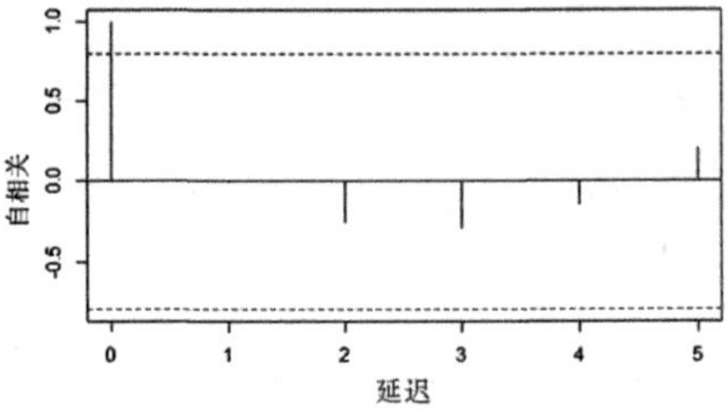

图C.78(a) 12岁男生50m跑序列2次差分后ACF图

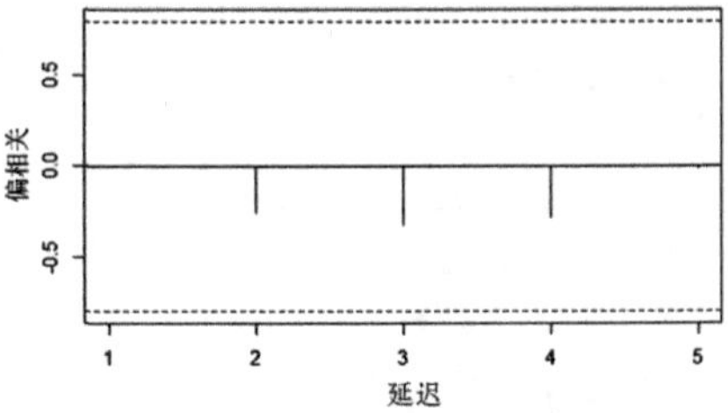

图C.78(b) 12岁男生50m跑序列2次差分后PACF图

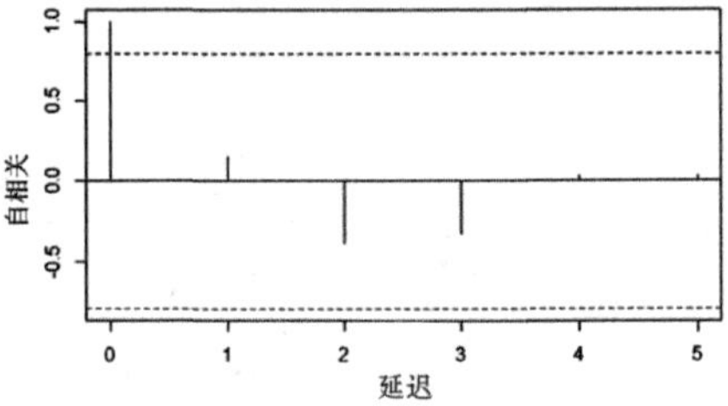

图C.79(a) 13岁男生50m跑序列2次差分后ACF图

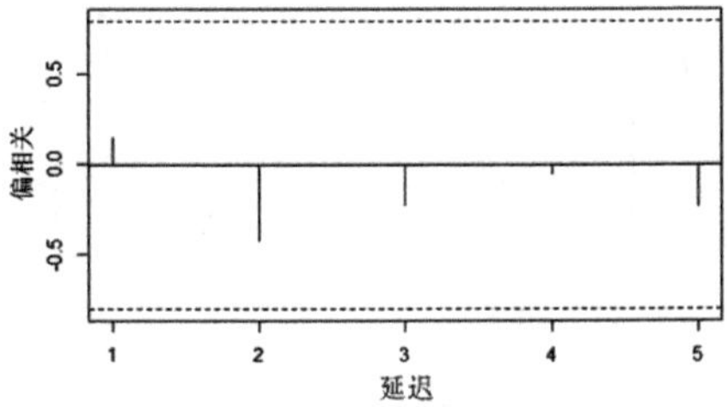

图C.79(b) 13岁男生50m跑序列2次差分后PACF图

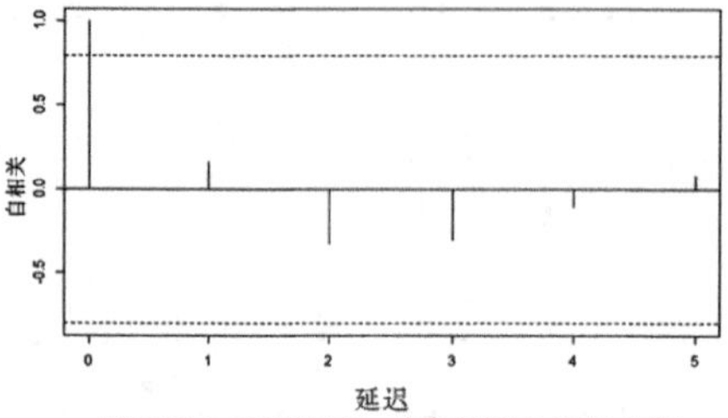

图C.80(a) 14岁男生50m跑序列2次差分后ACF图

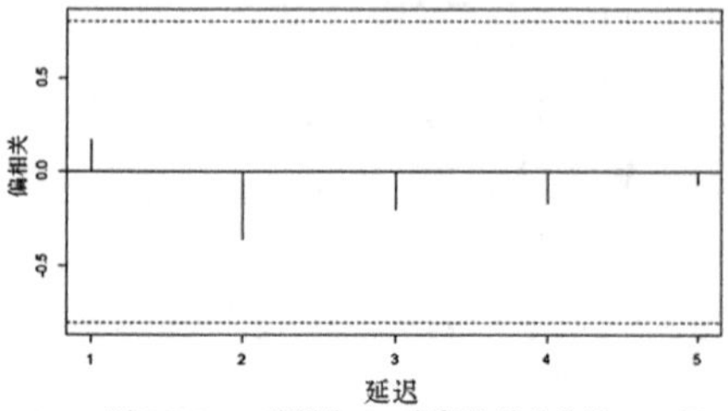

图C.80(b) 14岁男生50m跑序列2次差分后PACF图

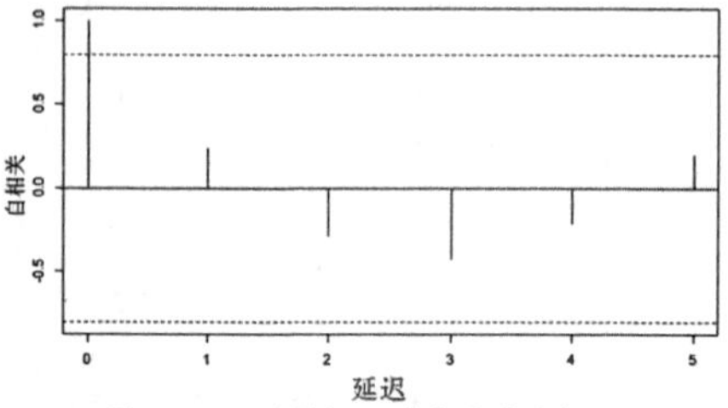

图C.81(a) 15岁男生50m跑序列2次差分后ACF图

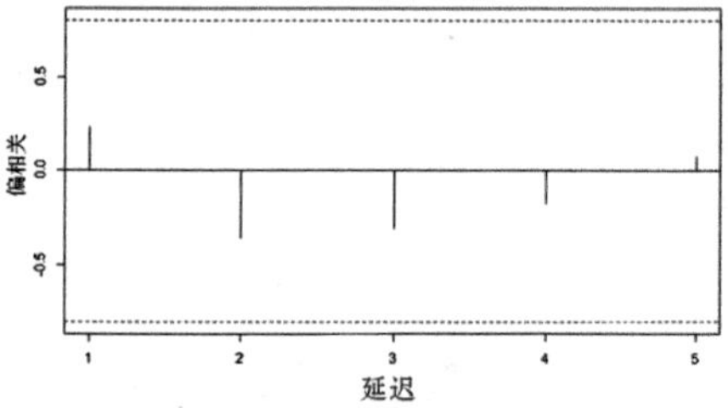

图C.81(b) 15岁男生50m跑序列2次差分后PACF图

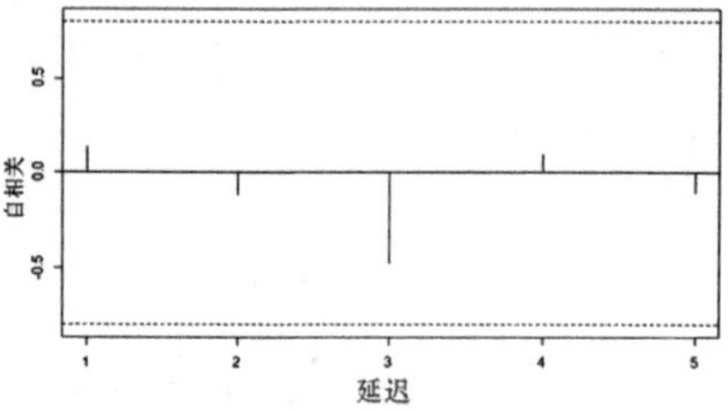

图C.82(a) 16岁男生50m跑序列2次差分后ACF图

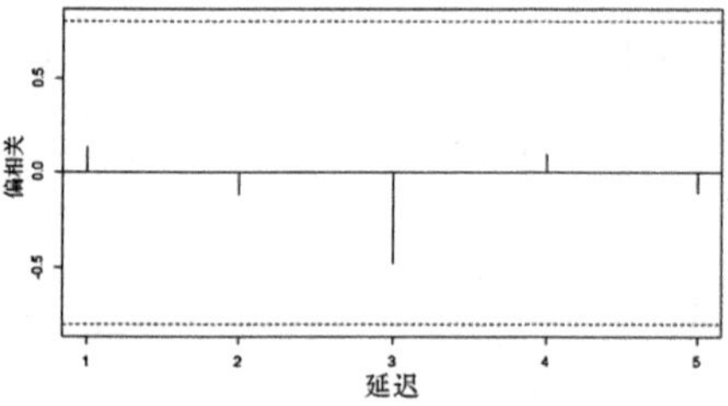

图C.82(b) 16岁男生50m跑序列2次差分后PACF图

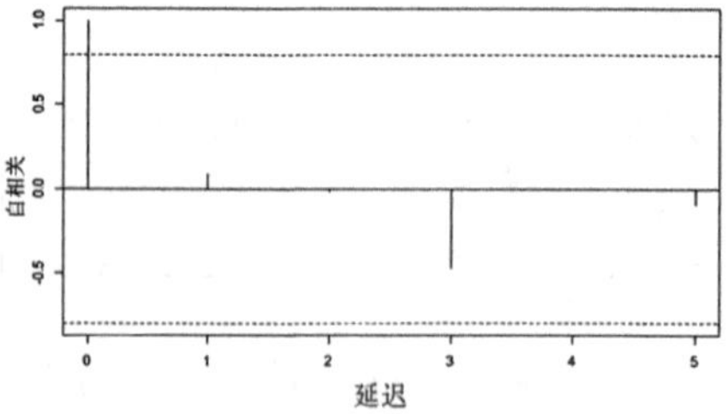

图C.83(a) 17岁男生50m跑序列2次差分后ACF图

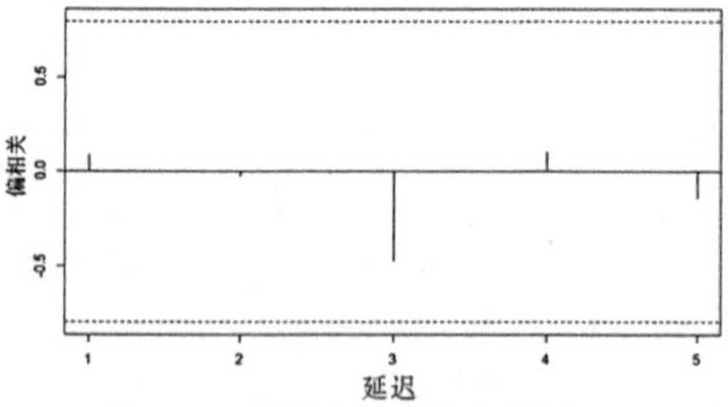

图C.83(b) 17岁男生50m跑序列2次差分后PACF图

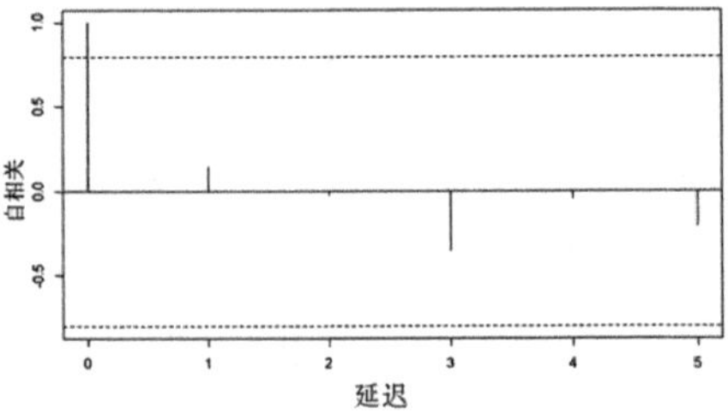

图C.84(a) 18岁男生50m跑序列2次差分后ACF图

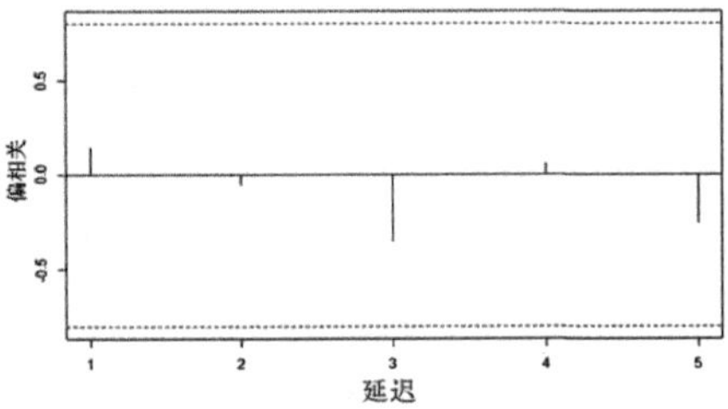

图C.84(b) 18岁男生50m跑序列2次差分后PACF图

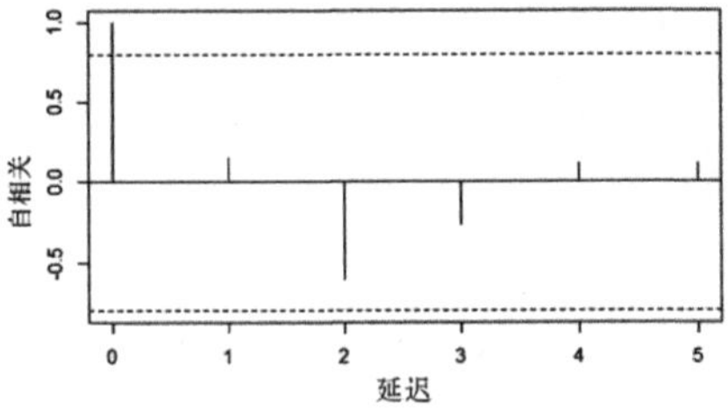

图C.85(a) 7岁女生50m跑序列2次差分后ACF图

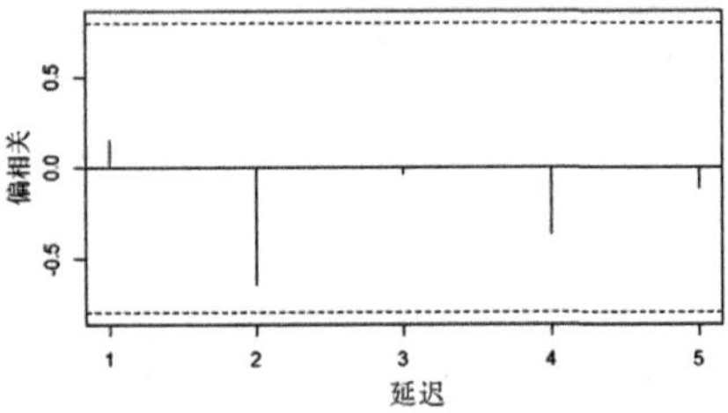

图C.85(b) 7岁女生50m跑序列2次差分后PACF图

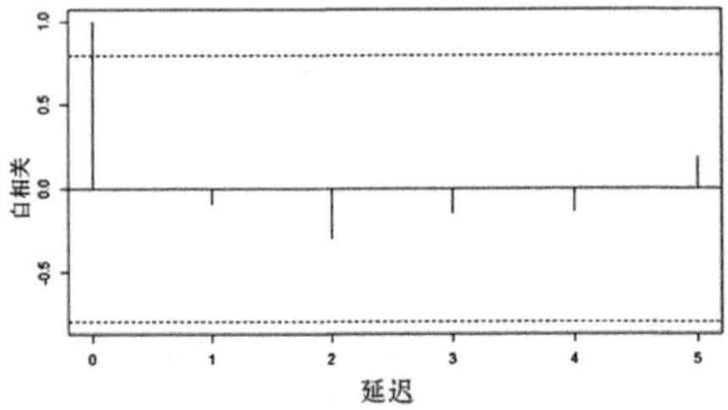

图C.86(a) 8岁女生50m跑序列2次差分后ACF图

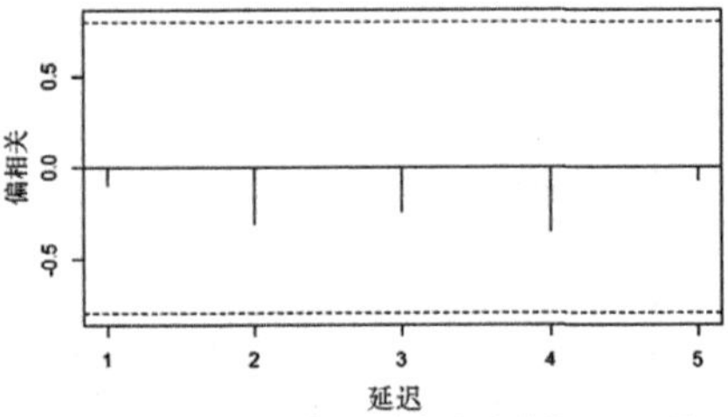

图C.86(b) 8岁女生50m跑序列2次差分后PACF图

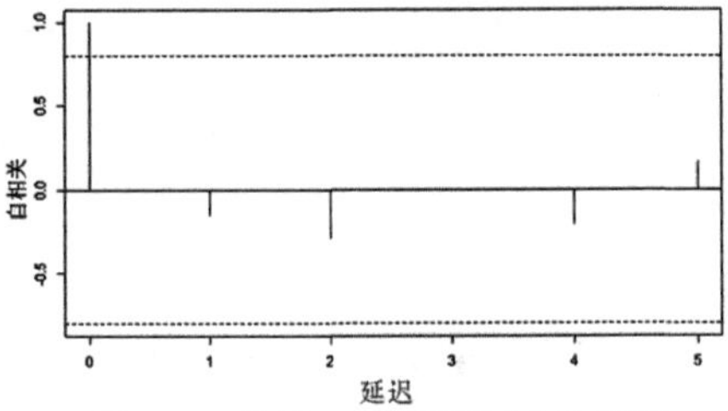

图C.87(a) 9岁女生50m跑序列2次差分后ACF图

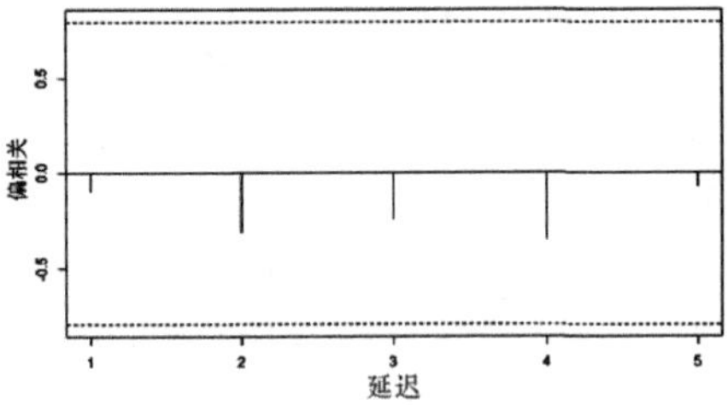

图C.87(b) 9岁女生50m跑序列2次差分后PACF图

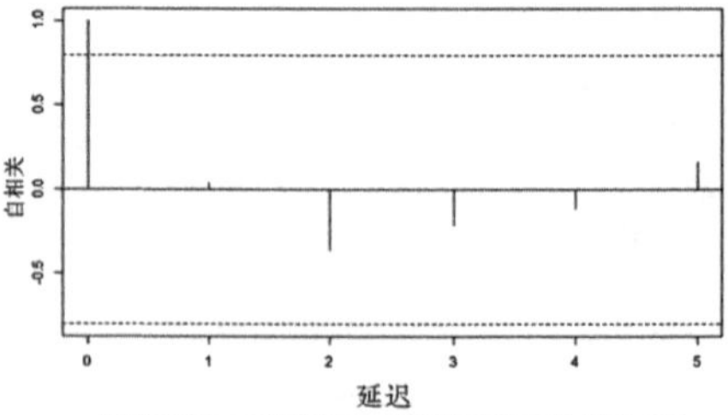

图C.88(a) 10岁女生50m跑序列2次差分后ACF图

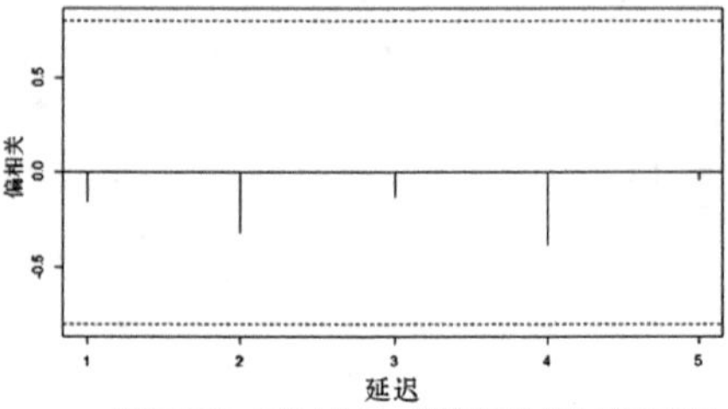

图C.88(b) 10岁女生50m跑序列2次差分后PACF图

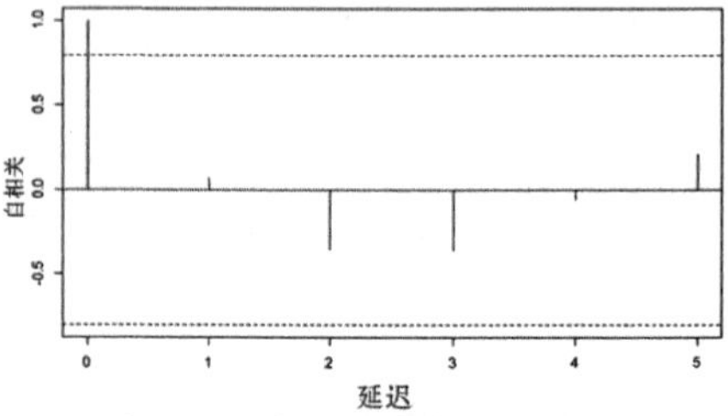

图C.89(a) 11岁女生50m跑序列2次差分后ACF图

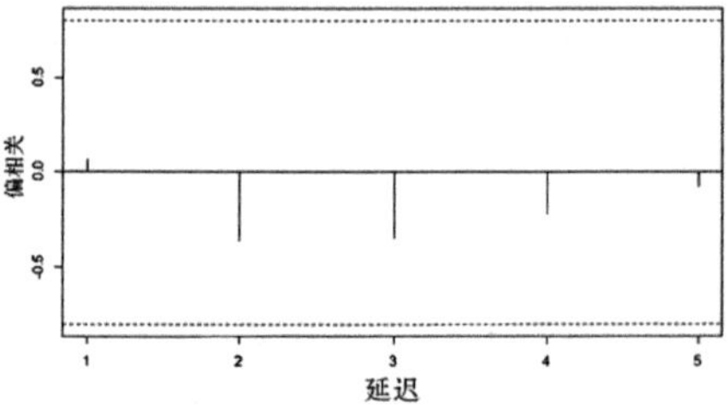

图C.89(b) 11岁女生50m跑序列2次差分后PACF图

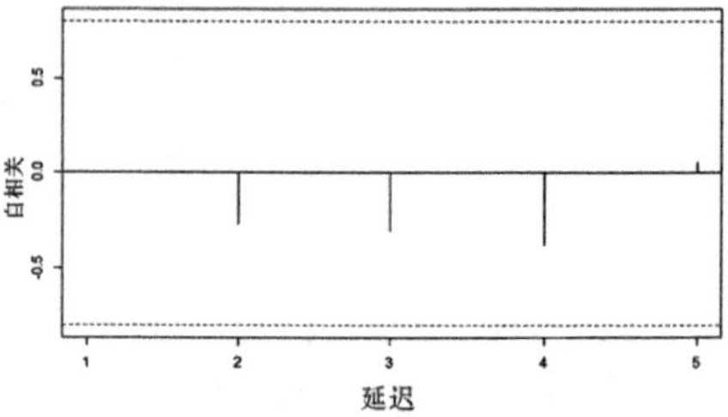

图C.90(a) 12岁女生50m跑序列2次差分后ACF图

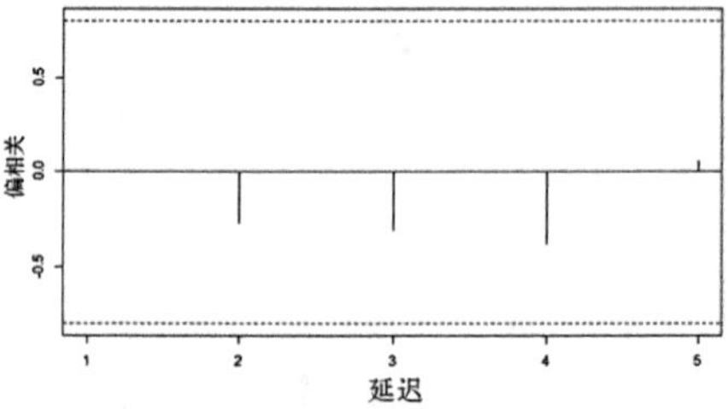

图C.90(b) 12岁女生50m跑序列2次差分后PACF图

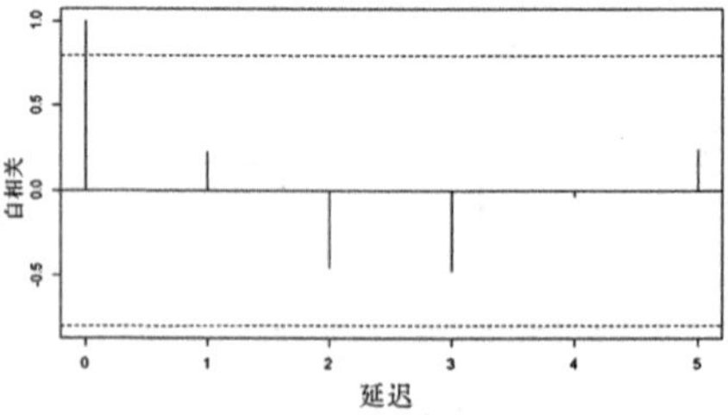

图C.91(a) 13岁女生50m跑序列0次差分后ACF图

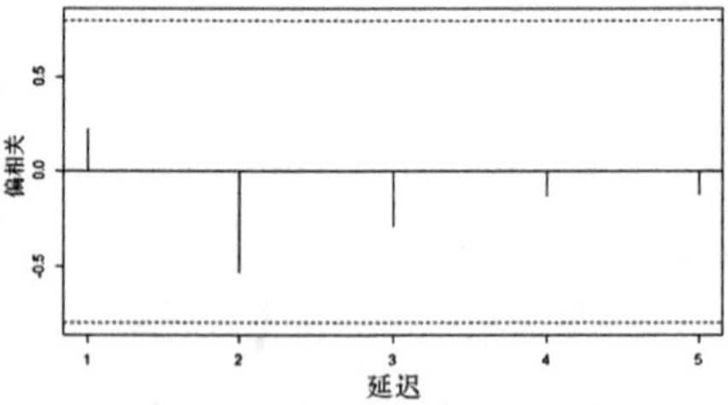

图C.91(b) 13岁女生50m跑序列0次差分后PACF图

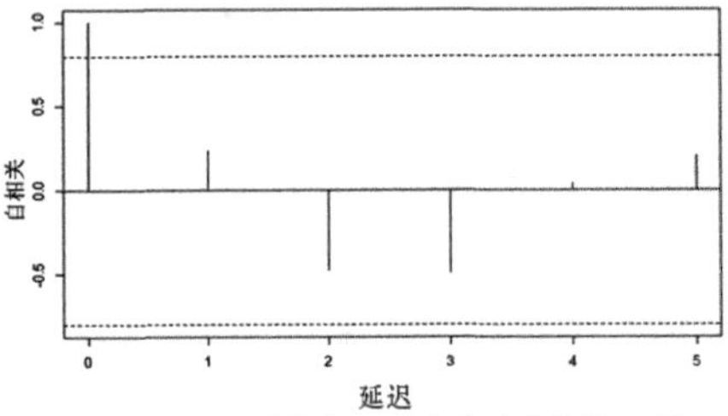

图C.92(a) 14岁女生50m跑序列2次差分后ACF图

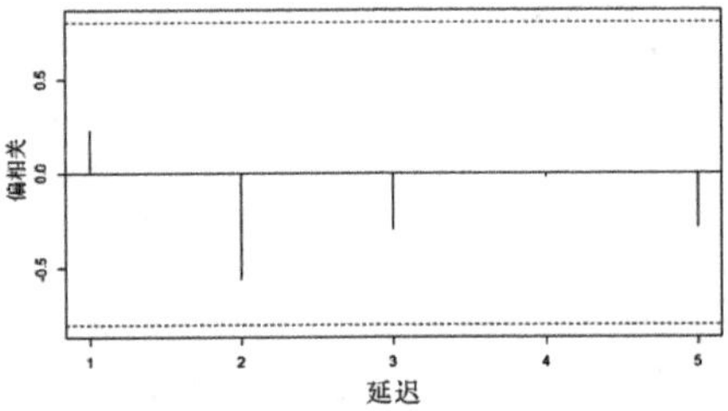

图C.92(b) 14岁女生50m跑序列2次差分后PACF图

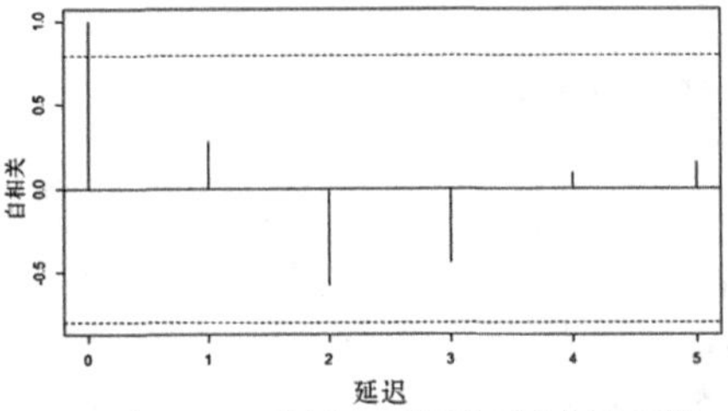

图C.93(a) 15岁女生50m跑序列0次差分后ACF图

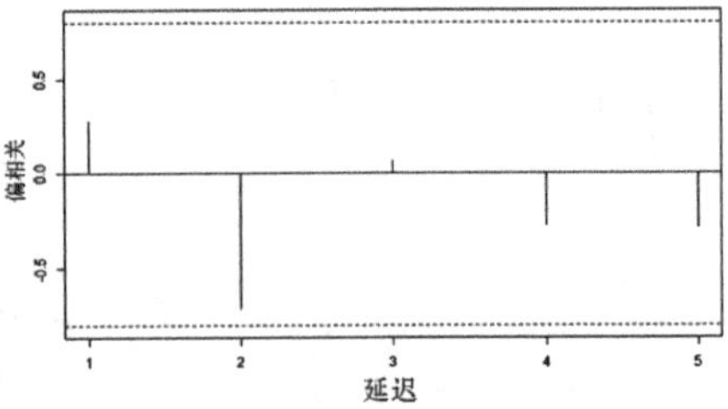

图C.93(b) 15岁女生50m跑序列0次差分后PACF图

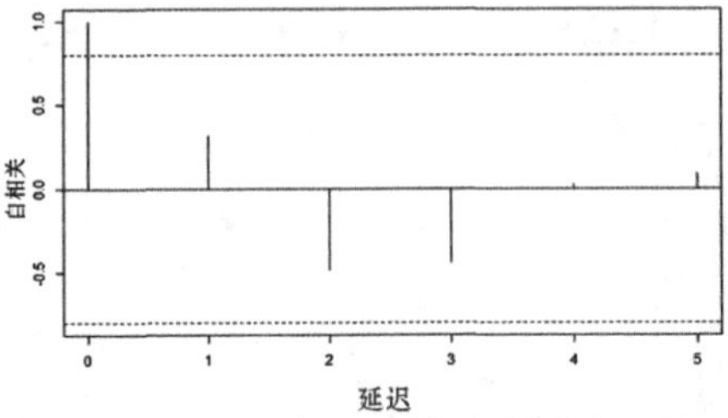

图C.94(a) 16岁女生50m跑序列2次差分后ACF图

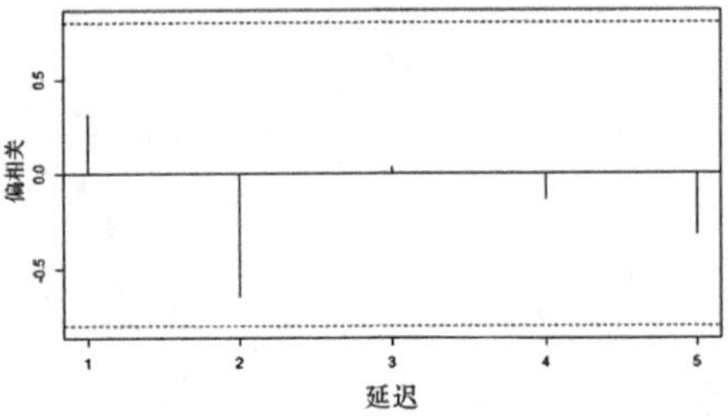

图C.94(b) 16岁女生50m跑序列2次差分后PACF图

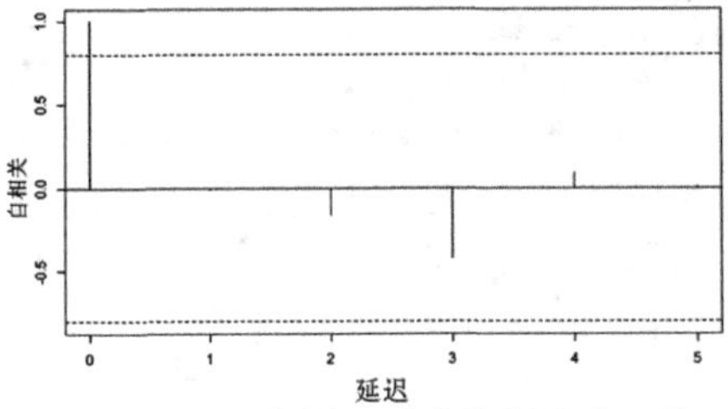

图C.95(a) 17岁女生50m跑序列2次差分后ACF图

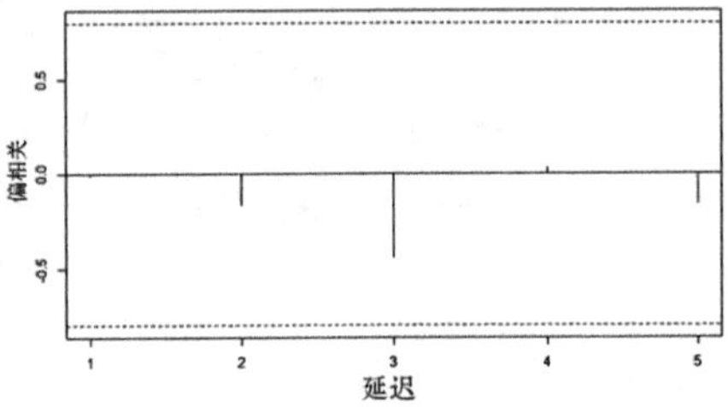

图C.95(b) 17岁女生50m跑序列2次差分后PACF图

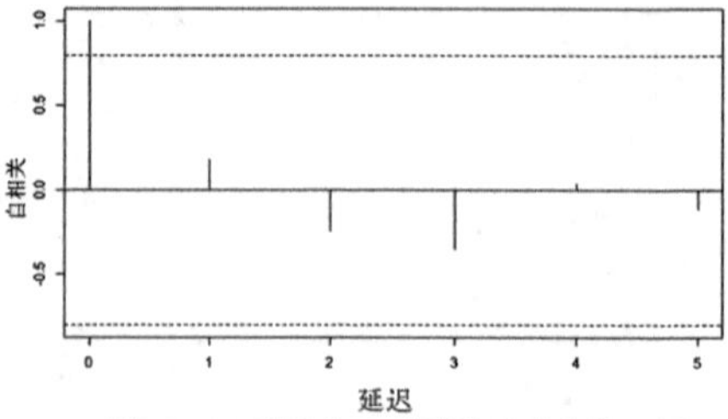

图C.96(a) 18岁女生50m跑序列2次差分后ACF图

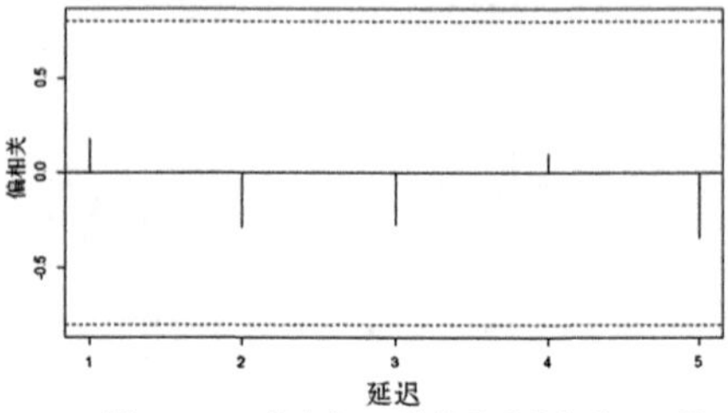

图C.96(b) 18岁女生50m跑序列2次差分后PACF图

中长跑时间序列差分后自相关、偏相关图

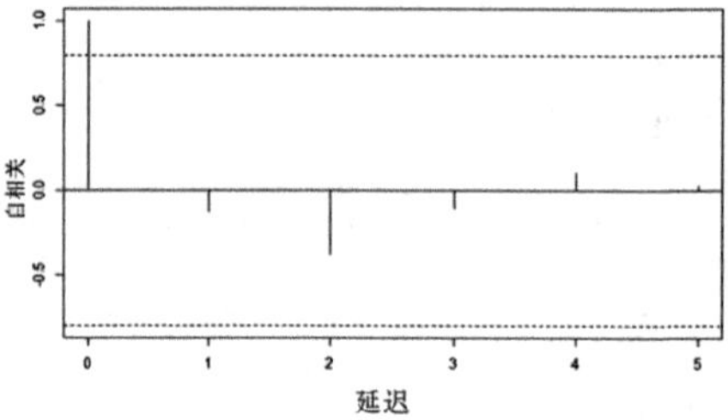

图C.97(a) 7岁男生耐力序列2次差分后ACF图

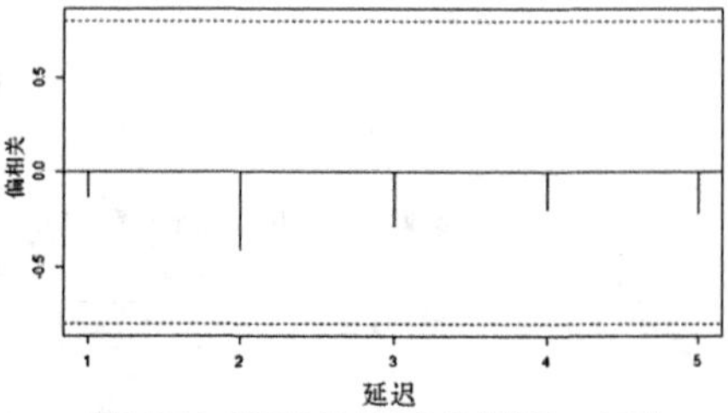

图C.97(b) 7岁男生耐力序列2次差分后PACF图

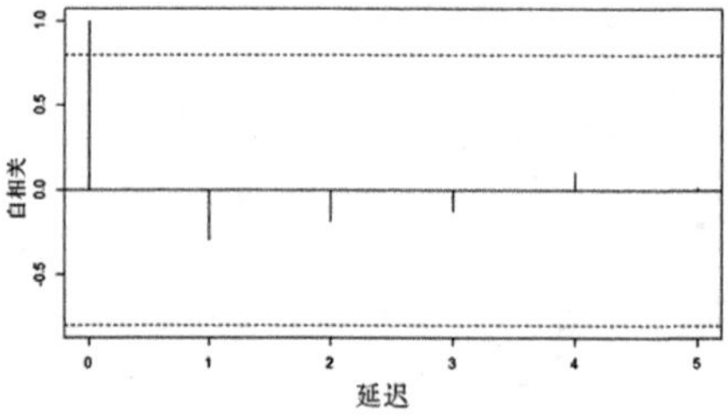

图C.98(a) 8岁男生耐力序列2次差分后ACF图

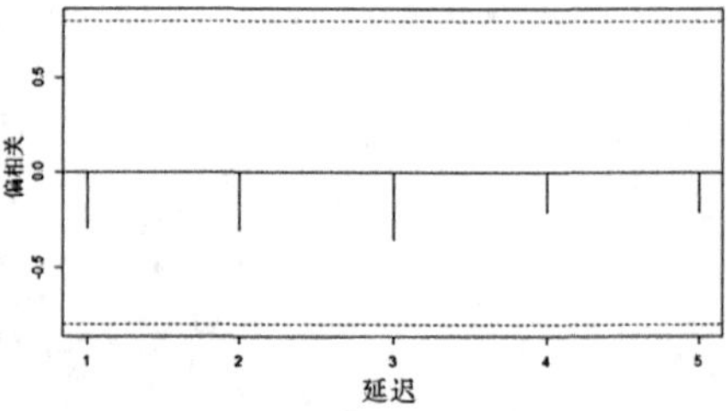

图C.98(b) 8岁男生耐力序列2次差分后PACF图

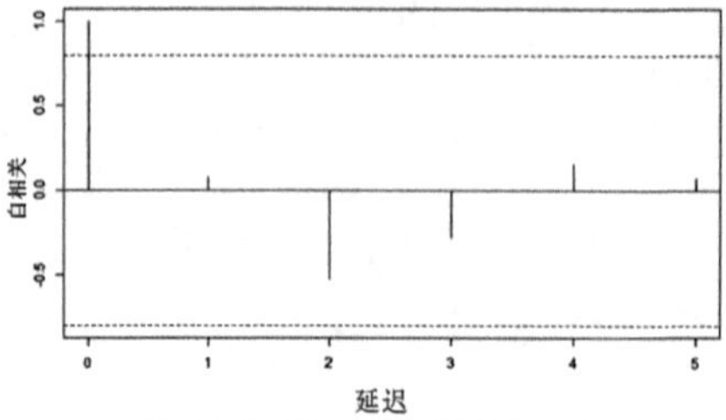

图C.99(a) 9岁男生耐力序列2次差分后ACF图

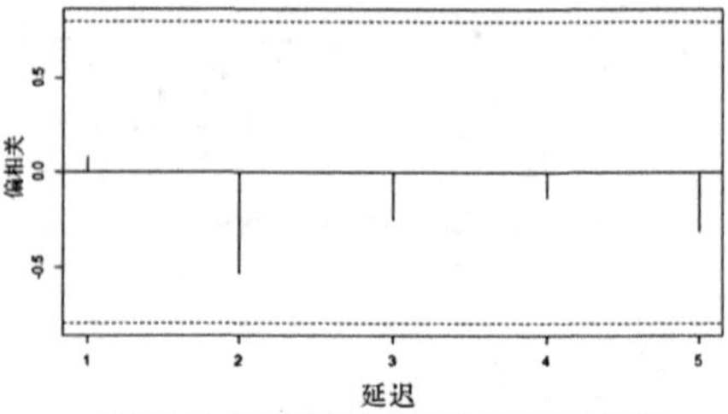

图C.99(b) 9岁男生耐力序列2次差分后PACF图

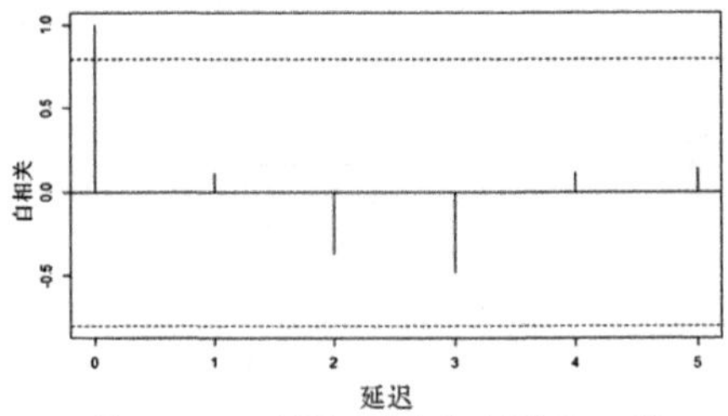

图C.100(a) 10岁男生耐力序列2次差分后ACF图

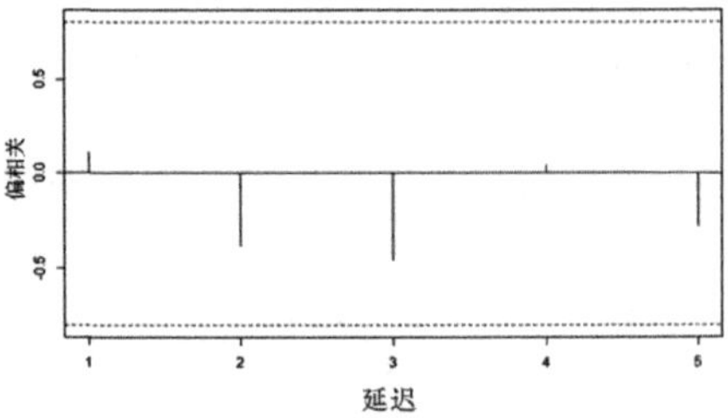

图C.100(b) 10岁男生耐力序列2次差分后PACF图

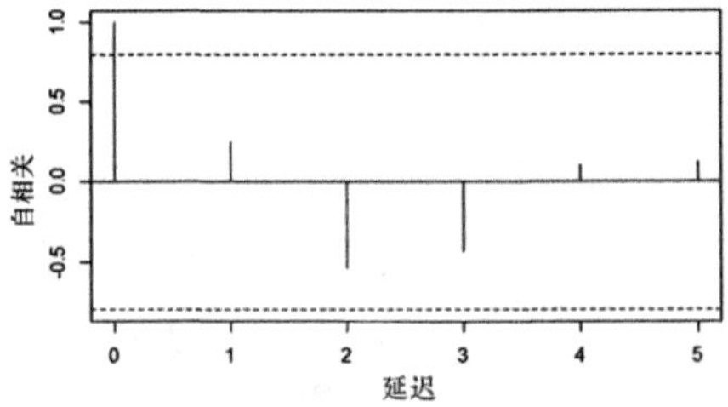

图C.101(a) 11岁男生耐力序列2次差分后ACF图

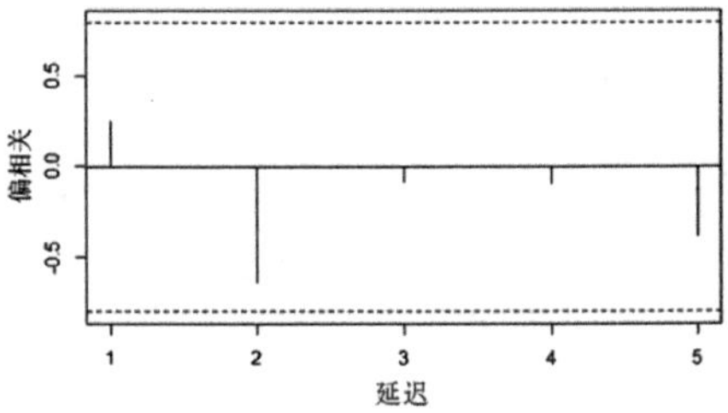

图C.101(b) 11岁男生耐力序列2次差分后PACF图

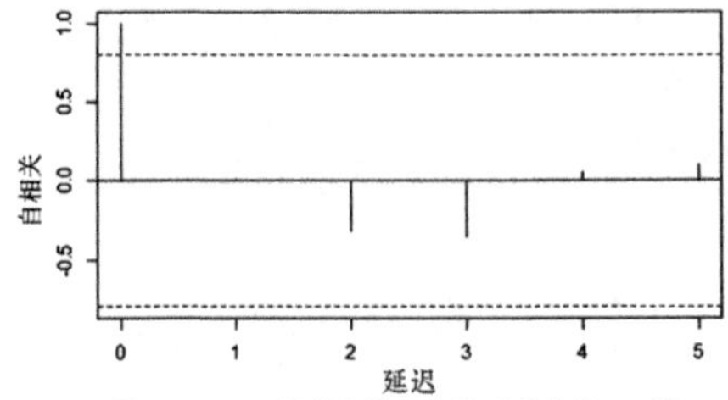

图C.102(a) 12岁男生耐力序列2次差分后ACF图

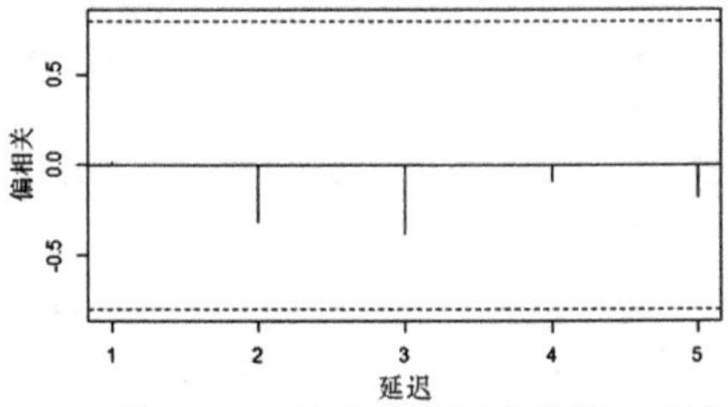

图C.102(b) 12岁男生耐力序列2次差分后PACF图

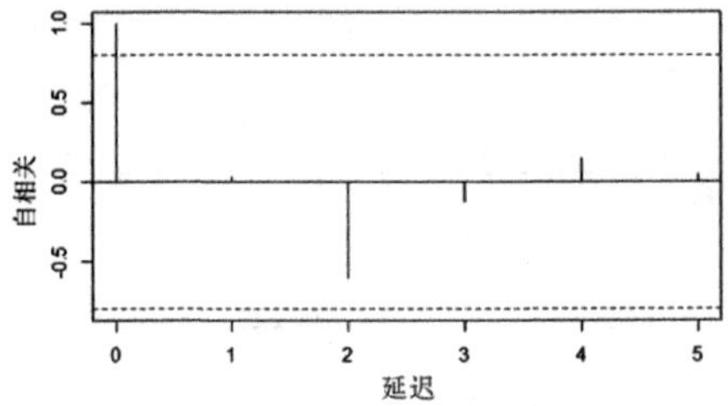

图C.103(a) 13岁男生耐力序列2次差分后ACF图

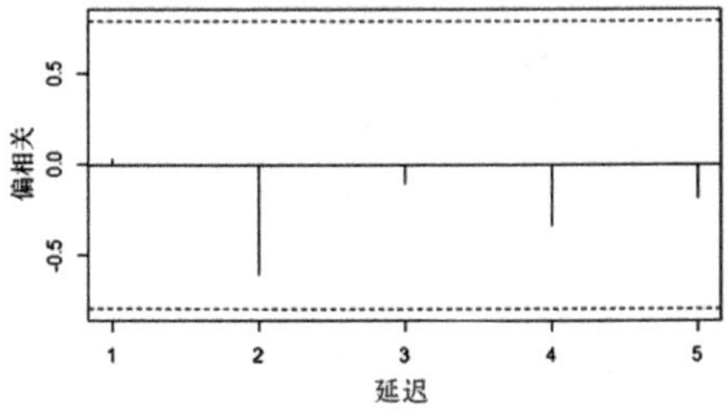

图C.103(b) 13岁男生耐力序列2次差分后PACF图

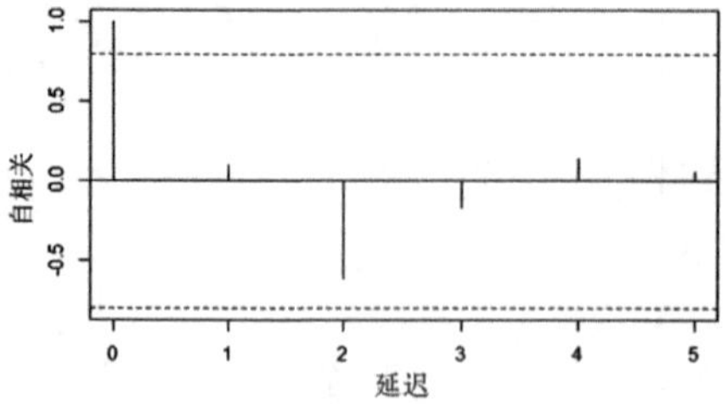

图C.104(a) 14岁男生耐力序列2次差分后ACF图

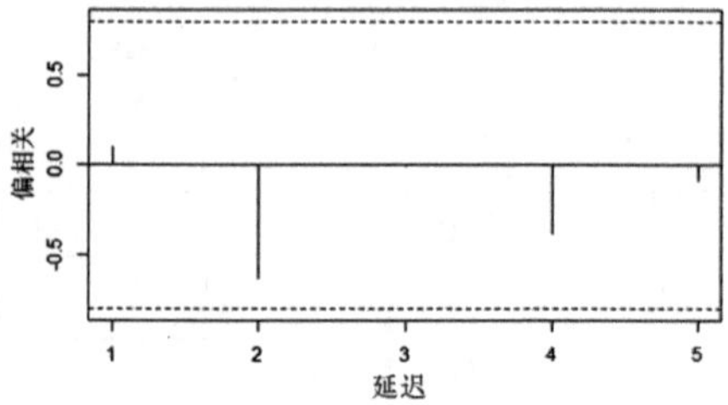

图C.104(b) 14岁男生耐力序列2次差分后PACF图

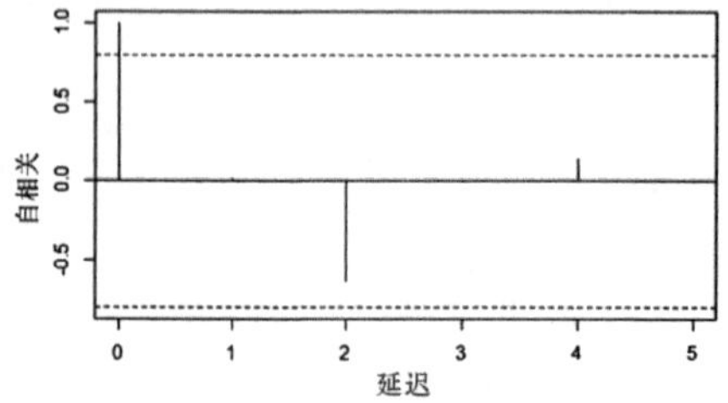

图C.105(a) 15岁男生耐力序列2次差分后ACF图

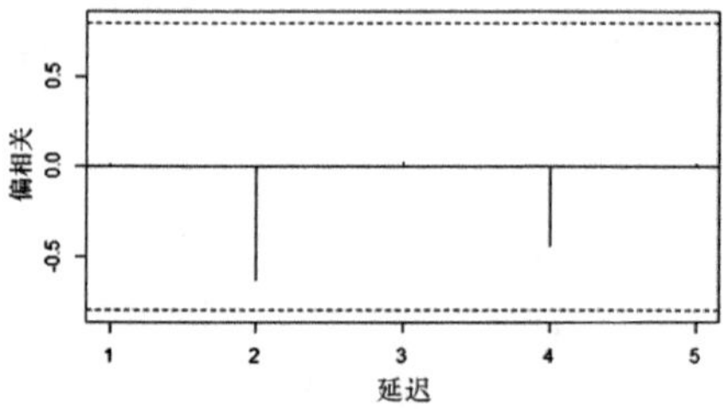

图C.105(b) 15岁男生耐力序列2次差分后PACF图

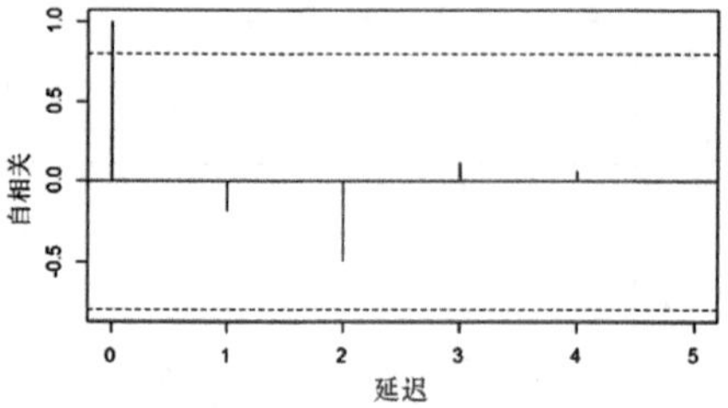

图C.106(a) 16岁男生耐力序列2次差分后ACF图

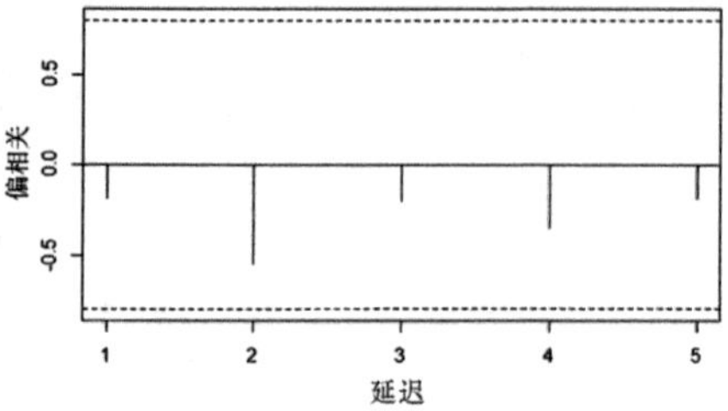

图C.106(b) 16岁男生耐力序列2次差分后PACF图

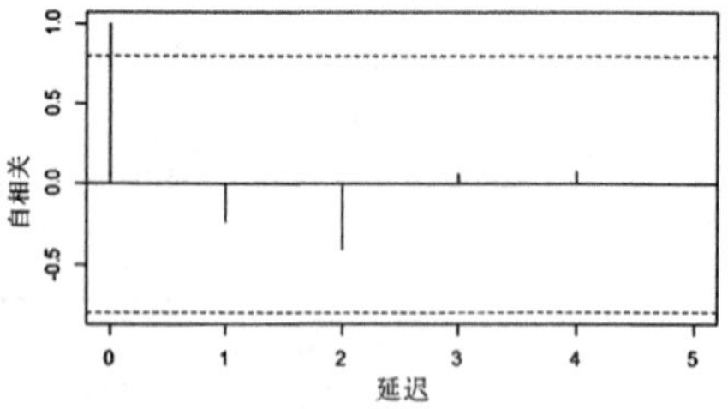

图C.107(a) 17岁男生耐力序列2次差分后ACF图

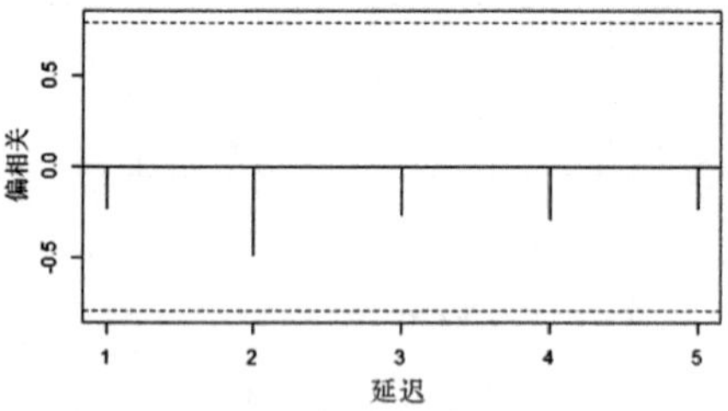

图C.107(b) 17岁男生耐力序列2次差分后PACF图

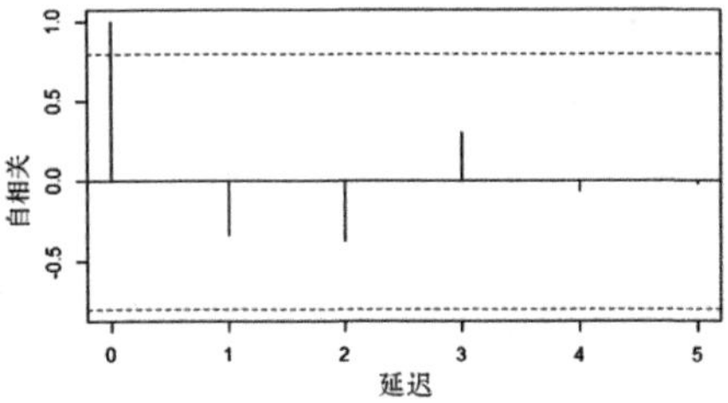

图C.108(a) 18岁男生耐力序列2次差分后ACF图

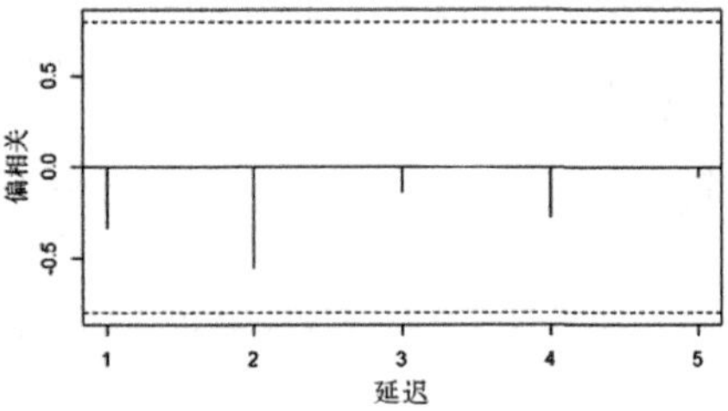

图C.108(b) 18岁男生耐力序列2次差分后PACF图

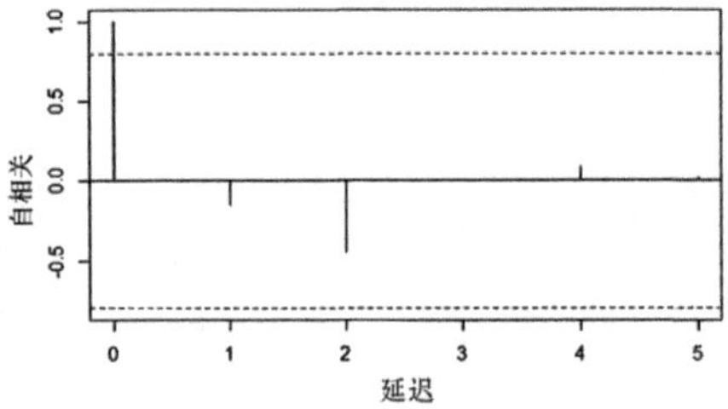

图C.109(a) 7岁女生耐力序列2次差分后ACF图

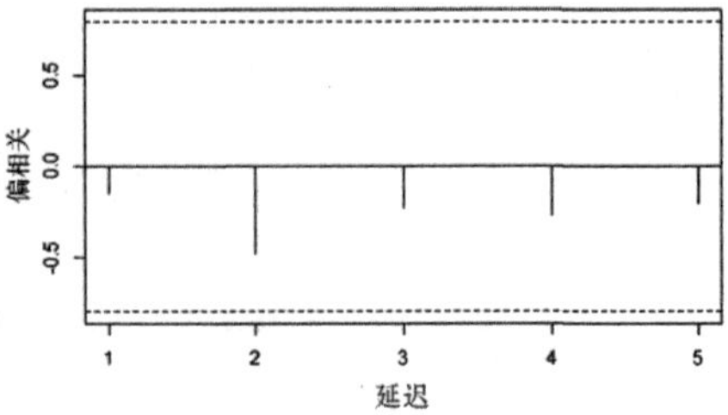

图C.109(b) 7岁女生耐力序列2次差分后PACF图

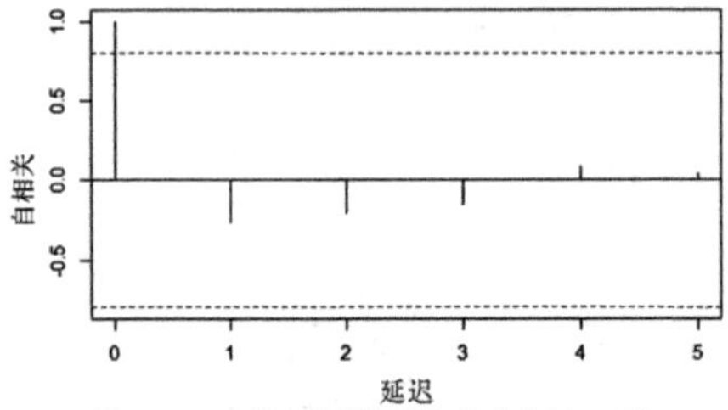

图C.110(a) 8岁女生耐力序列2次差分后ACF图

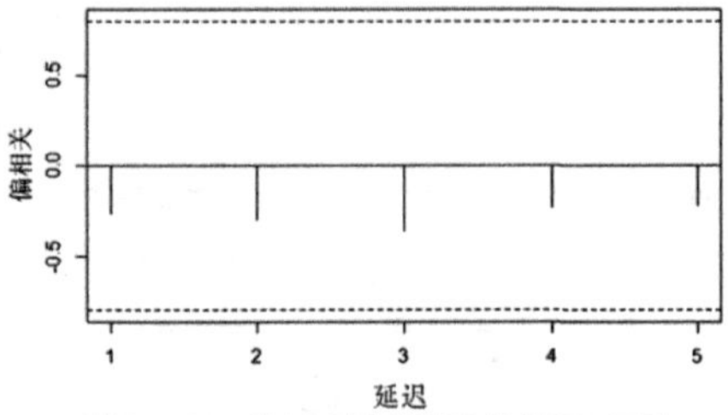

图C.110(b) 8岁女生耐力序列2次差分后PACF图

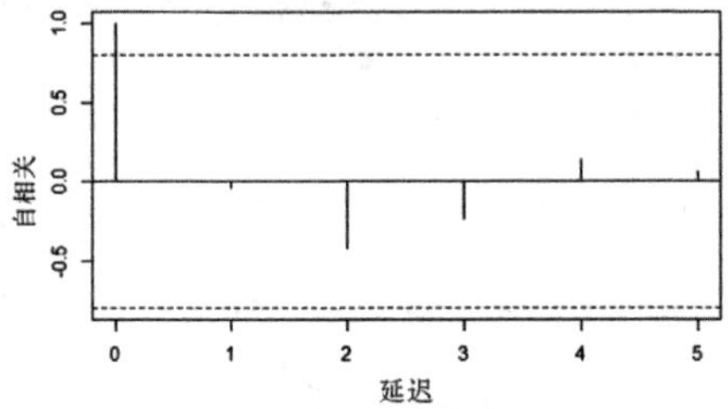

图C.111(a) 9岁女生耐力序列2次差分后ACF图

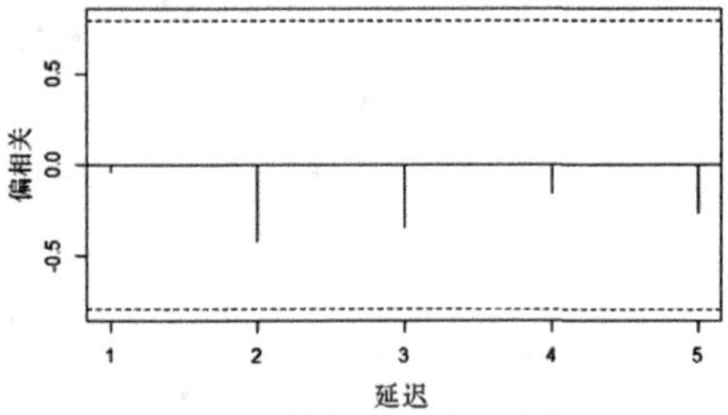

图C.111(b) 9岁女生耐力序列2次差分后PACF图

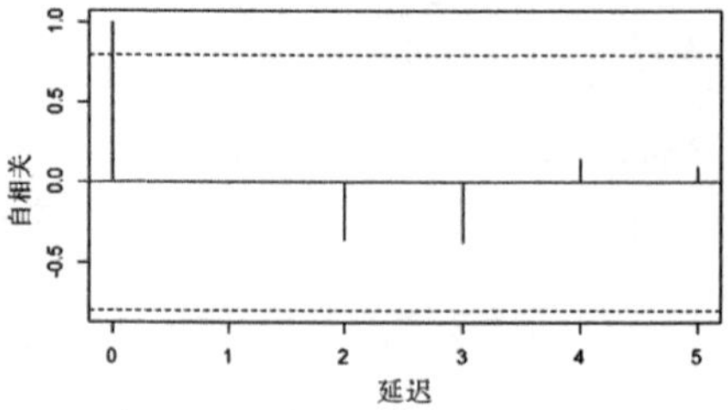

图C.112(a) 10岁女生耐力序列2次差分后ACF图

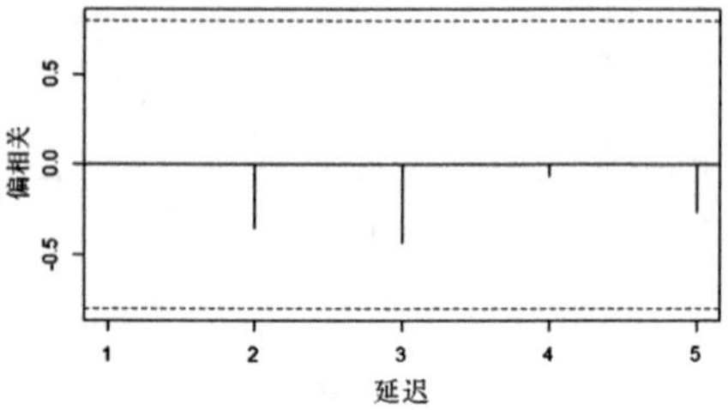

图C.112(b) 10岁女生耐力序列2次差分后PACF图

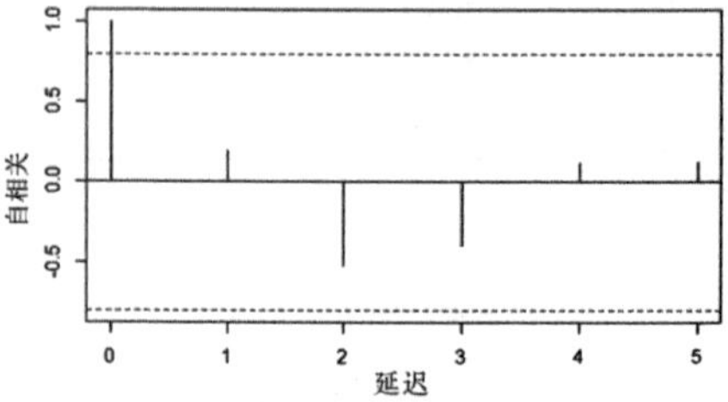

图C.113(a) 11岁女生耐力序列2次差分后ACF图

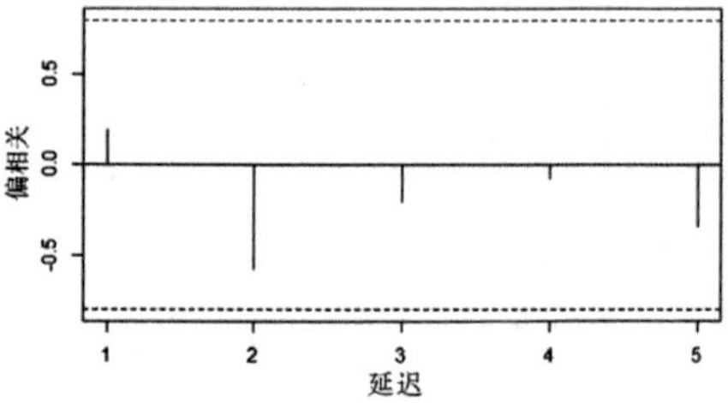

图C.113(b) 11岁女生耐力序列2次差分后PACF图

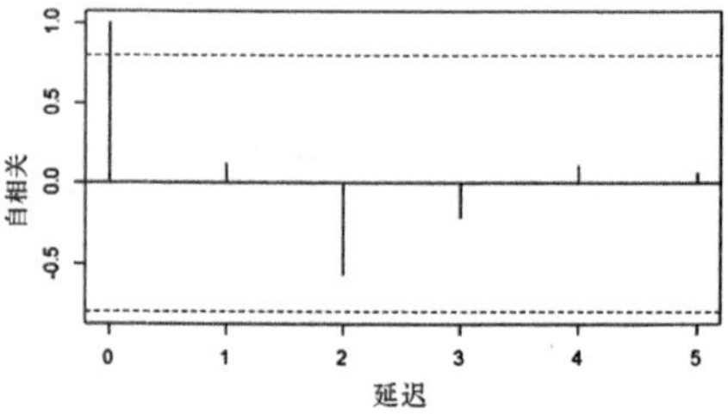

图C.114(a) 12岁女生耐力序列2次差分后ACF图

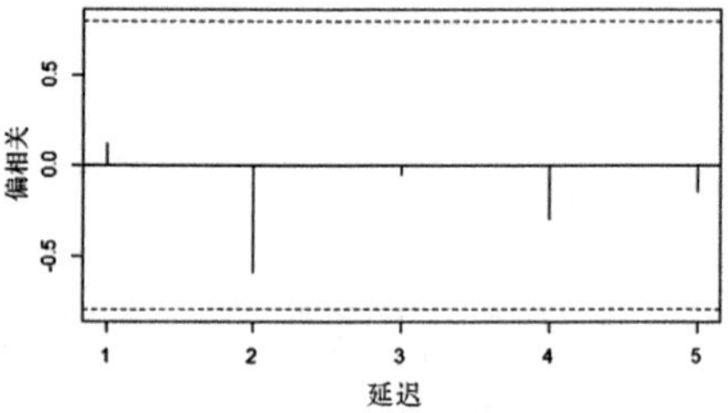

图C.114(b) 12岁女生耐力序列2次差分后PACF图

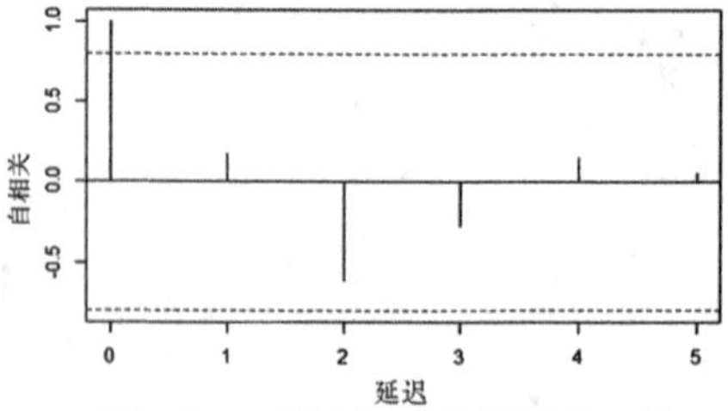

图C.115(a) 13岁女生耐力序列2次差分后ACF图

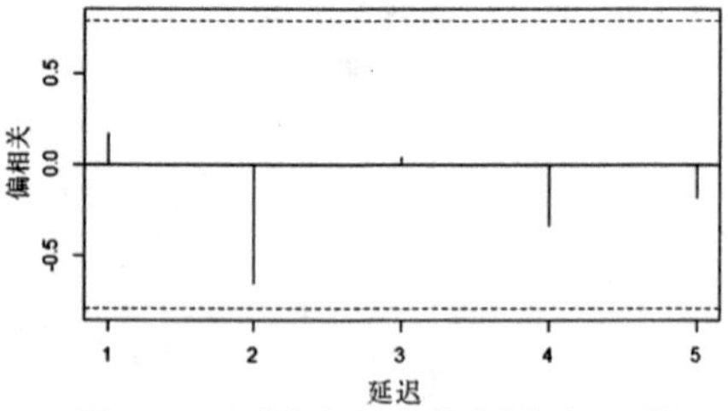

图C.115(b) 13岁女生耐力序列2次差分后PACF图

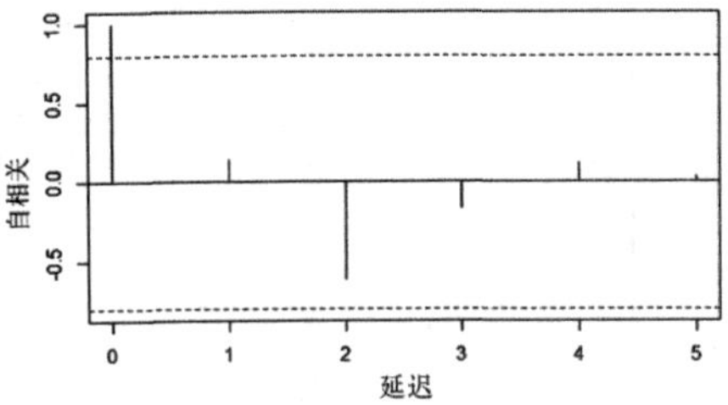

图C.116(a) 14岁女生耐力序列2次差分后ACF图

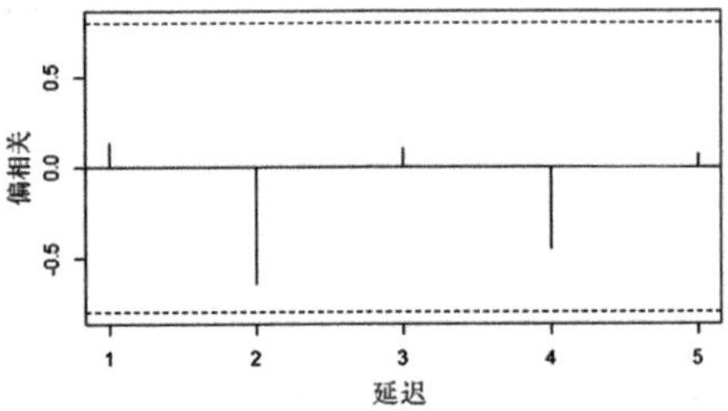

图C.116(b) 14岁女生耐力序列2次差分后PACF图

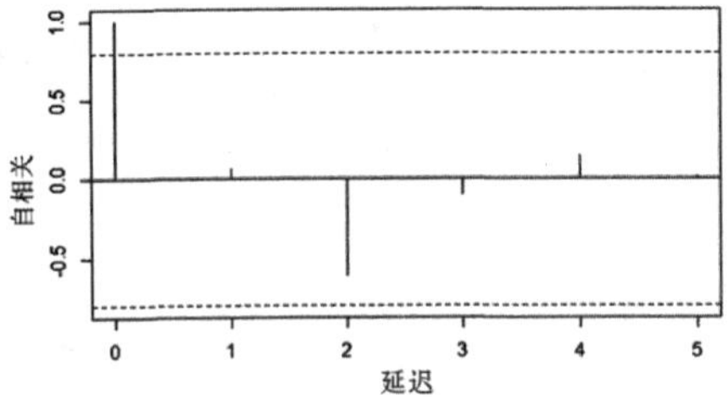

图C.117(a) 15岁女生耐力序列2次差分后ACF图

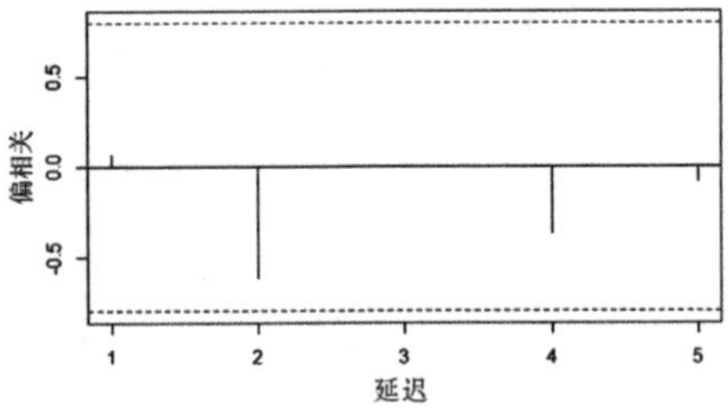

图C.117(b) 15岁女生耐力序列2次差分后PACF图

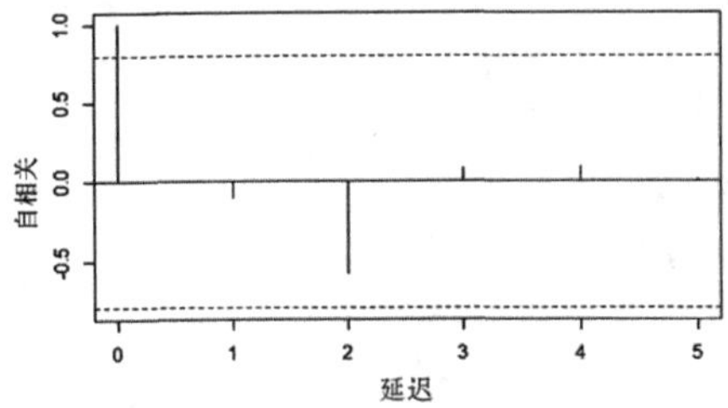

图C.118(a) 16岁女生耐力序列2次差分后ACF图

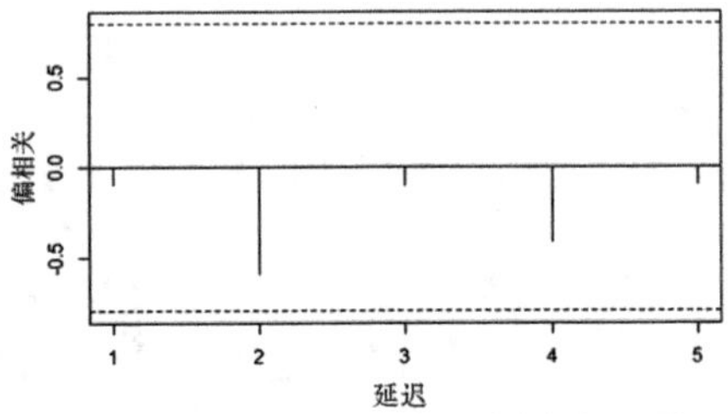

图C.118(b) 16岁女生耐力序列2次差分后PACF图

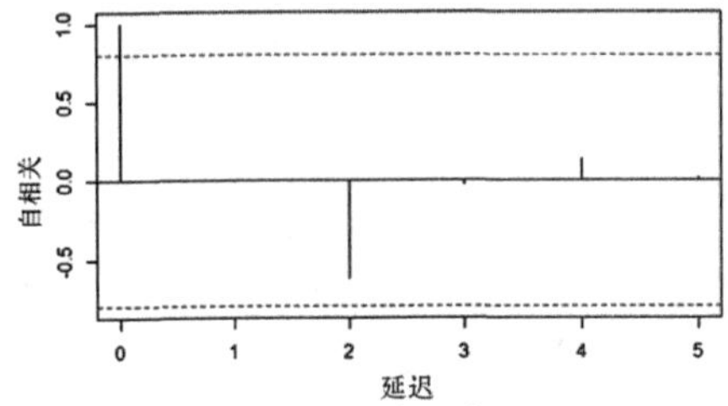

图C.119(a) 17岁女生耐力序列2次差分后ACF图

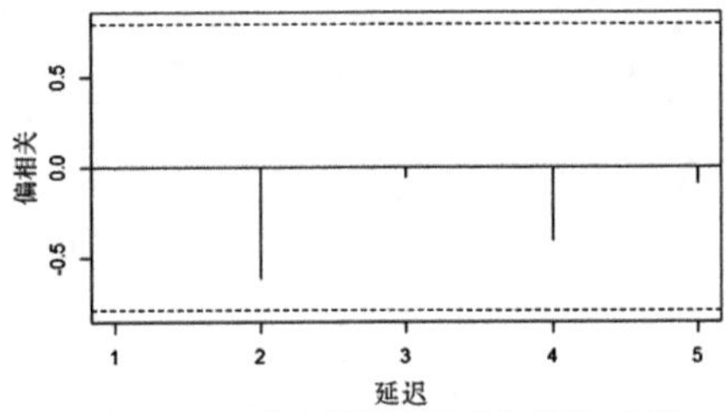

图C.119(b) 17岁女生耐力序列2次差分后PACF图

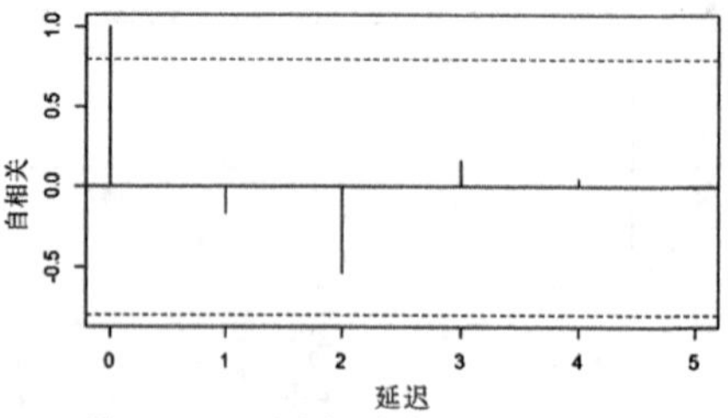

图C.120(a) 18岁女生耐力序列2次差分后ACF图

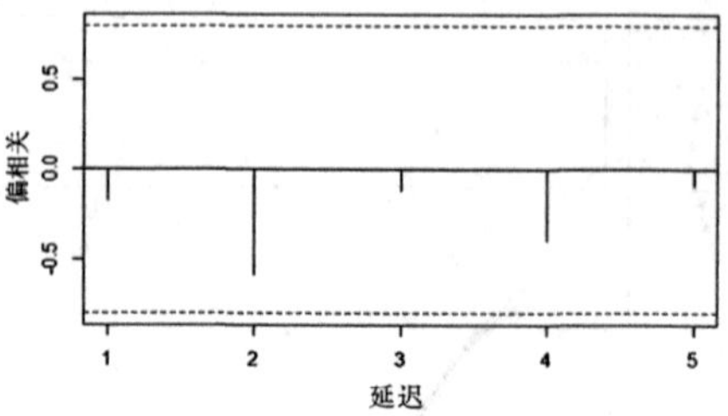

图C.120(b) 18岁女生耐力序列2次差分后PACF图